U0549256

碳金融市场的国家干预法律机制

Legal Mechanisms for State Intervention in Carbon Finance Market

刘明明 著

社会科学文献出版社
SOCIAL SCIENCES ACADEMIC PRESS (CHINA)

图书在版编目(CIP)数据

碳金融市场的国家干预法律机制 / 刘明明著. -- 北京：社会科学文献出版社，2024.10
（中国社会科学博士后文库）
ISBN 978-7-5228-0991-5

Ⅰ.①碳… Ⅱ.①刘… Ⅲ.①二氧化碳-排污交易-法律-研究-中国 Ⅳ.①D922.684

中国版本图书馆 CIP 数据核字（2022）第 205609 号

·中国社会科学博士后文库·
碳金融市场的国家干预法律机制

著　　者 / 刘明明

出 版 人 / 冀祥德
责任编辑 / 易　卉
文稿编辑 / 王楠楠
责任印制 / 王京美

出　　版 / 社会科学文献出版社·法治分社（010）59367161
地址：北京市北三环中路甲 29 号院华龙大厦　邮编：100029
网址：www.ssap.com.cn
发　　行 / 社会科学文献出版社（010）59367028
印　　装 / 三河市龙林印务有限公司

规　　格 / 开　本：787mm×1092mm　1/16
印　张：15　字　数：252 千字
版　　次 / 2024 年 10 月第 1 版　2024 年 10 月第 1 次印刷
书　　号 / ISBN 978-7-5228-0991-5
定　　价 / 98.00 元

读者服务电话：4008918866

本研究受国家社科基金青年项目（13CFX097）资助

第十批《中国社会科学博士后文库》编委会及编辑部成员名单

（一）编委会

（二）编辑部

《中国社会科学博士后文库》出版说明

为繁荣发展中国哲学社会科学博士后事业，2012 年，中国社会科学院和全国博士后管理委员会共同设立《中国社会科学博士后文库》（以下简称《文库》），旨在集中推出选题立意高、成果质量好、真正反映当前我国哲学社会科学领域博士后研究最高水准的创新成果。

《文库》坚持创新导向，每年面向全国征集和评选代表哲学社会科学领域博士后最高学术水平的学术著作。凡入选《文库》成果，由中国社会科学院和全国博士后管理委员会全额资助出版；入选者同时获得全国博士后管理委员会颁发的“优秀博士后学术成果”证书。

作为高端学术平台，《文库》将坚持发挥优秀博士后科研成果和优秀博士后人才的引领示范作用，鼓励和支持广大博士后推出更多精品力作。

《中国社会科学博士后文库》编委会

摘　要

碳金融市场是国家通过立法拟制的新型市场，具有典型的国家干预特征。考察世界典型碳金融市场，并与中国碳金融市场的立法实践进行对比，发现中国碳金融市场的国家干预机制存在以下突出问题：管理体制的构建未充分考虑碳排放权及其衍生品的金融属性；试点地区碳排放配额的初始分配存在方法和标准不统一、分配公平性有待提升等问题；碳排放配额的价格干预机制不健全，影响碳市场的资源配置效率；碳排放监测、报告和核查机构的监管制度不健全；忽略了碳泄漏问题的法律规制；缺失碳排放权交易体系的连接机制；碳排放权交易与用能权交易等制度衔接不畅。

欧盟碳排放权交易的经验表明：碳排放数据的可靠性是科学决策的前提；清晰、透明以及可比的分配规则是碳市场有效运行的关键；配额存储机制对于稳定配额价格起到了积极的作用；通过减排项目、双边或者区域协定实现多个碳市场连接具有可行性；保护产业竞争力和防止碳泄漏的政策相协调；配额的初始分配应兼顾公平和成本有效性。美国碳排放权交易的经验表明：碳排放权交易体系建设之初要科学合理地确定碳排放配额总量；制定合理的成本控制机制以避免或减少碳泄漏；履约期限的灵活性可以提高排放主体对碳排放权交易市场的预判能力和碳排放配额的市场流动性；通过配额引导气候友好型活动；注重履约责任的严格性。借鉴欧盟、美国等碳金融市场的监管经验并针对中国碳金融市场建设中存在的问题，全国碳市场的建设应注重顶层设计，将来亟须从微观规制和宏观调控两个层面建立健全相关制度。

微观规制层面，应建立健全碳金融监管体制、科学确定管控范围，以及完善信息保障机制和配额管理机制。监管体制方面，基于碳金融的专业性、跨部门跨行业性以及金融属性，中国宜采取专门监管与协同监管相结合的模式，构建融政府、市场和社会监管于一体的多元共治体系。科学确定管控范围要求综合考量行业企业（单位）的碳排放数据收集成本及管理的可操作性、行业整体的减排潜力大小、行业产值占地区生产总值的比例，以及科学设定纳入管控范围企业或行业的排放门槛等因素。信息保障机制方面，中国应当从排放主体和独立第三方核查机构两个层面完善碳排放监测、报告和核查制度，以保证碳排放数据的真实性；从信息披露范围、信息披露主体以及信息披露法律责任等三方面完善碳排放权交易市场信息披露制度。配额管理机制方面，应当建立健全碳预算机制、碳排放配额初始分配机制以及价格干预机制。中国碳预算的制定和分解可以采取先宽后紧的思路，注重碳预算的科学性和灵活性，同时还要考虑行业产业的国际竞争力影响。碳排放配额初始分配机制的设计要符合气候资源保护的效益原则和公平原则。碳排放配额价格干预机制的构建要有机结合价格上下限机制与配额回购、投放机制，建立配额储存与借贷机制。

宏观调控层面，应建立碳泄漏应对法律机制、碳排放权交易体系连接机制以及碳排放权交易与用能权交易的制度衔接机制。碳泄漏的法律应对方面，首选以市场为基础的安全阀机制和早期减排信用机制；碳关税、增值税减免和碳泄漏补偿机制可以作为备选方案，在安全阀机制和早期减排信用机制不能有效减少碳泄漏时再适时启用。碳排放权交易体系连接方面，应当从法律机制的构建、连接模式的选择以及碳排放权交易制度的互认与同化三个方面展开。法律机制构建层面，省际碳市场的连接应当打破行政壁垒，在同一法律框架下就碳排放权交易体系的连接要素形成共识。建立省际碳排放交易体系的多向直接连接机制既是建设全国碳市场的要求，也有利于实现碳减排资源在全国范围内的最优配置。法律制度的互认包括总量控制目标、配额分配方法以及碳排放监测、报告和核查三个方面。连接各方法律制度的同化包括履约机制、抵消机制以及存储与借贷三个方面。碳排放权交易与用能权交易的制度衔接方面，应当打通用能权交易体系和碳排放权交易体系，建立联合履约机制。

关键词： 碳金融　碳排放权交易　碳市场　国家干预

Abstract

The carbon financial market is a new type of market created by the state through legislation, which has the characteristics of typical state intervention. Investigating the world's typical carbon finance market and comparing it with the legislation practice of China's carbon finance market, it is found that the state intervention mechanism of China's carbon finance market has the following prominent problems: the financial attributes of carbon emission rights and their derivatives have not been fully considered; the initial allocation of carbon allowances has problems such as inconsistent methods and standards, and unfair allocation; the price intervention mechanism of carbon allowances is not sound, which affects the efficiency of resource allocation in the carbon market; the regulatory system of carbon emissions monitoring, reporting and verification agencies is not sound; the legal regulation of carbon leakage is ignored; the link mechanism of the carbon trading system is missing; the linkage between carbon trading and energy consumption rights trading is not smooth.

The experience of EU carbon trading shows that: the reliability of carbon emission data is a prerequisite for scientific decision-making; clear, transparent and comparable allocation rules are the key to the effective operation of the carbon market; allowance storage mechanism plays a positive role in stabilizing allowance prices; it is feasible to achieve multiple carbon market links through emission reduction projects, bilateral or regional agreements; policies to protect industrial competitiveness and prevent carbon leakage should be coordinated;

initial allocation of allowances should take into account fairness and cost effectiveness. The experience of carbon trading in the United States shows that the total amount of carbon allowances should be determined scientifically and reasonably at the beginning of the construction of the carbon trading system; reasonable cost control mechanisms should be formulated to avoid or reduce carbon leakage; the flexibility of the compliance period can be improved the ability of emission subjects to predict the carbon trading market and the market liquidity of carbon allowances; guide climate-friendly activities through allowances; and the strictness of compliance obligations. Drawing on the regulatory experience of the European Union, the United States and other countries and regions in carbon financial markets and addressing the problems in the construction of China's carbon financial markets, the construction of the national carbon market should focus on top-level design. In the future, it is urgent to establish and perfect the relevant system from two levels of micro regulation and macro control.

At the micro regulation level, a carbon finance regulatory system should be established and improved, the scope of control should be determined scientifically, and the information assurance mechanism and allowance management mechanism should be improved. Regarding the regulatory system, based on the professionalism, cross-sector, cross-industry, and financial nature of carbon finance, China should adopt a model that combines specialized supervision and coordinated supervision to build a multiple multi-governance system that integrates government, market, and social supervision. Scientific determination of the scope of control requires comprehensive consideration of the cost of carbon emission data collection and management operability of industry enterprises (units), the overall emission reduction potential of the industry, the ratio of industry output to regional GDP, and scientific setting to be included in the scope of control factors such as the emission threshold of the enterprise or industry. Regarding the information guarantee mechanism, China should improve the carbon emission monitoring, reporting and verification system at the two levels of emission entities and independent third-party verification agencies to ensure the authenticity of carbon emission data; the information disclosure system of carbon trading market should be improved from three aspects: the scope of information disclosure, the subject of information disclosure and the legal responsibility of information disclosure. In terms of allowance management, a carbon budget mechanism, an initial allocation mechanism for carbon allowances, and a price intervention mechanism should be established and improved. The formulation and decomposition of China's carbon budget can take the idea of lenient first and then tighten, focusing on the scientific nature and flexibility of the carbon budget, while also considering the impact of the international competitiveness of industries. The design of the initial allocation mechanism of carbon allowances should conform to the principles of benefit and fairness of climate resource protection. The construction of the carbon allowance price intervention mechanism should organically combine the price upper and lower limit mechanism with the allowance repurchase and release mechanism, and establish a allowance storage and lending mechanism.

At the level of macro control, we should establish a legal mechanism to deal with carbon leakage, a link mechanism of carbon trading system, and a linkage mechanism between carbon trading and energy use trading. In terms of legal response to carbon leakage, the market-based safety valve mechanism and early emission reduction credit mechanism are the first choice. Carbon tariffs, VAT exemptions and carbon leakage offsets can be used as alternatives when safety valves and early mitigation credits are not effective in reducing carbon leakage. Regarding the linking of the carbon trading system, it should start from three aspects: the construction of the legal mechanism, the choice of the link mode, and the mutual recognition and assimilation of the carbon trading system. At the level of legal mechanism construction, the linkage of the inter-provincial carbon market should break down administrative barriers and reach a consensus on the linkage elements of the carbon trading system under the same legal framework. The establishment of a multi-directional direct link mechanism for the inter-provincial carbon trading system is not only a requirement for building a national carbon market, but also conducive to the realization of the optimal allocation of carbon reduction resources across the country. The mutual recognition of legal systems includes three aspects: cap, allowance allocation methods, and carbon emission monitoring, reporting and verification. The assimilation of the legal systems of the linking parties includes three aspects: the performance mechanism, the offset mechanism, and the storage and credit. Carbon trading and energy consumption rights trading system connection, should get through can use trading system and carbon trading system and establish joint implementation mechanism.

Keywords: Carbon Finance; Carbon Trading; Carbon Market; State Intervention

目　录

Contents

绪　论

一、研究目的和范围

碳金融市场的本质是通过界定和分配碳排放权以利用市场机制优化配置温室气体减排资源。碳排放权本身是一项由政府创设的以碳排放配额或信用为载体的环境财产权。随着碳金融市场规模的扩大以及相关投资者的增加，碳排放权及其衍生品的金融属性不断加强。要确保碳金融市场的绿色本质及其优化配置温室气体减排资源的功能不发生异化，政府必须加强市场监管。本书的写作目的在于探索碳金融市场创建和运行中的国家干预机制，以期为建立健全我国碳金融市场监管法制提供合理性建议。

国家对碳金融市场的干预应当是适度科学干预，并且局限于碳金融市场失灵的领域。由于气候资源的公共物品属性，碳金融市场不能像蔬菜市场等普通商品市场一样自发形成，而须建立在国际和国内法律规范形成的信用秩序基础之上。因此，国家在碳金融市场的形成和运行中起到元治理的作用，主要体现在监管体制的建立、碳排放配额总量的确定和初始分配、配额的流通与使用、碳排放权交易体系负面效应的矫正，以及碳排放权交易与其他监管机制的冲突与协调等方面。本书的研究范围主要包括碳金融市场的构成、碳金融市场国家干预的核心要素、世界典型碳金融市场国家干预的实践，以及我国碳金融市场的微观规制和宏观调控等方面的问题。

二、国内外研究现状述评

党的十九大报告中指出："引导应对气候变化国际合作，成为全球生态文明建设的重要参与者、贡献者、引领者……深化金融体制改革……健全金融监管体系……发展绿色金融。"[①] 2020 年 9 月 22 日，习近平主席在第七十五届联合国大会一般性辩论上的讲话中庄严承诺："中国将提高国家自主贡献力度，采取更加有力的政策和措施，二氧化碳排放力争于 2030 年前达到峰值，努力争取 2060 年前实现碳中和。"[②] 2021 年 9 月 22 日，《中共中央　国务院关于完整准确全面贯彻新发展理念做好碳达峰碳中和工作的意见》中指出："实现碳达峰、碳中和，是以习近平同志为核心的党中央统筹国内国际两个大局作出的重大战略决策，是着力解决资源环境约束突出问题、实现中华民族永续发展的必然选择，是构建人类命运共同体的庄严承诺……加快建设完善全国碳排放权交易市场，逐步扩大市场覆盖范围，丰富交易品种和交易方式，完善配额分配管理。将碳汇交易纳入全国碳排放权交易市场，建立健全能够体现碳汇价值的生态保护补偿机制。"[③]

碳金融是绿色金融的一个分支，是国家在全球气候变化背景下通过金融创新推动温室气体减排的市场机制。碳金融以碳排放权及其衍生品的交易为核心，具体包括碳排放配额或信用及其衍生品（期货、期权等）的交易、温室气体减排项目的投融资活动、碳经纪、碳咨询、碳保险，以及碳排放监测、报告和核查（MRV）等相关金融服务活动。碳金融作为应对气候变化的市场化解决方案，在我国获得了政府和民间力量的双向支持。2012 年 6 月，国家发改委颁布了《温室气体自愿减排交易管理暂行办法》。该办法是自愿减排交易规范化和制度化的基础，为温室气体自愿减排项目的实施主体提供了稳定的预期，有利于自愿减排项目的可持续发展。经国家发改委备案的自愿减排项目，其温室气体减排量经核证后能够获得可交易的核证减排量。截至 2017 年 3 月，温室气体自愿减排产生的

---

① 《习近平：决胜全面建成小康社会 夺取新时代中国特色社会主义伟大胜利——在中国共产党第十九次全国代表大会上的报告》，央广网，2017 年 10 月 27 日，http://news.cnr.cn/native/gd/20171027/t20171027_524003098.shtml，最后访问日期：2022 年 3 月 14 日。

② 新华社：《习近平在第七十五届联合国大会一般性辩论上发表重要讲话》，中央人民政府网站，2020 年 9 月 22 日，http://www.gov.cn/xinwen/2020-09/22/content_5546168.htm，最后访问日期：2021 年 12 月 28 日。

③ 新华社：《中共中央　国务院关于完整准确全面贯彻新发展理念做好碳达峰碳中和工作的意见》，中央人民政府网站，2021 年 10 月 24 日，http://www.gov.cn/zhengce/2021-10/24/content_5644613.htm，最后访问日期：2021 年 12 月 28 日。

备案减排量约为7200万吨二氧化碳当量。[①] 我国企业在碳金融领域走得更远，除积极参与清洁发展机制项目和温室气体自愿减排交易之外，已经有工商、浦发、民生、兴业等7家银行开始试水碳金融并开发出8种融资模式。2011年10月，国家发改委批准北京、天津、上海等7省市作为碳排放权交易试点，纳入企业2200多家，配额总量12亿吨二氧化碳当量。7省市碳排放权交易试点的交易产品以碳排放配额为主，同时允许排放主体使用国家核证减排量（CCER）抵消其一定比例的温室气体排放。截至2018年年底，7省市碳排放权交易试点仍以现货交易为主，主要交易产品为各省市碳排放权配额和国家核证减排量。2017年12月18日，国家发改委印发了《全国碳排放权交易市场建设方案（发电行业）》，拉开了全国碳排放权交易体系建设的序幕。2021年7月16日，全国碳排放权交易市场上线交易正式启动，“纳入发电行业重点排放单位2162家，覆盖约45亿吨二氧化碳排放量，是全球规模最大的碳市场”[②]。2023年10月，生态环境部颁布了《温室气体自愿减排交易管理办法（试行）》，并于2024年1月重新启动了全国温室气体自愿减排交易市场。2024年1月，国务院通过了《碳排放权交易管理暂行条例》并于5月1日起施行。目前，我国在碳金融市场的法制建设方面，初步形成了以部门规章《清洁发展机制项目运行管理办法》《温室气体自愿减排交易管理办法（试行）》及行政法规《碳排放权交易管理暂行条例》为核心的规范体系。国家在碳金融市场的创建和运行中发挥着核心作用，涉及碳排放权的界定与初始分配、碳金融市场信息不对称和负外部性等市场失灵现象的矫正以及碳金融市场的宏观调控等方面。因此，建立和完善国家干预法律机制对于碳金融市场的顶层设计至关重要。

（一）国内研究现状述评

从目前搜集到的资料来看，国内学界从2008年开始关注碳金融的研究，并逐渐升温。以“碳金融”为主题的论文从2008年的4篇发展到目前（2023年10月31日）的4500余篇，2010年以来相关著作已有30余

① 张昕等：《中国温室气体自愿减排交易体系建设》，中国社会科学网，2018年2月6日，http://www.cssn.cn/jjx/xk/jjx_yyjjx/csqyhjjjx/201802/t20180206_3842575.shtml，最后访问日期：2018年3月1日。

② 《全国碳排放权交易市场上线交易正式启动　韩正出席启动仪式》，《人民日报》2021年7月17日，第3版。

部。尽管国内学者一致强调和呼吁政策法律对碳金融市场形成和发展的重要引导和规范作用，但从政策和法律的角度开展碳金融法律问题研究的著述还是凤毛麟角，这也体现了法律和法学研究在这方面滞后于经济理论和实践。就目前的研究来看，国内主要从以下三个方面探讨碳金融的政策法律问题。

第一，碳金融法律制度的基本原则和立法体系。如，谭正航从宏观层面探讨了我国低碳金融法律制度构建应坚持政府引导和市场调节合作、生态优先、金融创新与金融监管并重四项原则。[①] 朱家贤提出应当建立由法律框架、组织机制、激励机制与监管机制等构成的碳金融保障机制。[②] 袁杜娟、朱伟国的专著系统探讨了碳金融的法律实践。[③] 陆静从宏观层面剖析了后京都时代中国发展碳金融的法律规制。[④] 安文靖提出我国应当通过银行业、证券业、保险业以及监管领域的立法，构建全方位、立体的碳金融法律体系。[⑤] 鄢德春从碳基金的视角研究中国碳金融战略。[⑥] 蓝虹在《碳金融与业务创新》一书中从碳债券、碳保险、碳信托等方面探讨了碳金融市场的风险及风险管理机制。[⑦] 饶红美等探讨了我国碳金融法律体系构建的必要性、可行性和基本原则，并建议采取整合和修法相结合的立法模式。[⑧]

第二，碳金融发展的政策支撑。如，涂永前指出中国碳金融的发展已初现规范化，今后需要进一步推进、完善制度建设。[⑨] 杨大光等比较分析了外国政府对碳金融发展的支持政策，提出我国应当完善碳金融法律法规建设、制定积极的碳减排政策、政府积极参与碳金融市场、搭建完善的碳交易平台、拓宽碳金融资本流通渠道。[⑩] 盛春光在《中国碳金融市场发展

① 谭正航：《低碳经济与我国低碳金融法律制度的构建》，《唯实》2011 年第 4 期，第 78—81 页。

② 朱家贤：《环境金融法研究》，法律出版社 2009 年版。

③ 袁杜娟、朱伟国：《碳金融：法律理论与实践》，北京法律出版社 2012 年版。

④ 陆静：《后京都时代碳金融发展的法律路径》，《国际金融研究》2010 年第 8 期，第 34—42 页。

⑤ 安文靖：《我国碳金融立法体系构建路径探析》，《商业时代》2012 年第 7 期，第 108—109 页。

⑥ 鄢德春：《世界银行碳基金运作模式对发展我国政策性碳基金的启示》，《上海金融》2010 年第 6 期，第 43—45 页。

⑦ 蓝虹：《碳金融与业务创新》，中国金融出版社 2012 年版。

⑧ 饶红美等：《碳金融法律与规制》，华南理工大学出版社 2015 年版。

⑨ 涂永前：《碳金融的法律再造》，《中国社会科学》2012 年第 3 期。

⑩ 杨大光等：《发展碳金融的政府支持政策的国际比较与启示》，《东北师大学报》（哲学社会科学版）2011 年第 4 期，第 31—35 页。

机制研究》中分析了碳金融市场机制的构成并就中国碳金融市场发展存在的问题进行了探讨。[①] 杜莉等在《低碳经济时代的碳金融机制与制度研究》中分析了中国碳债券发展中的问题与对策。[②] 莫大喜等在《碳金融市场与政策》中探讨了碳减排市场的扶持机制。[③]

第三，碳金融的政府监管问题。如，李挚萍、张运书、张宇润提出我国碳交易市场机制及监管机制必须同时建立和完善。[④] 张运书在《碳金融监管法律制度研究》一书中就碳金融监管法律关系、监管理念和价值取向以及信息披露制度等问题开展了研究。[⑤] 陈晓春、施卓宏从组织机构、价值取向和法律制度三个角度提出了完善碳金融市场中政府监管的举措。[⑥] 顾洪梅等提出双峰模式应该是碳金融综合监管的最佳选择。[⑦] 马玉荣在《碳金融与碳市场：基于英国与美国比较视角》中介绍了碳融资的案例以及碳金融市场监管机构。[⑧] 王燕、张磊在《碳排放交易法律保障机制的本土化研究》中分析了国外碳排放权交易法律实践并就我国存在的问题从产权激励、价格调控和履约保障等方面提出了相关建议。[⑨] 夏梓耀提出碳排放权是碳金融的核心，并建议立法应明确碳金融的监管主体及其信息披露、市场准入、调查取证等监管权。[⑩]

总体而言，我国学者主要关注碳金融活动中的碳排放权交易问题，相关研究成果主要存在以下不足。第一，有关国内碳排放权交易实践的新闻报道较多，对碳排放权交易的基础理论的系统性研究较少。如对碳排放权交易法律制度的基本原则、核心要素、监管体制、碳排放权交易市场失灵

---

① 盛春光：《中国碳金融市场发展机制研究》，博士学位论文，东北林业大学，2013。

② 杜莉等：《低碳经济时代的碳金融机制与制度研究》，中国社会科学出版社 2014 年版。

③ 莫大喜等主编：《碳金融市场与政策》，清华大学出版社 2013 年版。

④ 李挚萍：《碳交易市场的监管机制研究》，《江苏大学学报》（社会科学版）2012 年第 1 期；张运书、张宇润：《后危机时期碳金融市场风险监管的法律思考——基于美国次贷危机的致因及治理理论检视》，《法治研究》2012 年第 2 期，第 96—102 页。

⑤ 张运书：《碳金融监管法律制度研究》，法律出版社 2015 年版。

⑥ 陈晓春、施卓宏：《论碳金融市场中的政府监管》，《湖南大学学报》（社会科学版）2011 年第 3 期，第 39—42 页。

⑦ 顾洪梅等：《我国碳金融监管模式研究——基于制度经济学的视角》，《经济体制改革》2015 年第 4 期，第 161—166 页。

⑧ 马玉荣：《碳金融与碳市场：基于英国与美国比较视角》，红旗出版社 2016 年版。

⑨ 王燕、张磊：《碳排放交易法律保障机制的本土化研究》，法律出版社 2016 年版。

⑩ 夏梓耀：《碳排放权研究》，中国法制出版社 2011 年版。

的矫正机制等缺乏深入研究。第二，对碳金融的内涵尚未达成共识，相关研究出现概念术语混乱现象。特别是对碳市场的研究没有提升至金融高度，对碳金融系统性风险的防范认识不足，缺乏对于碳金融市场的微观规制和宏观调控方面的研究。第三，对国外碳金融法律制度的研究主要关注碳排放权交易制度，且相关研究对国外经验的介绍性成果较多，对制度构建的背景、理论依据、与其他制度的关联性以及对中国的可借鉴性等方面缺乏深入研究。

（二）国外研究现状述评

国外有关碳金融市场的研究起步早，研究深入，内容全面，基本涵盖了各国/地区碳排放权交易的各个细节。Sonia Labatt 和 Rodney R. White 出版的《碳金融：气候变化的金融对策》是全球第一本系统阐述碳金融的专著。[①] 两位学者提出了“气候风险管理理论，认为企业为了避免气候变化给其带来的法律、声誉及竞争风险，需要通过碳金融市场这个载体来管理并转移气候风险，以最低成本降低整个系统的温室气体的排放”[②]。Michael Faure 和 Marjan Peeters 从民主问责的角度考虑欧洲温室气体排放交易计划的未来设计。[③] Nicolas Van Aken 从排放交易计划的判例法分析更好地保护欧洲环境的新路径。[④] Edwin Woerdman 等从欧盟排放交易和污染者付费原则对祖父条款和超额分配进行评估，认为祖父条款与污染者付费原则效率解释相协调统一。[⑤] Stefan Weishaar 探讨了欧盟温室气体排放权交易所带来的竞争法问题，提出应当限制企业垄断、滥用市场优势地位和国家补贴。[⑥] Erik B. Bluemel 分析了美国应对温室气体泄漏的区域监管措施，包括区域气候倡议、安全阀（Safety Valve）、早期减排信用以及基于

① Sonia Labatt, Rodney R. White, *Carbon Finance: The Financial Implications of Climate Change* (Hoboken, New Jersey: John Wiley & Sons, Inc., 2007).

② 涂永前：《碳金融的法律再造》，《中国社会科学》2012 年第 3 期，第 95—113 页。

③ Michael Faure, Marjan Peeters, *Climate Change and European Emissions Trading* (Edward Elgar Publishing, 2008).

④ Nicolas Van Aken, Michel Paques, *The "Emission Trading Scheme" Case-law: Some New Paths for a Better European Environmental Protection* (Edward Elgar Publishing, 2008).

⑤ Edwin Woerdman, Alessandra Arcuri, Stefano Clo, "Emissions Trading and the Polluter-Pays Principle: Do Polluters Pay under Grandfathering?," *Review of Law & Economics* 2 (2008).

⑥ Stefan Weishaar, "CO_2 Emission Allowance Allocation Mechanisms, Allocative Efficiency and the Environment: A Static and Dynamic Perspective," *European Journal of Law and Economics* 24 (2007).

负荷的排放总量控制。[①] Karen E. Makuch 和 Zen Makuch 分析了英国的国内措施，包括气候变化征收、能源密集型行业的气候变化协议、气候变化义务等。[②] Janneke Bazelmans 分析了欧盟排放交易计划与其他排放交易计划的衔接问题，包括交易单位的相互承认、参与和退出条款、监测、报告、核查和登记等。[③] Melinda Melvin 探讨了后巴黎时代中国碳市场与《巴黎协定》第 6 条市场机制的衔接问题。[④]

国外有关碳金融的研究不仅起步早，而且研究比较广泛、深入。例如，就碳金融管理体制、碳排放配额或核证减排量的法律性质、碳排放配额分配的基本原则和初始分配方式、碳排放权交易市场的竞争秩序问题、碳资产的证券化、碳排放权交易服务机构的监督管理等问题进行了较为系统和深入的研究。但据目前搜集到的资料来看，国外注重研究碳金融的市场机制，特别是对碳排放权交易的研究非常系统而深入，而对于政府如何引导和规范碳金融市场这一问题的研究不多。并且，国外研究多提供单一的地方经验，对世界典型碳金融市场法制建设和实践缺乏系统与深入的横向比较研究。

综上所述，国内外有关碳金融市场国家干预法律机制的研究范围和深度不同。国外碳金融市场的建设和发展在实践层面先于国内，其相关理论研究也更加成熟和深入，突出表现为研究范围较国内更加广泛和系统、研究程度较国内更加细化和深入。尽管国内有关碳排放权交易制度的著述逐渐丰富，但是当前成果相对集中于交易平台的建设、交易对象的界定和分配、交易合同的制定和履行等平等法律关系的研究。国家建设碳排放权交易市场的初衷是通过发挥市场在气候资源配置中的优势作用，从而降低温室气体减排的社会成本。碳排放权交易市场也存在信息不对称和负外部性等失灵现象。因此，国家如何发挥有形之手的作用以矫正碳排放权交易市场失灵问题值得关注，特别是以下问题还亟待进一步探讨。第一，碳排放

① Erik B. Bluemel, Regional Regulatory Initiatives Addressing GHG Leakage in the USA, in Michael Faure, Marjan Peeters, *Climate Change and European Emissions Trading* (Edward Elgar Publishing, 2008).

② Karen E. Makuch, Zen Makuch, *Domestic Initiative in the UK*, in Michal Faure, Marjan Peeters, *Climate Change and European Emissions Trading* (Edward Elgar Publishing, 2008).

③ Janneke Bazelmans, Linking the EUETS to Other Emission Trading Schemes, in Michael Faure, Marjan Peeters, *Climate Change and European Emissions Trading* (Edward Elgar Publishing, 2008).

④ Melinda Melvin, "China's Emissions Trading System: Steps Toward Article 6 Linkage," *Duke Environmental Law and Policy Forum* 30 (2019).

权交易的监管体制问题，即由谁来监管以及监管职权和责任的合理配置问题。第二，碳排放配额的管理问题，涉及碳预算问题，即通过制定科学合理的碳预算来实现国家的温室气体减排目标；碳排放配额初始分配中的公平性与效率性问题；碳排放配额价格非正常波动的国家干预机制。第三，碳排放信息披露问题，对防止内幕交易、防范碳金融系统性风险具有重要意义。第四，碳排放权交易体系的连接问题，涉及国内不同行政区域碳排放权交易体系的连接以及国际碳排放权交易体系的连接。第五，碳泄漏问题的法律应对以及碳排放权交易制度与其他节能减排制度之间的衔接问题。

三、研究思路和方法

本书首先分析了研究对象的内涵和要素，即碳金融的界定、碳金融市场的构成要素，以及碳金融市场国家干预的内涵和核心要素。其次，介绍世界典型碳金融市场的概况，并探讨中国碳金融市场法律实践及其存在的问题。最后，借鉴国外有关碳金融市场立法的理论和实践经验，结合国情，就中国碳金融市场国家干预法律机制的构建提出合理性建议。综合运用文献分析方法、历史分析方法、比较分析方法以及理论与实践相结合等研究方法开展研究。

第一，文献分析方法。通过 Westlaw、中国知网、国内外图书馆等途径搜集与碳金融市场法律制度相关的研究成果以及法律政策等多方面资料，在梳理分析资料的基础上，构建碳金融市场国家干预法律机制研究的理论体系。

第二，历史分析方法。注重分析世界典型碳金融市场的历史沿革，并从中发现建设碳金融市场过程中国家与市场之间的协作机制，特别是从国家干预的视角分析碳金融市场出现失灵问题时的矫正机制，以为中国碳排放权交易体系的建设提供历史经验。

第三，比较分析方法。碳金融是舶来品。选取世界典型碳排放权交易体系作为比较研究对象，就碳排放权交易体系的覆盖范围、碳排放配额总量控制及分配、碳排放权交易市场的信息保障机制和价格干预机制，以及碳排放权交易体系的连接机制等关键问题进行比较分析，总结先进的国际经验，以资借鉴。

第四，理论与实践相结合。一方面，研究应当建构碳金融市场国家干预的理论体系，明晰国家干预机制的内涵以及核心要素，对整个研究进行宏观指导；另一方面，碳金融市场的建设要对国外典型碳金融市场以及国内碳排放权交易试点进行实证研究，发现碳金融实践中存在的问题，并有针对性地提出相关对策。

四、拟解决的关键问题和研究意义

本书拟解决的关键问题是如何运用国家干预理论构建碳金融市场创建和运行中的政府作用机制，即从微观规制和宏观调控两个层面发挥有形之手的作用以矫正碳金融市场的失灵。国家对碳金融市场的微观规制是从碳排放权交易体系的内部即构成要素方面加以干预，主要涉及管理体制，总量控制制度，配额管理，碳排放监测、报告和核查制度，履约机制，价格干预机制和配额收入的分配机制。国家对碳金融市场的宏观调控主要是从战略高度把握碳排放权交易体系的宏观性问题，主要涉及碳排放权交易体系的负面效应的矫正、碳排放权交易体系的连接机制以及碳排放权交易制度与其他相关制度的协调。

研究碳金融市场的国家干预法律机制对我国应对气候变化具有重要的理论意义和实践价值。

第一，研究成果有利于丰富和拓展金融法的理论研究，推进气候变化背景下金融法的生态化。随着碳排放权以及碳期货、碳期权、碳掉期、碳保险、碳证券等碳金融衍生品的出现，因应气候变化的金融创新给我国金融法带来了挑战和机遇。金融法的理论和实践应当从金融组织法、金融经营规制法、金融调控法和金融监管法等方面回应碳金融市场的制度需求。

第二，碳金融市场国家干预机制有利于引导和规范我国碳排放权及其衍生品交易市场的创建和运行。碳金融是国家运用市场机制实施气候治理的重要工具。碳金融市场具有浓厚的国家干预色彩。政府对碳排放配额总量的设定、分配以及碳排放权及其衍生品的管理直接决定碳金融市场的有效性。作为一种气候治理的市场机制，政府在碳金融市场创建和运行中起着元治理的作用。因此，建立健全碳金融市场的微观规制和宏观调控机制，对于矫正碳金融市场失灵，保障碳金融市场持续、健康和有序发展具有重要意义。

第三，确立和完善碳金融市场的国家干预法律机制，有利于中国碳市场与国际碳市场的连接。全球碳排放权交易的配额市场和项目市场逐步形成并呈现增长态势。发达国家都在厉兵秣马，试图构建以碳排放权及碳期货、碳期权等天气衍生品为支撑的碳金融体系。碳金融市场的主导地位成为各国争夺的焦点。中国应借发展低碳经济的契机，建立健全碳金融市场法律制度，促进碳金融市场的国际化，进而有助于中国在气候变化国际合作中掌握话语权和主动权。

五、主要创新点及不足之处

本书从国家干预的视角探讨碳金融市场的法制建设问题。在考察国外典型碳金融市场以及中国碳排放权交易实践的基础上，就碳金融市场的微观规制和宏观调控提出了合理性建议。主要创新点有如下几点。

第一，针对碳金融市场存在的信息不对称、负外部性等市场失灵现象，提出碳金融市场的创建和运行需要国家的适度干预，并从微观规制和宏观调控两个层面设计国家干预机制。

第二，对中国碳排放权交易实践开展调研，提出全国碳排放权交易体系建设面临着监管体制不畅，总量控制和目标分解欠科学，配额分配标准不统一、公平性有待提升，价格形成和干预机制不健全，碳排放权交易能力建设不足，碳排放权交易体系连接机制缺失，碳泄漏以及碳排放权交易与相关制度衔接不畅等问题。

第三，考察了国外典型碳金融市场法制建设的经验，结合国情，就新一轮机构改革背景下中国碳金融市场的监管体制、信息保障机制、配额管理机制、碳泄漏应对法律机制、碳排放权交易体系的连接机制，以及碳排放权交易与用能权交易的制度衔接等问题提出了具有针对性的建议。

第四，尽管本书针对国内外有关碳金融法律制度的前沿理论与实践开展了大量的调查和研究工作，但仍存在诸多疏漏和不足之处。例如，研究成果主要着眼于国家如何干预碳金融市场，对国家干预的必要性虽有论及，但还不够深入。再如，理论上碳金融的内涵非常丰富，但综观国内外碳金融市场，实践中以碳排放权交易为主。考虑到理论与实践相结合以及研究成果的应用价值，本书主要围绕碳排放权交易及相关金融服务活动展开研究。至于碳保险、碳资产证券化等问题，尚需将来有实践基础之时再做进一步研究。由于学识有限，本书还有很多不足之处，敬请各位专家学者和同仁批评指正！

第一章 碳金融市场的国家干预概述

第一节 碳金融的界定

一、碳金融市场兴起的国际背景

以全球变暖为趋势的气候变化已经成为影响和威胁人类生存和发展的全球性问题。自20世纪70年代以来，国际社会就围绕如何有效应对全球变暖进行了旷日持久的谈判，并形成了以《联合国气候变化框架公约》、《京都议定书》及《巴黎协定》为核心的应对气候变化国际法律体系。①

《联合国气候变化框架公约》于1994年生效，就全球应对气候变化的目标、减缓和适应气候变化的原则和路径等事项作了原则性规定，但没有涉及各缔约方具体如何履行温室气体减排义务。② 为了贯彻执行《联合国气候变化框架公约》，1997年公约第三次缔约方大会通过了《京都议定书》，并于2005年生效。《京都议定书》为发达国家和转型期国家（附件一国家）设定了具体的温室气体量化减排义务，并采取“自上而下”的方式明确了附件一国家在第一个承诺期（2008—2012年）应当实现的具

① 2009年12月7日至19日，在丹麦首都哥本哈根召开了举世瞩目的《联合国气候变化框架公约》第十五次缔约方大会，该大会通过了《哥本哈根协议》。《哥本哈根协议》仅仅是缔约国之间达成的一项政治共识，不具有法律效力。

② 刘明明：《温室气体排放控制法律制度研究》，法律出版社2012年版，第91页。

有法律约束力的温室气体减排目标和时间进度表[①]。为了更加有效地实现整体减排目标，《京都议定书》设计了三种灵活性减排机制，即“京都三机制”。京都三机制包括清洁发展机制（Clean Development Mechanism，CDM）、联合履约机制（Joint Implementation，JI）和排放权交易机制（Emission Trading，ET）。清洁发展机制是一种基于项目的排放信用交易机制，具体指负有温室气体强制减排义务的附件一国家在发展中国家投资符合标准的温室气体减排项目或碳汇项目，该类项目经核证后可以获得签发可交易的排放信用（credits），投资方可以使用排放信用抵消其依据《京都议定书》应承担的部分温室气体减排义务。联合履约机制是负有温室气体强制减排义务的附件一国家之间相互合作、共同履行《京都议定书》下温室气体减排义务的机制，具体指附件一国家之间投资温室气体减排项目，投资国可以获得项目产生的温室气体减排单位（Emissions Reduction Units，ERUs），并使用ERUs履行《京都议定书》下的温室气体减排义务或者转让ERUs以获得投资收益。排放权交易机制是指附件一国家之间进行的《京都议定书》配额（Aassigned Amount Units，AAUs）交易，即在履约期内持有富余AAUs的附件一国家可以在国际碳市场上出售AAUs，而未完成《京都议定书》减排目标的附件一国家可以从国际碳市场上购买AAUs。

《京都议定书》开创了利用市场机制减少温室气体排放的先河。但是，《京都议定书》采用“自上而下”的方式让一部分国家（附件一国家）承担强制性减排义务，而其余国家（如发展中排放大国）不承担具有约束力的减排义务，加之没有设计强有力的履约机制，导致在第一承诺期部分附件一国家对《京都议定书》义务的履行出现分歧。例如，2011年加拿大退出《京都议定书》，俄罗斯、日本等国家明确表示不参加《京都议定书》第二承诺期。[②] 政府间气候变化专门委员会（IPCC）曾在第五次评估报告中对《京都议定书》的执行效果进行了评估，认为《京都议

① 附件一缔约方应个别地或共同地确保附件A所列温室气体的排放总量（以二氧化碳当量计算）不超过按照附件B中所登记的其排放量限制、削减承诺和根据本条规定所计算的分配数量，并使这类气体的全部排放量在2008年至2012年的承诺期间削减到1990年水平之下5%。在此基础上，议定书为附件一缔约国确定了具体的、有差别的减排指标，如欧盟8%，美国7%，日本、加拿大各6%，俄罗斯、乌克兰、新西兰维持零增长，澳大利亚、冰岛的排放量增长限制在8%和10%，欧盟成员国作为一个整体参与减排行动。

② 李宗录：《绿色气候基金融资的正当性标准与创新性来源》，《法学评论》2014年第3期，第130—137页。

定书》并没有达到应该达到的环境成效标准。[①] 尽管如此，2011 年 11 月 28 日至 12 月 9 日在南非德班举行的《联合国气候变化框架公约》第十七次缔约方大会还是就《京都议定书》的第二承诺期（2013—2020 年）达成一致。同时，德班气候大会决定成立德班增强行动平台特设工作组（德班平台），负责在 2015 年前制定一个适用于所有《联合国气候变化框架公约》缔约方的新的气候协定。在国际社会的共同努力下，经过多哈 COP18（2012 年）、华沙 COP19（2013 年）和利马 COP20（2014 年）等三次《联合国气候变化框架公约》缔约方大会，缔约方终于在 2015 年巴黎 COP21 达成了新的应对气候变化协定——《巴黎协定》，该协定于 2016 年 11 月 4 日正式生效。《巴黎协定》是继《联合国气候变化框架公约》及其《京都议定书》之后第三个应对气候变化的国际法律文件，决定了 2020 年后全球气候治理的格局。虽然《京都议定书》的实施效果不尽如人意，但是 IPCC 第四次评估报告明确指出"一个有效的碳价格信号能在所有行业实现显著的减缓潜力"，并认可《京都议定书》建立全球碳市场对气候减缓的贡献，IPCC 第五次评估报告也确认了碳交易机制是减缓气候变化的动力。[②]《巴黎协定》也肯定了碳排放权交易机制在实现缔约国国家自主贡献目标方面的作用，并在第 6 条规定了新的市场机制，即合作方法和可持续发展机制。2021 年 10 月 31 日至 11 月 13 日，《联合国气候变化框架公约》第二十六次缔约方大会在格拉斯哥举行。缔约方就《巴黎协定》市场机制的实施细则进行了谈判，通过了合作方法的指南以及减排活动获取信用的规则、方法和程序，这使得缔约国之间开展碳减排的市场化合作向前迈进了一步：一方面，缔约国可以通过双边协议转让减缓成果；另一方面，缔约国的减排项目经过认证可以获得信用并且该类信用可以被其他缔约国的排放主体用于履约。

碳排放权交易机制的灵活性和成本有效性在实践中得到了证实并成为许多国家和地区控制温室气体排放的重要手段。但是，由于温室气体减排项目的投资大、认证程序复杂、面临的政策法律风险较大等特点，项目开

---

① "Climate Change 2014: Mitigation of Climate Change Working Group III Contribution to AR5 Final Report," Chapter 13, https://www.ipcc.ch/site/assets/uploads/2018/02/ipcc_wg3_ar5_chapter13.pdf，最后访问日期：2021 年 12 月 28 日。

② 曾文革、党庶枫：《〈巴黎协定〉国家自主贡献下的新市场机制探析》，《中国人口·资源与环境》2017 年第 9 期，第 112—119 页。

发者往往面临资金短缺问题。为了支持碳市场的发展，世界银行于2000年设立了全球首个碳基金——原型碳基金（Prototype Carbon Fund），该基金以投资温室气体减排项目并获取该项目产生的核证减排量（即碳排放信用，Carbon Credits）为目的。自世界银行设立碳基金以来，国际金融公司、联合国开发计划署、联合国环境规划署、爱尔兰碳银行等公私部门都开拓了碳基金、碳信托、碳保险等金融业务。由此，随着碳排放权交易市场的发展，参与主体和参与形式越来越多，特别是金融机构和金融工具的运用，使得碳排放权交易不仅仅是简单的碳排放配额或信用交易，而是与金融密不可分，可以称之为碳金融的兴起。

二、碳金融的内涵①

碳金融作为一个新生事物，目前国内外学术界对其还没有一个统一的定义。下文将介绍国内外有关碳金融内涵的主要观点，并在此基础上结合本书的研究目的对碳金融的内涵加以界定。

世界银行碳金融部门（World Bank Carbon Finance Unit）在2006年碳金融发展年度报告（Carbon Finance Unit Annual Report 2006）中首次界定了碳金融的含义，即"以购买减排量的方式为产生或者能够产生温室气体减排量的项目提供的资源"②。此种定义主要是基于《京都议定书》所确定的灵活减排机制，即清洁发展机制和联合履约机制，世界银行将碳金融视为促进实施该灵活减排机制的手段。进而言之，碳金融实际上是通过全球碳市场为清洁发展机制项目和联合履约机制项目融资的活动，其中，碳减排项目融资和碳排放权交易是碳金融的核心。

索尼娅·拉巴特和罗德尼·怀特在全球首部系统论述碳金融的著作《碳金融：气候变化的金融对策》中提出"碳金融探讨碳限制世界（一个对二氧化碳和其他温室气体的排放定价收费的世界）的金融对策"，并从三个方面阐释了碳金融的内涵：第一，碳金融是环境金融的一种具体表现形式；第二，碳金融探讨与碳限制社会相关的金融风险和机会；第三，对

---

① 部分内容发表于《中国政法大学学报》2021年第5期《论中国碳金融监管体制的构建》一文。

② World Bank, "Carbon Finance Unit Annual Report 2006," https://wbcarbonfinance.org/Router.cfm?page=featuredresources&featresID=30714，最后访问日期：2014年2月27日。

能够转移环境风险和实现环境目标的市场机制的可行性进行预测并加以利用。[①] 与世界银行对碳金融的界定相比，索尼娅·拉巴特和罗德尼·怀特从更加广义的角度来定义碳金融，他们认为碳金融是全球气候变化背景下的一种金融创新，通过金融工具的创新以更好地应对限制温室气体排放带来的挑战和机遇。在他们的专著中，重点探讨了碳排放权交易市场、金融服务业（银行业、投资业和保险业）在应对气候变化中的角色、天气衍生性金融商品、巨灾债券等属于广义上碳金融的内容。

斯图瓦特·哈德逊（Stewart Hudson）在为《碳金融：气候变化的环境市场解决方案》作的序中提出碳金融具有以下三个特征：第一，碳金融要求发展以碳排放配额和碳排放信用两种新生商品为交易对象的市场；第二，投资是碳金融的关键要素，包括清洁能源交易的短期风险投资或者清洁能源领域的传统长期投资；第三，碳风险和收益的评估。[②] 斯图瓦特对碳金融的理解与世界银行相似，都以碳排放权交易和项目投资为中心。此外，他还特别提出了碳项目投资需谨慎，应该注意风险的识别、防范以及收益评估。

易霞仔、王震认为碳金融是“以金融方法解决气候变化问题”，并根据目的功能不同将碳金融分为三类：第一，为了抵抗和避免气候变化风险而衍生的碳金融产品包括碳保险、碳期货、天气衍生产品和巨灾债券；第二，为了益于低碳产业和碳排放权交易融资而衍生的银行信贷“赤道原则”和碳基金等；第三，因促进或伴随碳排放权交易市场发展而衍生的商业银行碳业务、投机商、碳经纪商和碳信托。[③] 易霞仔、王震对碳金融的界定采取了较为广义的方法，他们认为碳金融不仅包括碳排放权交易以及与以碳排放权交易为目的的投融资和相关服务，而且包括碳排放权交易以外与减缓和适应气候变化相关的一系列投融资活动，比如，巨灾债券、低碳项目的融资和咨询等。

---

① Sonia Labatt & Rodney R. White, *Carbon Finance: The Financial Implications of Climate Change* (Hoboken, New Jersey: John Wiley & Sons, Inc., 2007), p. 1.

② Bryan Garcia & Eric Roberts, "Carbon Finance: Environmental Market Solutions to Climate Change," Yale F&ES Publication Series Report, 2008, http://cbey.yale.edu/news/92/178/Carbon - Finance - - - Environmental - Market - Solutions - to - Climate - Change，最后访问日期：2014 年 5 月 27 日。

③ 易霞仔、王震：《碳金融内涵、属性及其市场影响因素分析》，《未来与发展》2012 年第 4 期，第 77—81 页。

郑扬扬将“碳金融定义为服务于为减少温室气体排放的各种金融制度安排和金融交易活动，主要包括碳排放权及其衍生品的交易和投资、低碳项目开发的投融资以及其他相关的金融中介活动”[①]。郑扬扬对碳金融的定义也是较为广义的，他认为碳金融不仅包含碳排放权交易，而且包括与低碳相关的投融资活动。

曾刚、万志宏认为碳金融市场是碳排放权交易以及与之相关的各种金融活动和交易的总称，既包括排放权交易市场，也包括开发可产生额外排放权的项目的交易，以及与排放权相关的各种衍生产品交易。[②] 他们从狭义层面界定碳金融，认为碳金融是碳排放权（包括排放配额和项目产生的排放信用）及其衍生品的交易。

综合以上分析，碳金融作为一个新生事物，国内外学术界对其含义并未形成共识，有的从非常广义的层面界定碳金融，认为碳金融是指为应对气候变化而开展的投融资活动，具体包括减缓气候变化和适应气候变化两个领域的金融对策；有的从狭义层面加以界定，认为碳金融仅指为减缓气候变化而开展的投融资活动。笔者认为，上述广义上的碳金融（Carbon Finance）实质上是气候金融（Climate Finance），而实践中碳金融仅是气候金融的一部分。例如，世界银行碳金融部门在碳金融年度报告中，明确提出世界银行碳金融部门的任务是通过激励私人部门投资温室气体减排等促进行动（Catalytic Initiatives）支持全球碳市场（Carbon Market）的发展。而世界银行将气候金融界定为为应对气候变化而开展的投融资活动（Financing Climate Change），并认为气候金融的任务是为低排放和适应性发展（Low-emissions and Resilient Development）提供融资，[③] 即为减缓和适应气候变化进行投融资。此外，从研究的可行性和实用性来讲，从狭义上界定碳金融更加具有针对性，从而避免因研究对象过于宽泛而难以把握研究的核心和共性问题。本书的研究目的在于探讨政府在碳金融市场创建和运行中应当发挥何种作用以及相应的作用机制，而碳金融市场的核心在于碳金融工具的交易及与其相关的交易服务，鉴于此，笔者采取狭义上的

① 郑扬扬：《我国发展碳金融的路径选择》，《金融理论与实践》2012 年第 6 期，第 70—75 页。

② 曾刚、万志宏：《国际碳金融市场：现状、问题与前景》，《国际金融研究》2009 年第 10 期，第 19—25 页。

③ World Bank, “Climate Finance,” http://www.worldbank.org/en/topic/climatefinance，最后访问日期：2014 年 5 月 31 日。

碳金融概念，认为碳金融是气候金融的一部分，是指为减缓气候变化而开展的投融资活动，具体包括碳排放权及其衍生品交易、能够产生碳排放权的温室气体减排或者碳汇项目的投融资以及碳基金、碳银行、碳保险、碳经纪、碳核查等相关金融服务活动。其中，碳排放权交易是碳金融概念的核心。一方面，公私实体对于温室气体减排或者碳汇项目的投融资，是以获取该类项目所产生的可交易的碳排放信用为目的的。例如，世界银行碳金融部门运作的碳基金主要用于购买由清洁发展机制项目和联合履约机制项目产生的碳排放信用（核证减排量）。另一方面，碳银行、碳经纪、碳保险，以及碳监测、报告和核查等金融服务也都围绕碳排放权交易展开。例如，碳银行的业务主要包括购买、存储和借贷碳排放配额或信用；碳经纪业务主要在于撮合碳排放信用供需双方之间的买卖合同；碳保险业务主要在于为温室气体减排项目或者碳汇项目提供碳排放信用给付保险；碳监测、报告和核查机构主要是作为第三方为温室气体减排或者碳汇项目提供温室气体减排量或者碳汇数量的认证服务。理论上碳金融的内涵非常丰富，但综观国内外碳金融市场，实践中以碳排放权交易为主。基于理论与实践相结合的要求，并为了体现研究的应用价值，本书主要围绕碳排放权交易及相关金融服务活动展开。至于碳保险、碳资产证券化等问题，待时机成熟时再进一步研究。

第二节 碳金融市场的内涵、构成要素及特征

一、碳金融市场的内涵和构成要素

碳金融市场是从事碳金融活动的主体之间进行碳排放权及其衍生品交易以及围绕碳排放权交易从事碳排放监测、报告和核查等金融服务活动所产生的商品或服务交换关系的总和。其中，碳排放权交易是碳金融的核心，是指在碳排放总量控制的前提下，通过碳排放配额的分配实现对二氧化碳等温室气体排放总量的控制，并通过市场交易的方式降低碳减排的社

会成本。[①] 具体而言，碳排放权交易指政府在对温室气体排放实行总量控制的前提下，将一定数量的碳排放配额分配给法定的温室气体减排义务主体，并要求温室气体减排义务主体在法定期间内提交与其实际温室气体排放量相等的配额，由于不同的温室气体减排义务主体实施减排的成本不同，为了经济有效地实现温室气体减排目标，政府允许排放配额在碳市场中进行交易，减排成本高于配额市场价格的温室气体减排义务主体可以选择从碳市场中购买配额，减排成本低于配额市场价格的温室气体减排义务主体可以出售其所持有的富余配额，由此通过碳市场实现温室气体减排资源的有效配置，以最低成本实现温室气体减排目标。[②] 碳金融市场的构成要素主要包括市场主体、市场客体、市场行为和交易场所四个方面。

（一）市场主体

碳金融市场的主体是指在碳金融市场中从事碳金融活动的组织或个人。按照功能不同，碳金融市场主体可以分为交易主体和服务主体两类。碳金融市场的交易主体指碳排放配额或信用的供需双方。其中，碳排放配额或信用的需求者一般为具有温室气体减排义务的主体，其购买碳排放配额或信用的目的是抵消其超额排放以履行碳减排义务。也有一些并不承担温室气体减排义务的组织和个人以购买碳排放配额或信用作为投资或者做气候公益的方式而成为碳金融市场的需求方。对于投资者而言，他们像购买股票一样在碳市场购买碳排放配额或信用，以期低买高卖赚取利润。对于做气候公益的需求方而言，如环境保护组织，购买碳排放配额或信用之后将其注销，从而以减少碳市场的供给量的方式增强减排效果。碳排放配额或信用的供给方主要有两类：一类是碳排放配额的持有者；另一类是碳排放信用的获得者。碳排放配额的持有者包括从一级市场获得政府分配的排放配额的排放主体，也包括通过自身减排行动持有富余配额的排放主体；碳排放信用的持有者是从事温室气体减排或碳汇项目并经核证获得减排信用的项目业主单位。碳金融市场的服务主体是为交易主体提供碳金融服务的组织，具体包括从事碳咨询、碳经纪、碳保险，以及碳监测、报告和核查等服务活动的组织。

---

① 曹明德：《中国参与国际气候治理的法律立场和策略：以气候正义为视角》，《中国法学》2016 年第 1 期，第 29—48 页。

② 刘明明：《温室气体排放控制法律制度研究》，法律出版社 2012 年版，第 126—127 页。

（二）市场客体

碳金融市场的客体是碳金融市场主体之间交易的标的或对象，包括商品和服务两类。碳金融市场的商品包括碳排放配额和信用及其衍生品。其中，碳排放配额是在碳排放指标总量控制的情景下，由碳排放权交易管理机构通过法定方式分配给纳入碳排放权交易体系的温室气体排放单位的排放指标；碳排放信用是在温室气体自愿减排交易的情景下，由碳排放权交易管理机构向从事自愿减排项目的单位发放的经核证的自愿减排量；碳金融衍生品是一种其价值取决于碳排放配额或信用等基础资产之价值的金融合约，包括碳期货、碳期权、碳掉期、碳互换、碳债券等。由于碳金融市场起步较晚，相对于传统金融产品，当前碳金融市场客体的种类较为单一，以碳排放配额、信用为主，个别较为成熟的碳排放权交易体系（如欧盟）也开展了碳期货交易，其他商品类型尚处于研究探索阶段。碳金融市场的服务包括碳咨询、碳经纪、碳保险，以及碳监测、报告和核查。其中，碳咨询是为碳金融市场主体提供的有关碳资产管理、交易以及碳减排项目投融资等方面的信息服务；碳经纪是为撮合碳排放权交易开展的居间服务；碳保险是碳排放权交易风险的社会化分担机制；碳监测、报告和核查是为温室气体排放主体或温室气体自愿减排项目实施方提供的有关碳排放数据真实性的信息服务。

（三）市场行为

碳金融市场的行为是碳金融市场主体所从事的一系列碳金融活动的总称。碳金融市场的行为主要包括碳排放权及其衍生品交易行为、碳减排或碳汇项目的投融资行为，以及碳金融服务行为。碳排放权及其衍生品交易行为是指碳排放配额或信用的供需双方买卖碳排放配额或信用、碳期货、碳期权、碳掉期等金融商品的行为。碳减排或碳汇项目的投融资行为指的是为能够产生碳排放信用的项目融通资金的行为，例如世界银行的原型碳基金。碳金融服务行为指的是为碳排放权及其衍生品交易以及碳减排或碳汇项目投融资行为提供的咨询、经纪，以及碳监测、报告和核查等服务。碳金融服务行为是碳排放权及其衍生品交易行为和碳减排或碳汇项目的投融资行为顺利开展的重要条件。

（四）交易场所

碳金融市场的交易场所是碳金融市场主体从事碳金融活动的地方。根据碳金融市场行为的不同，碳金融市场的交易场所可以被分为碳排放权及其衍生品交易市场、碳减排或碳汇项目的投融资市场和碳金融服务市场。根据交易地点的不同，碳排放权及其衍生品交易可被分为场内交易和场外交易，进而碳排放权及其衍生品交易场所也相应被分为碳排放权交易所和场外交易场所。碳减排或碳汇项目的投融资市场主要表现为各种碳融资平台，例如碳基金、碳银行、碳证券、碳信托。碳金融服务市场主要表现为碳保险、碳咨询、碳经纪，以及碳监测、报告和核查等服务行业。

二、碳金融市场的特征[①]

第一，公益性。创建碳金融市场的目的是通过市场机制成本有效地实现温室气体减排目标、减缓气候变化。也可以说，碳金融市场的功能是维护气候公共利益，而非追求经济效益。

第二，专业性。与银行、证券、保险等传统金融活动相比，碳金融活动专业性强，涉及碳排放配额总量目标的确定、配额的初始分配、配额管理，以及温室气体排放的监测、报告和核查等多方面问题。碳金融的专业性要求从事碳金融活动的机构和个人具有传统金融之外的相关专业知识和资质。

第三，跨部门、跨行业性。碳金融市场的主体广泛，包括政府、排放企业（单位）、交易机构、核查机构、监测机构以及其他组织和个人。碳金融产品具有多样性和跨行业性，包括碳排放配额和信用现货、碳期货和期权、碳证券、碳保险、碳基金等，几乎包含了所有的金融产品形式。

第四，国家干预性。碳金融市场是政府开展气候治理的一种工具，其形成不是自发的，而是由政府创设的。碳金融市场自创建到运行都带有非常强烈的国家干预色彩，具体表现在以下几个方面：其一，碳金融初级市场的产品——碳排放配额和信用——由政府界定并分配；其二，碳金融市场的核心主体——纳入碳排放权交易体系的企业（单位）——也由政府确定；其三，碳金融市场的服务主体——碳排放权交易咨询机构、温室气体排放核查机构等——须由政府认定并授予资格；其四，政府在碳金融市场的运行中发挥重要的宏观调控作用。在传统金融活动中，政府监管的主要作用在于维护公平竞争秩序和消费者利益。在碳金融市场，政府还要在

---

① 部分内容发表于《中国政法大学学报》2021 年第 5 期《论中国碳金融监管体制的构建》一文。

市场稳定、新进入者利益协调、配额价格、配额收入分配、配额清缴、信用抵消机制等多方面发挥调控作用。

第三节　碳金融市场国家干预的内涵与核心要素

市场失灵，从最一般的意义上讲，是人们在批评市场经济运行中出现了不尽如人意的（效率的或价值的）结果时所使用的一个概念。① 思德纳认为，市场失灵是指自由市场在不满足经济学家所构建的完全市场经济模型时不产生最优福利的情形。② 碳金融市场作为气候变化背景下的新兴市场，也存在信息不对称和负外部性等市场失灵现象，其创建和运行需要国家适度干预，即通过有形之手矫正市场失灵以充分发挥无形之手的作用。一方面，国家通过顶层设计界定和分配碳排放权，这是创建碳金融市场的前提。另一方面，政府要明确定位，做好碳金融市场的引导者、监督者和调控者。引导碳排放权交易市场向纵深发展，推动碳金融工具的多元化；监督碳金融活动，维护公平有序的竞争环境；做好宏观调控，充分发挥碳金融市场在促进绿色、低碳和循环发展中的作用。

一、碳金融市场国家干预的内涵

碳金融市场国家干预是指国家为了碳金融市场的良性运转，对碳排放权及其衍生品交易、温室气体自愿减排项目或碳汇项目的实施，以及碳排放监测、报告和核查等碳金融活动进行的适度干预。碳金融市场是国家为了降低成本、有效地实现温室气体减排而通过立法创设的新型市场，其形成和运行均有明显的国家干预特征。政府在碳金融市场的创建和运作中起着元治理的作用，特别是政府对碳排放配额总量的设定、分配，以及碳排

① 程启智等：《政府社会性管制理论及其应用研究》，经济科学出版社 2008 年版，第 1 页。

② ［瑞典］托马斯·思德纳：《环境与自然资源管理的政策工具》，张蔚文、黄祖辉译，上海人民出版社 2005 年版，第 3 页。

放权及其衍生品的管理直接决定着碳金融市场的有效性。因此，政府对碳金融市场的干预显得至关重要。

根据国家干预碳金融市场方式和内容的不同，可以将碳金融市场的国家干预分为碳金融市场的微观规制和宏观调控。如前所述，碳金融以碳排放权交易为核心，故本书的研究重点在于碳排放权交易市场及相关金融活动的国家干预机制。碳金融市场的微观规制是从碳排放权交易体系的内部即构成要素方面加以干预，主要涉及管理体制、总量控制制度、配额管理，以及碳排放监测、报告和核查制度、履约机制、价格干预机制和配额收入的分配机制等。碳金融市场的宏观调控主要是从战略高度把握碳排放权交易体系的宏观性问题，主要涉及碳排放权交易体系的负面效应的矫正、碳排放权交易体系的连接机制以及碳排放权交易制度与其他相关制度的协调等。①

二、碳金融市场的微观规制

（一）管理体制

碳排放权交易是一个非常复杂的体系，涉及多个方面的管理和监督工作，如碳排放的总量控制，配额的分配和管理，碳排放的监测、报告和核查，碳排放配额的登记等。因此，设计合理的碳排放权交易管理体制对于碳排放权交易体系的有效运行至关重要。

（二）总量控制制度

总量控制是确保碳排放权交易实现碳减排目标的前提条件，也是碳排放配额具有稀缺性的制度基础。总量控制太松将使碳排放权交易的减排目标落空同时徒增执法成本；总量控制太严将给社会和经济带来巨大压力，使碳排放权交易欠缺可行性。因此，设计行之有效的总量控制制度是气候变化背景下促进经济、社会和环境协调发展的关键问题。

（三）配额管理

配额管理主要包括碳排放配额的初始分配和登记、交易以及储存和借贷等方面。碳排放权交易实质上是利用配额机制实现减排目标，因此配额管理对于碳排放权交易机制的运行效率具有决定性影响。

---

① 部分内容发表于《安徽师范大学学报》（人文社会科学版）2021 年第 3 期《中国碳排放权交易实践的成就、不足及对策》一文。

（四）碳排放监测、报告和核查制度

碳排放监测、报告和核查制度对于保障碳排放权交易的真实性和科学性具有重要意义。一方面，碳排放配额总量的设定需要切实可靠的碳排放数据加以支撑，否则，如果总量设定过高将导致碳排放权交易制度的温室气体减排目的无法达成，如果总量设定过低将会减损经济社会效益并且使交易体系的运行不具有可操作性。另一方面，碳排放权交易体系的运行也需要可靠的碳排放数据作支撑，排放主体持有的配额或排放信用能否抵消其碳排放是判断排放主体是否履约的标准，无疑碳排放数据的真实性对于履约判断至关重要。因此，健全的碳排放监测、报告和核查制度是碳排放交易体系创设与运行的前提。

（五）履约机制

纳入碳排放权交易体系的主体具有提交配额或信用以抵消其在履约期间的碳排放的义务。抵消规则和未完全履行配额清缴义务的违约责任机制是碳排放权交易履约机制的核心。严格而有效的履约机制是碳排放权交易体系得以发挥作用的有力保障，政府要加大违约成本，以此促使排放主体积极履约。

（六）价格干预机制

碳排放权具有虚拟性，为了避免碳排放权价格的非正常波动对经济带来过度的压力，政府适时采取价格干预措施对于稳定市场具有重要作用。通常用的价格干预措施包括安全阀机制、价格上下限机制、配额储备机制等等。

（七）配额收入的分配

此处的配额收入是指政府通过拍卖或者其他有偿方式出售排放配额的收入。配额收入的合理分配有利于提高碳排放权交易的可行性以及实现双重红利，例如可以用配额收入补贴消费者以减轻因限制碳排放而造成的产品涨价所带来的不利影响，从而使碳排放权交易获得更多的支持；又如，可以用配额收入支持可再生能源项目，促进能源转型和低碳发展。

此外，碳排放权交易市场还会产生排放主体的公平竞争问题、碳排放配额或信用的垄断、消费者利益保护等微观规制方面的问题。

三、碳金融市场的宏观调控

（一）碳排放权交易体系负面效应的矫正

从宏观层面分析，碳金融市场负面效应的主要表现是碳泄漏问题。所谓碳泄漏，是指不同区域碳减排的成本不同而导致碳排放活动从碳减排成本较高的区域转移到碳减排成本较低的区域，从而导致碳减排成本较高区域的减排政策失灵的现象。碳泄漏可能发生在限制碳排放区域和非限制碳排放区域之间，也可能发生在严格限制碳排放区域和宽松限制碳排放区域之间。限制碳排放区域可能采取“命令—控制”型减排手段，例如碳排放许可、标准、总量控制等；也可能采取市场手段，例如碳排放权交易、碳税等。严格限制碳排放区域是与宽松限制碳排放区域相对而言的，指虽然两个或多个区域均采取了限制碳排放的措施，但是有的区域采取了相对严格的措施，该类区域内的碳排放主体须为其碳排放支付较高的成本，而有的区域采取了相对宽松的限排措施，该类区域的碳排放主体为其碳排放支付较低的成本。非限制碳排放区域是指没有采取任何措施控制碳排放的区域，该区域内的碳排放主体不用为其碳排放付出任何成本。碳排放主体均是理性经济人，在碳减排成本不均的情况下，自然会“用脚投票”，即将碳排放活动转移到没有碳减排成本或者碳排放成本较低的区域，从而形成碳泄漏，导致限制或严格限制碳排放区域的碳减排计划落空或效益减损。

就碳排放权交易体系而言，纳入碳排放权交易体系的排放主体，在取得碳排放权利的同时便承担了限制碳排放义务，进而承担一定的碳减排成本。碳排放配额总量控制严格的碳排放权交易体系和碳排放配额总量控制宽松的碳排放权交易体系相比，严格的碳排放权交易体系下控排企业的履约成本要比宽松的碳排放权交易体系下的履约成本高，从而造成严格碳排放权交易体系下的碳排放主体将碳排放活动转移到宽松碳排放权交易体系之下，产生碳泄漏问题。此外，碳泄漏也可能发生在实施碳排放权交易的区域和未实施碳排放权交易但碳减排成本相对较低的区域。由此可见，碳泄漏的诱因是纳入碳排放权交易体系的控排企业之碳减排成本过高。因此，政府在推行碳排放权交易体系时，应当采取成本控制措施以避免碳减排政策失灵。

（二）碳排放权交易体系的连接机制

2009 年欧盟委员会发表《走向哥本哈根气候变化全球协议》，提出以欧盟碳交易体系为基础建立全球碳市场。[①] 有学者认为，碳排放权交易体

① 刘慧、唐健：《碳交易体系对接与后京都气候治理》，《国际研究参考》2014 年第 5 期，第 8—13 页。

系的连接是一个系统的配额或其他交易单位，可以直接或间接地由另一个系统中的参与者用于遵守。[①] 也有学者认为，碳排放权交易体系的连接是指允许体系外的排放配额以及减排信用额等进入本体系中，用于完成本体系的遵约义务。[②] 碳排放权交易体系的连接是指不同区域的碳排放权交易体系之间通过协议、约定或者建立一种合作方式，允许配额分配、信用额度的抵消等要素在彼此体系覆盖的交易主体内互相认可、履约，扩大碳交易市场的交易范围，降低减排成本，实现全球共同的减排任务的兼容过程。

碳排放权交易体系的连接具有多重效应。其一，通过连接可以实现不同碳排放权交易体系的制度同化，从而有效避免在各连接区域产生碳泄漏问题。碳排放权交易体系各方在连接前要对碳排放配额总量上限，配额分配方法，碳排放监测、报告和核查，以及履约机制、价格干预机制等碳排放权交易制度的核心要素达成共识，对这些要素的共识实现了碳减排成本在碳排放权交易体系之间的均衡，从而从根本上避免了碳排放权交易体系之间的碳泄漏问题。其二，碳排放权交易体系的连接可以大大促进碳减排资源在连接各方实现最优配置，从而提高碳排放权交易体系的成本有效性。碳排放权交易市场的流动性与其资源配置效率成正比，通过连接改善了碳市场的供需机制，有利于促进规模经济。其三，碳排放权交易体系的连接可以促进相对落后地区的碳排放权交易能力建设。通过连接，成熟的碳排放权交易体系可以带动新兴的碳排放权交易体系的制度建设，产生连锁反应，进而推动全球碳排放权市场的发展，有利于实现全球气候行动目标。

（三）碳排放权交易制度与其他制度的协调

碳排放权交易制度的功能在于通过市场手段低成本地实现温室气体减排目标。政府在创设碳排放权交易制度时应当统筹考量碳排放权交易与其他具有温室气体减排功能的手段之间的关系。

综合国内外的立法实践，除碳排放权交易之外，具有温室气体减排功能的手段主要包括总量控制制度、温室气体排放标准、温室气体排放许

---

① Michael Grubb, "Linking Emissions Trading Schemes," *Climate Policy* 4 (2009): 339.

② 段茂盛、庞韬：《碳排放权交易体系的基本要素》，《中国人口·资源与环境》2013 年第 3 期，第 11—117 页。

可、碳税制度、可再生能源配额制度、节能证书交易制度、合同能源管理制度、用能权交易制度等。上述制度与碳排放权交易制度的关系有以下两种类型：一是，“命令—控制”型制度与碳排放权交易制度的关系；二是，碳排放权交易制度与其他市场机制的关系。其中，“命令—控制”型制度与碳排放权交易制度的关系包括总量控制制度、温室气体排放许可制度以及温室气体排放标准制度与碳排放权交易之间的关系。总量控制制度和温室气体排放许可制度是创设强制性碳排放权交易体系的制度前提。一方面，强制性碳排放权交易体系的创建以区域碳排放总量控制制度为前提，政府首先确定该区域在一定时期的碳排放配额总量，进而通过分配配额的方式为碳排放主体设定减排义务。另一方面，温室气体排放许可制度是碳排放权交易制度顺利实施的保障。获得温室气体排放许可的排放单位，其具备合格的碳排放监测和报告能力，从而能够保障碳排放权交易数据的真实性和可靠性。温室气体排放标准制度与碳排放权交易毫无冲突、并行不悖，例如，美国同时运用温室气体排放标准和碳排放权交易来控制电力部门的碳排放。关于碳排放权交易制度与其他市场机制的关系，具体包括碳税制度、可再生能源配额制度、节能证书交易制度、合同能源管理制度以及用能权交易制度与碳排放权交易制度的关系，将在本书第五章作详细探讨。

第二章　世界典型碳金融市场考察

如前所述，根据碳金融市场行为的不同，碳金融市场可以分为碳排放权及其衍生品交易市场、碳减排或碳汇项目投融资市场和碳金融服务市场。实践中，有的碳金融市场主体的行为会涉及两个或三个市场，即同时从事碳排放权及其衍生品交易、碳减排或碳汇项目投融资以及碳金融服务中二个或三个服务。鉴于此，下文将分别介绍典型的碳排放权交易市场、碳减排或碳汇项目投融资市场以及碳金融服务市场。

第一节　世界典型碳排放权及其衍生品交易市场

碳排放权交易的思想和制度来源于美国的排污权交易制度。20 世纪 60 年代末，戴尔斯首先提出了排污权交易的思想，即“将满足环境标准的允许污染物排放量作为许可份额，准予排污者之间的相互有偿交易”。① “美国 1995 年开始实施的二氧化硫排放权交易制度已经证明了排放交易比传统的命令和控制型管制能产生更加巨大的成本节约，并且，排放交易已经成为国际温室气体减排的一项重要政策，例如，《京都议定书》的联合履约机制和清洁发展机制，以及欧盟自 2005 年 1 月 1 日开始实施的二氧化碳排放权交易制度。”② 尽管排污权交易制度已经被证明是控制传统空

---

① J. H. Dales, “Land, Water and Ownership,” *The Canadian Journal of Economic* 1 (1968): 791 – 804.

② Jan-Tjeerd Boom, Bouwe R. Dijkstra, “Permit Trading and Credit Trading: A Comparison of Cap-Based and Rate-Based Emissions Trading Under Perfect and Imperfect Competition,” *Environmental and Resource Economics* 44 (2009): 107.

气污染物的经济有效方式，但是其作为减少二氧化碳排放的方式仅仅有一个非常短暂的历史。[①] 下文将介绍当今世界典型的碳排放权交易市场。

一、基于《联合国气候变化框架公约》的国际碳排放权交易

如前所述，《京都议定书》开创了国际碳排放权交易的先河。随着《京都议定书》使命的结束，《巴黎协定》作为新的全球应对气候变化协定，基于其自上而下与自下而上相结合的治理方略，规定了合作方法和可持续发展机制两种市场机制，以下将分别加以阐述。

（一）《京都议定书》下的碳排放权交易

如前所述，作为《联合国气候变化框架公约》的执行机制，《京都议定书》首次以国际法律文件的形式确立了三种碳排放权交易机制，即“京都三机制”[②]。在京都三机制的指引下，国际社会形成了以清洁发展机制市场、联合履约机制市场和排放权交易机制市场为核心的国际碳市场。首先，清洁发展机制市场。《京都议定书》第二承诺期（2013—2020 年）在 2012 年年底的多哈气候大会（COP17/CMP7）才得以最终确认。在此之前，以《京都议定书》为法律基础的清洁发展机制市场因发展前景不明而一度低迷。虽然多哈会议确认了《京都议定书》的第二承诺期，但是由于核证减排量（Certified Emission Reductions，CERs）的最大买家欧盟为其成员国设定的利用 CERs 履行减排义务的数量预计 2015 年达到最高限，CDM 市场的前景非常渺茫。其次，联合履约机制市场和排放权交易机制市场。尽管《京都议定书》第二承诺期的确认使得联合履约机制得以继续，但是减排目标、第一承诺期的配额能否在第二承诺期继续使用等问题尚未有定论。联合履约机制管理委员会（Joint Implementation Supervisory Committee，JISC）已着手修订联合履约机制的指导准则以促进该机制的透明度和可靠性。2021 年，《京都议定书多哈修正案》生效，这意味着《京都议定书》第二承诺期的配额将发放给参与国，与此同时，

---

① Robert N. Stavins, “A Meaningful U.S. Cap-and-Trade System to Address Climate Change,” *Harvard Environmental Law Review* 32 (2008): 301.

② 杨兴：《〈气候变化框架公约〉研究》，中国法制出版社 2007 年版，第 163—178 页。

《京都议定书》遵约委员会将履行职能，按期进行《京都议定书》第二阶段的履约核算，这为联合履约机制和排放权交易机制的实施提供了更多的可能性。

（二）《巴黎协定》市场机制

后巴黎时代，全球气候治理市场机制以《巴黎协定》第6条为根据，包括合作方法和可持续发展机制（Sustainable Development Mechanism，SDM）两种类型。所谓合作方法，是指采取自愿合作的方法实现国家自主贡献的缔约方，在确保环境完整性、透明度以及避免双重核算的前提下，可以使用国际转让的减缓成果（Internationally Transferred Mitigation Outcomes，ITMOs）来实现其国家自主贡献。合作方法发生在选择自愿合作执行国家自主贡献的两个或两个以上缔约方之间，即合作一方可以通过购买和使用其他合作方的ITMOs来实现自身的国家自主贡献。所谓可持续发展机制，是指为了奖励和便利缔约方授权下的公私实体参与减缓温室气体排放，由《联合国气候变化框架公约》缔约方会议建立的核证减缓活动产生的减排量的机制，该机制由《联合国气候变化框架公约》缔约方会议指定的一个机构负责监督实施，机制的规则、模式和程序也由《联合国气候变化框架公约》缔约方会议制定。《巴黎协定》的缔约方均可自愿选择使用该机制。SDM涉及两方主体，一方是东道缔约方，另一方是参与减缓温室气体排放的缔约方。如果减缓活动产生的减排量通过了监督机构的核证，则该减排量可用于实现东道缔约方或者从事减排活动的缔约方的国家自主贡献。《巴黎协定》市场机制是在国家自主贡献模式下通过改造《京都议定书》灵活减排机制（京都三机制）而来的，以使用成本有效的方式实现全面减缓和可持续发展为目标。

二、欧盟碳排放权交易

欧盟在国际气候谈判中一直扮演着积极角色，并且成为全球应对气候变化的主要推动力量。根据《京都议定书》，2008年至2012年欧盟原15个成员国承诺将温室气体排放量在1990年的基础上减少8%。为了更加有效率且低成本地完成减排承诺，欧盟探索以市场机制促进减排。2000年3月，欧盟委员会发布了欧盟温室气体排放权交易绿皮书，首次提出在欧盟范围内实施排放权交易计划（EU Emission Trading Scheme，EU ETS），解释了排放权交易机制的运行原理、需要解决的重要问题以及如何设计欧盟碳排放权交易体系，从而为欧盟第一阶段排放权交易计划的制定奠定了基础。在绿皮书的基础上，各界对排放权交易机制展开了广泛讨论和论证。2003 年 10 月，欧盟委员会颁布了《排放权贸易指令》（2003/87/EC 指令），要求各成员国建立温室气体排放权交易法律框架，并于 2003 年 12 月 31 日前在各成员国法律体系内执行排放权交易机制。EU ETS 被称为欧盟气候政策的标志性措施和环境保护政策的支柱。[①] 欧盟 15 国须作为一个整体完成在《京都议定书》第一承诺期（2008—2012 年）的温室气体减排承诺，即比 1990 年的排放水平降低 8% 的温室气体排放。首先，由欧盟为参与 EU ETS 的成员国分配排放配额，然后成员国各自制定国家分配方案（National Allocation Plan，NAP），进而为纳入排放交易体系的排放主体分配可交易的排放配额。2005 年 1 月 1 日，欧盟排放权交易计划正式实施，该计划共分为四个阶段。[②]

2005—2007 年为第一阶段，该阶段为试行阶段或"边干边学"阶段（Pilot Phase），目的是形成碳市场的价格机制并进行监测、报告和核查等方面的能力建设。第一阶段涵盖的温室气体只有二氧化碳，参与排放权交易计划的主要是能源密集型行业，包括能源工业、建材和造纸、有色金属等，涉及供热、电力、钢铁、水泥、玻璃、炼油、造纸等企业，涵盖的排放量占欧盟温室气体排放总量的 44% 左右。

2008—2012 年为第二阶段，该阶段与《京都议定书》的第一个履约期一致。欧盟委员会规定该阶段的年排放限额为在 2005 年排放水平的基础上减少 6.5%。经过欧盟委员会的批准，各成员国可以单方面将排放权交易体系的覆盖范围扩大到其他部门或者涵盖更多类型的温室气体。在第二阶段，排放主体可以使用《京都议定书》联合履约机制和清洁发展机制产生的核证减排量履行减排承诺。作为预备性措施，欧盟已经于 2012 年年底将第二大排放源——航空部门纳入碳排放权交易体系，这意味着航空业将履行强制减排义务，欧盟排放权交易体系的覆盖范围更加广泛。

① K. Deketelaere, M. Peeters, "Key Challenges of EU Climate Change Policy: Competences, Measures and Compliance," in M. Peeters and K. Deketelaere (eds), *EU Climate Change Policy: The Challenge of New Regulatory Initiatives* (Cheltenham: Edward Elgar, 2006), p. 3.

② European Commission, "EU Emissions Trading System (EU ETS)," https://ec.europa.eu/clima/eu-action/eu-emissions-trading-system-eu-ets_en，最后访问日期：2022 年 1 月 2 日。

2013—2020 年为第三个阶段，该阶段吸取了前两个阶段的教训并对欧盟排放权交易体系实施了重要的改进。该阶段采用线性减排的方式，首先确定 2013 年的排放上限（20.39 亿吨二氧化碳当量），以后每年下降 1.74%，到 2020 年降至 17.2 亿吨二氧化碳当量。排放权交易体系第三阶段覆盖的行业范围和温室气体类型进一步扩大，包括石油化工、制氨、制铝行业的二氧化碳排放，硝酸、脂肪酸和甘醇酸生产所排放的一氧化二氮，以及制铝业排放的全氟化碳。此外，第三阶段的一个重要改革是 2015 年通过的市场稳定储备措施（Market Stability Reserve Measure）。市场稳定储备措施自 2019 年 1 月开始实施，目的是冲抵当前配额过度分配导致的消极影响和增强排放权交易体系将来应对冲击的弹性。在 2019—2020 年，将拿出 9 亿个排放配额用作储备，这些配额将不进行拍卖。

2021—2030 年为第四个阶段。2015 年 7 月，欧盟委员会作出了实施第四个阶段排放权交易计划的决定，该阶段的目的是纳入排放权交易体系的企业的温室气体排放比 2005 年的总体排放水平降低 43%。第四个阶段的主要改革表现在以下三个方面：第一，自 2021 年开始，每年发放的配额总量逐年减少 2.2%；第二，采用更加精准和灵活的免费配额分配方案，具体包括修正了排放基准以促进技术进步、细化了碳泄漏的类型、免费分配与生产水平更加协调三个方面；第三，为工业和电力部门在低碳经济转型中适应创新和投资挑战制定了多项支撑机制，包括创新基金（Innovation Fund）、现代化基金（Modernisation Fund）以及低收入国家电力部门的免费分配方案。

三、美国碳排放权交易

（一）区域温室气体行动

美国东北部 10 个州自 2009 年开始联合实施区域温室气体行动（Regional Greenhouse Gas Initiative，RGGI）。RGGI 是美国首个总量控制型碳排放权交易体系，该体系涵盖了东北部和中部海岸的 10 个州，它们分别是康涅狄格州、特拉华州、缅因州、马里兰州、马萨诸塞州、新罕布什尔州、新泽西州、纽约州、罗得岛州和佛蒙特州。RGGI 的初始目标是在 2009 年至 2014 年将化石燃料发电厂的二氧化碳排放水平稳定在历史排放水平，自 2015 年开始，排放总量每年减少 2.5%，直到 2018 年实现比基准排放量降低10%的目标。2008年9月25日，参与RGGI的各州首次拍卖排放配额并从2009年1月1日开始管制温室气体排放。但是，由于前所未料的天然气价格下跌、非化石能源电力的增加以及经济萧条，RGGI目前分配的配额超出了被管制企业的实际排放量。据统计，2008年东北部的温室气体排放量比RGGI设定的排放上限低16%左右。[①] 因此，配额拍卖价格跌至底价。

在2005年筹建RGGI时，各州约定在2012年对RGGI的运行情况进行评估并作出相应修正。2012年，参与RGGI的各州对RGGI的经验、影响、额外减排的潜力、碳泄漏、抵消等问题进行了全面的评估。评估之后，RGGI对碳排放总量控制、成本限制措施、抵消机制作了新的规定。RGGI吸取了超量分配配额的教训，进一步收紧了排放上限。规定2014年区域排放上限为9100万吨二氧化碳当量，并且从2015年到2020年，每年的排放量上限均较上一年度下降2.5%。为了降低受管制企业的减排成本，RGGI设计了成本限制预留机制（Cost Containment Reserve，CCR），即RGGI将预留一部分配额，当市场配额价格超过预先规定的价格上限时，RGGI将向市场投放预留配额以减少价格波动，从而降低企业履约成本。此外，RGGI将利用碳排放信用抵消排放的比例限制在3.3%，并且只有符合RGGI示范规则对于特定项目的要求时，抵消信用才能够被认可。

（二）西部气候行动

2007年，美国的7个州和加拿大的4个省联合发起了西部气候行动（Western Climate Initiative，WCI）。WCI是美国3个碳排放权交易体系中最国际化的一个，美国的7个州分别是亚利桑那州、加利福尼亚州、蒙大拿州、新墨西哥州、俄勒冈州、犹他州和华盛顿州；加拿大的4个省分别为不列颠哥伦比亚省、曼尼托巴省、安大略省和魁北克省。

自WCI发起以来，各参与方就致力于各自的碳排放权交易立法。2011年11月，WCI有限公司成立，该公司是非营利性公司，目的是向WCI参与方提供管理和技术支持以帮助他们建立碳排放权交易体系。2011年，加利福尼亚州和魁北克省率先成为通过碳排放权交易立法的两个地区。尽管遇到了各种政治阻力，但是其他的参与方也一直在努力制定

① ClimateBiz Staff, "Emissions in 2008 Well Below RGGI Cap: Report," https://www.greenbiz.com/article/emissions-2008-well-below-rggi-cap-report，最后访问日期：2022年1月6日。

和通过各自的碳排放权交易立法。加利福尼亚州和魁北克省于 2013 年 10 月达成了连接两个碳排放权交易体系的协议。

（三）芝加哥气候交易所

2003 年，芝加哥气候交易所（Chicago Climate Exchange，CCX）建立了自愿碳排放权交易体系。参与该交易体系的成员基本上都是向交易所承诺减少温室气体排放的美国公司，这些公司参与者被称为“正式成员”（Full Members）。参与交易体系的公司每年须根据其减排义务向交易所提交足够的 CCX 履约工具，即所谓的碳金融工具（Carbon Financial Instrument，CFI），一个 CFI 代表 100 吨二氧化碳当量。此外，抵消项目的开发者可以作为“参与成员”（Participant Members）加入 CCX 并向交易平台提供经核证的抵消信用（Verified Offsets）。这些抵消信用可以被作为 CFIs，并且正式成员可以购买抵消信用以履行减排义务。

2011 年 1 月，由于 CCX 的所有者气候交易所集团（Climate Exchange Group）被收购，CCX 碳排放权交易项目和交易平台也随之终止。2012 年 2 月，芝加哥气候期货交易所（Chicago Climate Future Exchange，CCFE）撤销了所有的碳排放权交易合约。2003 年至 2011 年，总计有 7.45 亿吨二氧化碳当量在 CCX、CCFE 或者 CCX 抵消注册机构交易，总价值为 2.9 亿美元。①

四、中国碳排放权交易

中国作为负责任的发展中大国，一直积极参与应对气候变化的国际合作。在国际气候谈判层面，中国经历了一个从观察准备到主动单方面承诺强度减排目标的立场变化过程。在国内减排行动层面，中国积极开展节能和提高能效行动、促进可再生能源开发和利用，并在碳税、能源消耗总量控制和碳排放权交易这三个政策选择上，将碳排放权交易作为主要的减排制度，以发挥市场机制在减排中的决定性作用。中国碳排放权交易市场的建设经历了一个从单向参与国际碳市场（清洁发展机制项目）到国内自愿减排交易，再到以总量控制型碳排放权交易为主，并与自愿减排交易相结合的过程。

---

① Alexandre Kossoy, Pierre Guigon, “State & Trends of the Carbon Market Report 2012,” https://openknowledge.worldbank.org/bitstream/handle/10986/13336/76837.pdf?sequence=1&isAllowed=y，最后访问日期：2022 年 4 月 22 日。

单向参与国际碳市场是指中国企业作为纯粹的卖方参与《京都议定书》下的清洁发展机制项目，向附件一国家承担温室气体减排义务的主体或者其他买方出售核证减排量。我国政府积极推动清洁发展机制项目，国家发展改革委专门制定了《中国清洁发展机制基金有偿使用管理办法》《中国清洁发展机制基金赠款项目管理办法》《中国清洁发展机制基金赠款项目结题验收暂行办法》等一系列部门规章以鼓励、引导和规范清洁发展机制项目的开展，企业也积极参与清洁发展机制项目，为《京都议定书》的实施提供了有力的支持。[①] 但是，欧盟超量发放碳排放配额以及经济下滑导致其碳市场不景气，并且欧盟市场不再接受中国 2012 年年底以后注册的新项目所产生的核证减排量，加之后京都时代国际气候谈判形势不明朗，中国单向参与国际碳交易的阶段已经基本结束。

自愿减排交易是指不承担强制温室气体减排义务的主体之间相互买卖核证减排量的行为。自愿减排交易中，核证减排量的供给方是持有核证减排量的温室气体自愿减排项目的实施方；减排量的需求方一般是自愿购买核证减排量以抵消其温室气体排放的单位或个人，也包括购买核证减排量以支持温室气体减排项目的志愿组织，如环保 NGO 等。2009 年 8 月，天平汽车保险公司购买了 2008 年奥运会期间北京“绿色出行”活动产生的 8026 吨碳减排指标，用于抵消该公司自 2004 年成立以来至 2008 年年底运营过程中产生的温室气体排放量，开启了中国自愿减排交易市场的篇章。[②] 随后，北京、上海、天津等地为推动自愿减排交易做了诸多有益尝试。例如，北京市环境交易所开发了中国首个温室气体自愿减排标准——熊猫标准。遵循熊猫标准实施的温室气体减排项目，经过核证可以获得可交易的熊猫标准自愿减排量。2011 年 3 月 29 日，方兴地产有限公司通过北京环境交易所购买了 16800 吨熊猫标准的自愿减排量，完成了熊猫标准下的

---

① 自 2006 年，联合国清洁发展机制执行理事会批准中国第一个 CDM 项目以来，截至 2012 年 8 月底，中国批准了 4540 个清洁发展机制项目，预计年减排量近 7.3 亿吨二氧化碳当量。中国的 CDM 项目主要集中在节能和提高能效、可再生能源和新能源、甲烷回收利用等方面。其中，已经有 2364 个项目在联合国清洁发展机制执行理事会成功注册，占全球注册项目总数的 50.41%，已注册项目预计年减排量约为 4.2 亿吨二氧化碳当量，占全球注册项目年减排量的 54.54%，项目数量和年减排量都居世界第一。注册项目中已有 880 个项目获得签发核证减排量，总签发量累计约为 5.9 亿吨二氧化碳当量。参见国家发展和改革委员会《中国应对气候变化的政策与行动 2012 年度报告》，第 36 页。

② 宁金彪主编：《中国碳市场报告（2014）》，社会科学文献出版社 2014 年版，第 15 页。

首笔交易。2011 年 4 月 27 日，上海世博局、上海市环保局、上海市发改委和上海环境能源交易所共同举办了世博自愿减排活动，单位和个人可以通过世博自愿减排网络购买自愿减排量。上海国际咨询公司向联合国赞助了 6000 吨碳排放量，联合国馆成为世博园内首个由第三方审核碳排放量并且实行自愿减排的国际馆。为促进基于项目的温室气体自愿减排交易、保障有关交易活动的有序开展，国家发改委于 2012 年 6 月颁布了《温室气体自愿减排交易管理暂行办法》。该办法是自愿减排交易规范化和制度化的基础，为温室气体自愿减排项目的实施主体提供了稳定的预期，有利于自愿减排项目的可持续发展。经国家发改委备案的自愿减排项目，其温室气体减排量经核证后能够获得可交易的核证减排量。截至 2017 年 3 月，经公示审定的温室气体自愿减排项目已经累计达 2871 个，备案项目 1047 个，实际减排量备案项目约 400 个，备案减排量约 7200 万吨二氧化碳当量。[①] 北京、上海等碳排放权交易试点均允许受控排放主体在一定程度上利用 CCER 履约，碳排放权交易试点的开展更加促进了自愿减排交易的发展。据统计，在已经开展 CCER 交易的 7 个试点碳市场中，2016 年上半年 CCER 合计成交 5868.4 万吨二氧化碳当量，约是碳配额线上成交量的两倍。[②] 此外，也有少量 CCER 用于自愿减排注销。据统计，截至 2016 年 12 月，用于自愿减排注销的 CCER，即用于公益事业、碳中和等注销的 CCER 约为 15 万吨二氧化碳当量，仅占总成交量的 1.8%。[③] 随着全国碳排放权交易的开启，国家核证自愿减排量可以用于抵消一定比例的碳排放，据统计，天津排放权交易所 CCER 交易非常活跃，2021 年 1—10 月 CCER 交易量约为 2581 万吨二氧化碳当量，位居全国第一。[④]

---

① 张昕等：《中国温室气体自愿减排交易体系建设》，中国社会科学网，2018 年 2 月 6 日，http://www.cssn.cn/jjx/xk/jjx_yyjjx/csqyhjjjx/201802/t20180206_3842575.shtml，最后访问日期：2021 年 11 月 1 日。

② 兴业研究：《我国自愿减排市场发展情况》，碳交易网，2016 年 8 月 4 日，http://www.tanjiaoyi.com/article-17962-1.html，最后访问日期：2018 年 3 月 5 日。

③ 张昕等：《中国温室气体自愿减排交易体系建设》，中国社会科学网，2018 年 2 月 6 日，http://www.cssn.cn/jjx/xk/jjx_yyjjx/csqyhjjjx/201802/t20180206_3842575.shtml，最后访问日期：2021 年 11 月 1 日。

④《天津排放权交易所 2021 年 1—10 月 CCER 交易量全国第一!》，天津经济技术开发区管理委员会政务服务平台，2021 年 11 月 16 日，https://www.teda.gov.cn/contents/3951/148553.html，最后访问日期：2021 年 12 月 31 日。

总量控制型碳排放权交易是国家或地区确定履约期内区域温室气体排放总量以及纳入碳排放权交易体系的排放主体，按照法定程序和规则将排放配额分配至排放主体，排放主体在履约期届满时须向碳排放权交易管理部门提交与其温室气体排放量相等的排放配额，如果排放主体在履约期内的温室气体排放量大于其所持有的排放配额，则需在碳市场购买配额以抵消其超额排放，如果排放主体在履约期内的温室气体排放量小于其所持有的排放配额，则可以在碳市场出售其富余配额以获取温室气体减排投资的收益。2011 年 10 月，国家发改委批准北京、上海、天津、重庆、湖北、广东和深圳等 7 省市开展碳排放权交易试点工作，拉开了我国总量控制型碳排放权交易的帷幕。2011 年以来，各试点省市积极开展碳排放权交易试点工作，包括制定碳排放权交易地方法律法规、确定区域碳排放总量控制目标和覆盖范围、分配碳排放配额，建立温室气体排放监测、报告和核查制度，建立碳排放权交易平台和注册登记系统等。2013 年，北京、天津、上海、广东和深圳等 5 省市先后启动了碳排放权交易试点，由此 2013 年被称为“中国碳排放权交易元年”。2014 年 4 月 2 日，湖北省碳排放权交易试点启动。2014 年 6 月 19 日，随着重庆市碳排放权交易试点的正式启动，中国 7 个总量控制型碳排放权交易试点已经全部开启，纳入企业 2200 多家，配额总量达 12 亿吨二氧化碳当量。7 省市碳排放权交易试点的交易产品以碳排放配额为主，同时允许排放主体使用中国核证减排量抵消其一定比例的温室气体排放。截至 2017 年年底，7 省市碳排放权交易试点仍以现货交易为主，主要交易产品为各省市碳排放权配额和经审定的项目减排量。其中，项目减排量以中国核证减排量为主，主要用于 7 省市排放主体在履约时抵消其一定比例的超额排放，还有少量 CCER 用于单位或个人的自愿碳中和行动。2013 年开市至 2017 年 12 月 31 日，7 省市碳排放权交易试点二级市场累计成交碳排放配额现货 1.82 亿吨，累计成交金额超过 36 亿元。其中，北京碳排放权交易市场累计成交 2013 万吨碳排放配额，累计成交额超过 7 亿元，分别占 7 省市碳排放权交易试点总量的 11.03% 和 19.44%。在 7 个试点省市中，湖北省的累计成交量和成交额最高，分别为 5129 万吨和 10 亿元，占 7 省市碳排放权交易试点总量的 28.11% 和 27.37%。[①]

① 北京环境交易所、北京绿色金融协会：《北京碳市场年度报告 2017》，http://files.cbex.com.cn/cbeex/201802/20180211162427630.pdf，最后访问日期：2018 年 2 月 9 日。

2017 年 12 月 18 日，国家发改委印发了《全国碳排放权交易市场建设方案（发电行业）》。该方案明确了建设全国碳排放权交易体系的指导思想、基本原则、目标任务等总体要求，对市场要素、参与主体、制度建设、发电行业配额管理、支撑系统、试点过渡以及保障措施等问题作了总体规定。其中，市场要素包括交易主体、交易产品、交易平台等；参与主体包括重点排放单位、监管机构、核查机构等；制度建设包括碳排放监测、报告和核查制度，重点单位配额管理制度以及市场交易相关制度；发电行业配额管理制度包括配额分配和清缴制度；支撑系统包括重点排放单位碳排放数据报送系统、碳排放权注册登记系统、碳排放权交易系统以及碳排放权交易结算系统；保障措施包括加强组织领导、强化责任落实、推进能力建设以及做好宣传引导。

2021 年 7 月 16 日，全国碳排放权交易市场上线交易正式启动。2021 年是全国碳排放权交易市场的第一个履约周期。生态环境部于 2021 年 10 月 23 日发布了《关于做好全国碳排放权交易市场第一个履约周期碳排放配额清缴工作的通知》，对发电行业重点排放单位 2019—2020 年度配额核定及清缴配额量确认、配额清缴以及适用 CCER 抵消配额清缴等事项作出了规定。该通知要求确保 2021 年 12 月 15 日 17 点前本行政区域 95% 的重点排放单位完成履约，12 月 31 日 17 点前全部重点排放单位完成履约。随着第一个履约期截止日期的临近，全国碳排放权市场大幅升温，交易活跃度不断上升。2021 年 12 月 31 日，全国碳排放权交易市场首个履约期结束，据上海环境能源交易所的统计，2021 年 7 月 16 日—12 月 31 日碳排放配额（CEA）成交量累计 1.79 亿吨，成交额累计 76.61 亿元。①

五、其他典型国家的碳排放权交易探索

（一）韩国

韩国作为能源消费大国，97% 的能源依赖进口。面对能源、资源和环

① 《首个碳市场履约期结束，114 个交易日成交 76 亿元》，“澎湃新闻” 百家号，2022 年 1 月 1 日，https://baijiahao.baidu.com/s?id=1720751062945941246&wfr=spider&for=pc，最后访问日期：2022 年 1 月 1 日。

境压力，韩国政府于 2008 年 8 月 15 日正式提出“低碳绿色增长”战略。2010 年 1 月 13 日，韩国通过了《低碳和绿色发展框架法》（Framework Act on Low Carbon and Green Growth）。该法为贯彻和实施绿色发展战略以及践行到 2020 年温室气体排放比当前排放水平下降 30% 的承诺制定了法律框架。该法提出建立一个全国范围的碳排放权交易体系是国家应对气候变化的主要政策。其中，第 46 条对实施总量控制型交易计划（Cap-and-trade Scheme）作了一般性规定。该条规定：“政府为了利用市场机制实现温室气体减排目标，可以实施温室气体排放交易计划。排放贸易体系包括温室气体排放上限、排放交易以及其他认可的国际排放贸易机制。对于温室气体排放额度的分配、注册、管理以及交易平台的建设和运行等事项，将另行单独立法。”2010 年 4 月 13 日，韩国颁布了《低碳和绿色发展框架法实施细则》，该细则规定了韩国 2030 年温室气体减排目标、排放交易体系的覆盖范围、年度减排目标的指定、注册管理、早期减排行动的认可、额外行动的认可、温室气体排放监测、报告和核查等重要事项。2017 年 7 月 26 日，韩国政府修订了《低碳和绿色发展框架法实施细则》，其中，第 25 条第 1 款规定韩国 2030 年的温室气体减排目标是比预期的 2030 年全国温室气体排放总量降低 37%。

2012 年 5 月 2 日，韩国立法和司法委员会以及国会通过了排放交易计划法（Emissions Trading Scheme Act，ETS Act），为实施碳排放权交易铺平了道路。2015 年 1 月，韩国启动了全国碳排放权交易计划。韩国碳排放权交易计划将覆盖温室气体年度排放量超过 125000 吨二氧化碳当量的企业和 25000 吨二氧化碳当量的设备。温室气体年度排放量在 15000 吨二氧化碳当量到 25000 吨二氧化碳当量之间的设备自愿选择是否参与碳排放权交易体系。韩国碳排放权交易计划的初期目标是到 2020 年全国的温室气体排放总量比正常排放（business-as-usual）情景下排放水平削减 30%，相当于比 2005 年排放水平下降 4%。2015—2018 年韩国碳排放配额总量为 17 亿吨二氧化碳当量。韩国碳排放权交易计划实施初期，每吨碳排放配额的价格在 7—8 美元。①

① “South Korea Launches National Emissions Trading System,” https：//ictsd iisd. org/bridges - news/biores/news/south - korea - launches - national - emissions - trading - system，最后访问日期：2022 年 4 月 23 日。

（二）墨西哥

2012 年 4 月，墨西哥国会通过了《气候变化原则法》（General Law on Climate Change）以支持其温室气体减排目标——到 2020 年比立法时的温室气体排放水平下降 30%。该法为减缓和适应气候变化行动作了框架性规定，并授权环境部筹建自愿碳排放权交易体系。目前，墨西哥环境部已经建立了一个国家排放注册机构，并对以后的碳排放权交易体系建设工作进行了两个阶段性安排：第一阶段是自愿能力建设阶段，第二阶段是设定具体的减排目标。

（三）澳大利亚

2011 年 11 月，澳大利亚议会通过了《清洁能源一揽子立法》（Clean Energy Legislative Package），该立法是为了促使澳大利亚实现其减排义务——到 2020 年排放水平相较于 2000 年降低 5%。该立法规定了碳定价机制（Carbon Price Mechanism，CPM），该机制计划从 2012 年 6 月开始实施并从 2015 年 6 月开始与国际碳抵消信用市场相连接。但是，澳大利亚各政党对于碳定价机制意见不一，其中劳工党和绿党支持碳定价机制，自由民主党则反对。2013 年 11 月 13 日，澳大利亚政府向第 44 届议会提出了碳税废止法案，该法案因劳工党和绿党主导议会而遭到反对。2014 年 7 月，澳大利亚议会以 39 比 32 的投票率废除了碳排放税（碳定价）。2014 年 11 月，澳大利亚通过了《碳信用法案 2011》（Carbon Credits Act, 2011）修正案，设立了碳减排基金（Emission Reduction Fund），规定政府通过合同方式购买减排项目产生的碳信用。由此，澳大利亚放弃了总量控制型碳排放权交易机制，改由通过政府购买温室气体减排服务的方式实现温室气体控制目标。

（四）新西兰

为实现《气候变化应对法（2002）》的温室气体减排目标，新西兰将碳排放权交易机制作为实现《京都议定书》减排义务的主要工具。2008 年 1 月，林业部门首先被纳入碳排放权交易体系，随后液体化石燃料、固定能源和工业加工部门、废弃物排放和合成气体行业以及农业部门逐步被纳入碳排放权交易体系并覆盖《京都议定书》规定的 6 种温室气体。[①] 根

① 陆洁民：《新西兰碳排放交易体系：现状、特色及启示》，《国际经济合作》2012 年第 11 期，第 35—39 页。

据2020年6月通过的《气候变化应对（排放权交易改革）法修订案》，新西兰政府对碳排放权交易进行了一系列改革，具体如下：第一，从2021年1月起，对未履约或提供错误排放信息的主体实施新的惩罚措施；第二，2020年碳排放配额或碳汇的单位价格从25新西兰元调高至35新西兰元；第三，从2021年开始，碳排放配额引入拍卖机制。

第二节　碳减排和碳汇项目融资市场

一、世界银行

（一）碳金融部门（Carbon Finance Unit）

为了利用金融工具应对气候变化和促进可持续发展，世界银行于2000年专门成立了碳金融部门从事碳金融活动。世界银行碳金融部门利用经济发展与合作组织（Organization for Economic Co-operation and Development，OECD）成员国政府和企业投入的资金从发展中国家和经济转型国家购买由温室气体减排项目产生的温室气体减排量。世界银行碳金融部门在其发布的碳金融年度报告《碳金融：为了可持续发展》中，明确提出世界银行碳金融部门的任务是通过激励私人部门投资温室气体减排等促进行动（Catalytic Initiatives）支持全球碳市场（Carbon Market）的发展。

自2000年设立全球第一个碳基金——原型碳基金（Prototype Carbon Fund）以来，世界银行碳金融部门已经成为15个碳行动［Carbon Initiatives，包括碳基金（Carbon Funds）和碳资金（Carbon Facilities）］的受托机构。目前，原型碳基金（Prototype Carbon Fund）、社区发展碳基金（Community Development Carbon Fund）、生物碳基金（Biocarbon Fund）、荷兰清洁发展机制资金（Netherlands CDM Facility）、荷兰欧洲碳资金（Netherlands European Carbon Facility）、意大利碳基金（Italian Carbon Fund）、丹麦碳基金（Danish Carbon Fund）、西班牙碳基金（Spanish Carbon Fund）、欧洲碳基金（Carbon Fund for Europe）以及伞形碳基金（Umbrella Carbon Facility）等10个基于《京都议定书》的碳基金和碳机构已经融资23亿美元。这些基于京都机制的

碳基金和碳机构已经在75个国家资助了140余个温室气体减排项目。自2000年以来，这些温室气体减排项目已经减少了1870亿吨二氧化碳当量的碳排放。[①]

（二）国际金融公司（International Financial Corporation，IFC）

国际金融公司是世界银行集团的成员组织，同时也是发展中国家规模最大、专门针对私营部门的全球性发展机构。碳金融业务一直是国际金融公司气候商业战略的一个重要部分。尽管后京都时代气候政策具有很大的不确定性，利用碳市场仍然是国际金融公司实现其气候变化战略目标的核心。国际金融公司开展的碳金融活动主要包括设立碳资金、提供碳合约履约保证、提供碳减排项目贷款、向金融机构提供碳咨询服务。

从世界银行碳金融部门和国际金融公司从事的碳金融活动来看，世界银行将碳金融视为一种为温室气体减排服务的金融工具，而这种工具目前主要表现为碳基金、碳资金、碳减排项目履约保证和贷款以及碳金融机构能力建设。世界银行碳金融活动是以全球碳市场为中心的，以碳金融部门为例，碳金融部门首先接受经济合作与发展组织成员国的政府或企业投资并设立碳基金或碳资金，进而通过碳基金和碳资金向发展中国家与经济转型国家提供资金开展温室气体减排项目，温室气体减排项目的减排量经过核证可以转化成可交易的减排信用，然后碳金融部门再将温室气体减排项目产生的减排信用转移给碳基金和碳资金的出资方。

二、碳银行

（一）爱尔兰碳银行（Carbon Bank Ireland，CBI）

爱尔兰碳银行是爱尔兰的一家私有银行，它的基本业务是在爱尔兰以及其他能够产生可以在欧盟交易的核证减排量的国家投资清洁发展机制项目。爱尔兰碳银行经常开展的项目是从垃圾填埋场和动物排泄物中收集甲烷并用来发电，同时也开展风力发电、燃料（固体、油类或气体）逸散排放的捕捉、废物收集和处置、采矿和冶炼等项目。爱尔兰碳银行派出在相应领域具有娴熟运作技能的工程师和咨询人员团队，他们负责准备符合

---

① The World Bank, "Climate Finance and Initiatives," https：//www.worldbank.org/en/topic/climatechange/brief/world-bank-carbon-funds-facilities，最后访问日期：2022年4月21日。

第三方监管要求的设计文书以确保减排量符合联合国气候变化框架公约相关规则的要求并获得认证。[①]

（二）标准银行（Standard Bank）

标准银行是一家非洲领先的金融服务集团，总部位于南非的约翰内斯堡。标准银行认识到气候变化给人类带来的挑战同时也带来了机遇，标准银行积极参与新兴的国际碳市场，为碳信用需求者提供综合性金融服务。作为新兴市场的领先银行，标准银行对 CDM 和 JI 项目运作有非常丰富的经验。标准银行在碳信用项目方面提供多种综合性金融服务，主要包括为 CDM 和 JI 项目融资、为碳市场主体融资和碳信用交易三方面。其中，为 CDM 和 JI 项目融资所提供的金融服务主要有优先级债务融资、夹层融资、结构性贸易融资和公司融资。为碳市场主体融资所提供的金融服务主要有债务融资和私募股权融资。为碳信用交易所提供的金融服务主要涉及核证减排量交易、减排单位交易、欧盟配额（EUAs）交易以及分配配额交易。[②]

三、北欧环境金融公司

北欧环境金融公司（Nordic Environment Finance Corporation，NEFCO）是由丹麦、芬兰、冰岛、挪威和瑞典等 5 个国家于 1990 年共同建立的，是一家旨在促进北欧地区环境发展的国际金融机构。北欧环境金融公司目前管理着 3 支碳资金（Carbon Facility），总额达到了 2.65 亿欧元，分别在东欧、亚洲和拉丁美洲发展项目。3 支碳基金分别为 NEFCO 挪威碳购买资金（NEFCO Norwegian Carbon Procurement Facility，NorCaP）、NEFCO 碳基金（NEFCO Carbon Fund，NeCF）、试验场资金（Testing Ground Facility，TGF）。

挪威碳购买资金是在 2013 年 10 月由北欧环境金融公司与挪威政府共同设立的，该资金全部由挪威财政部拨付。挪威碳购买资金的设立目的是在《京都议定书》的第二承诺期（2013—2020 年）购买碳信

① "Carbon Bank Ireland," http://www.carbonbankireland.com/index.php，最后访问日期：2014 年 5 月 24 日。

② Standard Bank, "Carbon Finance & Trading," http://corporateandinvestment.standardbank.com/CIBGlobal/products/global-markets/Carbon-finance-&-trading，最后访问日期：2014 年 5 月 24 日。

用。根据北欧环境金融公司与挪威政府的协议，挪威将购买由联合国批准的项目所产生的碳信用，目前这些项目因为核证减排量的价格过低而面临难以为继的风险。

NEFCO 碳基金是建立在公私合作伙伴关系基础上的全球碳基金，成立于 2008 年 4 月，基金总量达到了 1.653 亿欧元。该基金属于北欧环境金融公司管理的信托基金，用于购买由清洁及发展机制项目和共同发展机制项目产生的核证减排量。

试验场资金的设立基于波罗的海地区政府、公共事业部门以及工业企业的公私合作伙伴关系（Public-Private Partnership，PPP），属于北欧环境金融公司管理的信托基金，总额为 3500 万欧元，目的是为投资者从能源以及其他项目购买京都机制下的碳配额（包括分配配额 AAUs 和欧盟配额 ERUs）。①

第三节　碳金融服务市场

一、世界银行气候变化业务部门

世界银行气候变化业务部门（World Bank Institute of Climate Change Practice，WBICC）自 2005 年开始实施了一个碳金融辅助计划（Carbon Finance-Assist Program），该计划由碳金融辅助计划多方捐赠信托基金和原型碳基金支持，其中碳金融辅助计划多方捐赠信托基金目前由西班牙和瑞士捐赠。碳金融辅助计划主要开展碳市场能力建设和技术支持项目。

起初，碳金融辅助计划专注于帮助发展中国家和转型国家有效地参与碳市场并受益于《京都议定书》的灵活减排机制——清洁发展机制项目和联合履约机制项目。自 2009 年以来，碳金融辅助计划拓展了实施范围

① “Nordic Environment Finance Corporation（NEFCO）Carbon Finance and Funds,” https://forest-finance.un.org/content/nordic-environment-finance-corporation-nefco-carbon-finance-and-funds，最后访问日期：2022 年 4 月 21 日。

并从战略层面优先考虑新的国际气候变化机制的谈判、世界银行关于发展和气候变化的战略框架、消除贫穷和绿色增长议程。为了抓住政治、经济和技术的机遇并应对挑战，碳金融辅助计划的内容在2013年发生了重要变化，并且专注于以下三方面优先事项：气候金融准备（Climate Finance Readiness）、低排放发展（Low Emissions Development，LED）的政策工具和碳定价、城市和气候变化。

气候金融准备的目标是提高低排放发展的能力，以发展转型的方式利用气候金融，并且通过碳定价机制促进气候变化减缓行动。鉴于此，气候金融准备要实现以下三个具体目标：第一，提高利益相关者获取国际气候融资的能力；第二，促进对与国家适当减缓行动（Nationally Appropriately Actions）相关的意识、机遇和挑战的认识；第三，改善对碳定价机制以及如何运用碳定价实现国家低排放发展目标的理解。

低排放发展政策工具和碳定价行动旨在提高利益相关者（包括政策制定者、能源规划者、气候变化从业者等）识别、评估和利用各种政策工具和市场手段实现低排放发展的能力，具体目标包括以下四个方面：第一，提高政策制定者通过自愿、管制和以市场为基础的工具实现低排放发展的意识；第二，通过网络课堂、知识资料或现场交流等方式促进识别、评价和实施适合国情的低排放发展政策工具的能力；第三，促进低排放发展经验的学习；第四，促进世界银行相关实践的经验和知识交流。

城市和气候变化行动旨在为城市低碳发展战略的准备工作提供支持并且帮助这些城市建立实施机制以及促进碳金融项目的发展。该行动主要向城市专业人员和机构（包括政府官员、非政府组织、技术机构和咨询机构）提供智力服务、技术能力支持和实践指导，以使他们理解如何在城市范围内开展多部门气候变化项目以及如何为这些项目融资。①

二、联合国开发计划署

气候变化对实现联合国千年发展目标（Millennium Development Goals,

① “Carbon Finance-Assist,” https：//web. worldbank. org/archive/website00530/WEB/OTHER/KEYTH - 26. HTM，最后访问日期：2022年4月26日。

MDGs）构成了现实威胁。联合国千年发展目标是联合国成员国一致达成的 8 个目标，即消除全球贫穷和到 2015 年实现健康、教育、环境以及公平等方面的具体目标。联合国开发计划署认为碳排放抵消市场（Emission Offsets Markets）产生的资金流会成为可持续发展的重要资金来源，并希望通过努力引导碳资金给发展中国家的可持续发展带来更多好处。鉴于此，2007 年联合国环境规划署设立了千年发展目标碳机制（Millennium Development Goals Carbon Facility）。千年发展目标碳机制是一个创新性项目，旨在利用碳市场的力量在更广泛的发展中国家实现长远的可持续发展。自从 2007 年设立以来，千年发展目标碳机制已经帮助发展中国家实施了一系列低碳行动，包括技术创新、低碳投资等。[①]

千年发展目标碳机制实质上是联合国开发计划署提供的一种碳排放权交易服务，旨在通过碳排放权交易服务促进碳资金向发展中国家流动从而促进发展中国家的可持续发展。千年发展目标碳机制提供的服务主要包括两个阶段。第一个阶段是由联合国开发计划署通过合理注意审查来评估项目的可行性并为项目的开发提供基础；第二个阶段是联合国开发计划署提供项目开发服务，包括帮助设计项目、项目的认证和注册，以及帮助建设温室气体减排量的监测体系。具体而言，第一阶段的合理注意审查包括以下内容。首先，在潜在的温室气体减排项目通过最初的适格和可行性审查后，项目开发方要与联合国开发计划署签订谅解备忘录。其次，联合国开发计划署开展深入的合理注意审查程序，根据统一标准评估项目的技术可行性、资金和法律可行性、对千年发展目标的影响，以及国家风险。在这个过程中，项目各方一起努力识别和减轻项目的各种风险，并且为项目的成功实施打好基础。最后，一旦符合合理注意审查的要求，项目开发方将与联合国开发计划署签订项目服务合同，由联合国开发计划署提供项目开发服务。第二个阶段是项目开发阶段，主要包括以下内容。首先，联合国开发计划署指导清洁发展机制项目设计文书（Project Design Document）的准备。项目设计文书须说明该项目如何实现温室气体减排水平低于不实施该项目时温室气体的排放水平。项目设计文件准备好后要提交到制定运作实体（Designated

① “Leveraging Carbon Finance for Sustainable Development UNDP's Approach,” https：//unfccc. int/files/meetings/sb26/side_ events_ and_ exhibits/application/pdf/070514_ nf_ undp. pdf，最后访问日期：2022 年 4 月 25 日。

Operational Entity，DOE）审查，DOE 审查通过后提交 CDM 执行委员会（Executive Board）注册。项目设计文书、DOE 的审查报告以及批准文书（由项目所在国家指定的 CDM 项目管理机构颁发）是项目注册的基础性文件。其次，CDM 执行委员会注册项目之后，温室气体减排项目的实施可以产生碳信用。在 DOE 核证温室气体减排量之前，项目开发方要通过项目监测报告（Project Monitoring Report）精确地记录实施情况。DOE 签发并且向 CDM 执行委员会提交核查和认证报告，之后向项目开发方签发核证减排量。在整个 CDM 项目实施过程中，项目开放方受益于联合国开发计划署所提供的千年目标碳机制的综合服务，包括其对地方情况的了解和有效管理地方风险的能力、专业的环境项目开发知识，以及其对 CDM 管理程序的掌握。

从联合国开发计划署开展的碳金融活动来看，其认识到了碳市场对可持续发展的促进作用，并通过提供碳排放权交易服务引导碳资金向发展中国家流动进而有利于实现联合国千年发展目标。因此可见，碳排放权交易服务也是碳金融发展不可或缺的重要方面。

三、联合国环境规划署

联合国环境规划署开展了多个方面的碳金融活动，其中包括非洲碳资产开发机制（Africa Carbon Asset Development Facility，ACAD）以及非洲可持续能源服务促进项目（Promoting Sustainable Energy Service in Africa，CF－SEA）。①

2009 年，联合国环境规划署启动了 ACAD 项目，旨在通过公私合作促进非洲碳市场的发展。通过 ACAD 项目，联合国环境规划署希望与非洲金融机构和当地企业类项目开发方合作并以此提高他们识别和利用碳金融机遇的意识和能力。ACAD 项目通过以下三方面的努力促进非洲碳市场的发展：第一，分担项目风险和交易成本以确定项目完成重要的步骤，例如环境影响评估和项目审核；第二，为项目开发者提供项目诊所和技术协助；第三，为金融机构提供培训服务以使碳金融成为他们日常营业的

① "UNEP's Carbon Finance Initiative Proceeds," https：//sdg. iisd. org/news/unep% E2% 80% 99s－carbon－finance－initiative－proceeds/，最后访问日期：2022 年 4 月 25 日。

主流。

2005年，联合国环境规划署和世界银行合作，在喀麦隆、加纳、马里、莫桑比克和赞比亚启动了CF-SEA项目。自项目启动以来，项目团队与东道国政府机构、银行和项目开发方一起形成了初始CDM项目投资渠道，对于其中一些项目，世界银行希望通过社区发展碳基金资助。CF-SEA项目实行双轨计划，即CDM项目能力建设与项目准备的技术协助。一方面，项目团队发掘有潜力的地方和地区交易中介、机构、专家，并且评估他们从事碳排放权交易的工作能力，之后通过技术培训课程、实地训练、网络培训和组建项目开发工作组等形式手把手地对他们进行训练和能力建设。另一方面，如果有需要，在具体项目的实施过程中，CF-SEA项目还会提供进一步的指导，这个过程被称为"边做边学"（Learning By Doing）。

2007年联合国环境规划署启动了为期三年的CASCADe项目，该项目旨在提高非洲通过农业、林业和其他土地利用部门以及生物质能源项目来获取碳信用的能力。该项目支持试点项目并通过园林学、农业森林学、生物燃料等课程开展案例学习，以为非洲参与CDM项目和自愿碳市场提供机会。

从上述活动可以看出，联合国环境规划署的碳金融项目旨在通过培训和项目引导提高发展中国家参与CDM项目或者自愿碳市场的意识和能力。

四、碳金融国际

碳金融国际是一家专业提供碳排放权交易咨询、碳资产管理服务的全球性企业。碳金融国际的业务主要涉及咨询服务、项目开发、项目融资、项目实施、碳排放权交易、公司社会责任和金融创新等方面。其中，咨询服务涉及气候变化商业咨询、气候变化风险与机会评估、能源效率和可再生能源项目评估、温室气体排放评价、设计和实施碳项目、碳排放监测、气候变化和可持续能源政策分析、设计和实施碳中和项目。项目开发服务主要是指在清洁发展机制项目和联合履约机制项目的组织、认证、碳资产管理和交易过程中提供建议以使客户成功地参与碳市场。项目融资服务主要指为客户和投资者的碳减排、可再生能源和能源效率项目提供创新性融资方案。项目执行服务主要是通过能力建设确保客户的碳资产价值最大化。碳排放权交易服务主要是指为需要从自愿碳市场和履约碳市场购买抵消信用的企业提供一系列服务，包括碳信用的认证和注册、投资风险管理、碳信用的销售或存储、碳信用买卖的法律事务。企业社会责任服务主要涉及企业碳足迹分析、碳中和与碳抵消策略分析。金融创新服务主要是指为碳市场参与者设计和开发新一代金融工具，包括金融结构、未来碳收益的货币化、碳信用交付保证、金融衍生品、碳保险或保证、碳证券等。

第三章　中国碳金融市场国家干预的立法分析

中国作为全球温室气体排放第一大国，同时也是发展中大国，在应对气候变化的国际合作中一直扮演着积极角色。党的十八大以来，中国“引导应对气候变化国际合作，成为全球生态文明建设的重要参与者、贡献者、引领者”[①]。《中共中央关于党的百年奋斗重大成就和历史经验的决议》中也指出：“我国积极参与全球环境与气候治理，作出力争二〇三〇年前实现碳达峰、二〇六〇年前实现碳中和的庄严承诺，体现了负责任大国的担当。”2011 年 12 月 1 日，国务院发布的《“十二五”控制温室气体排放工作方案》明确提出要探索建立碳排放权交易市场，包括建立自愿减排交易机制、开展碳排放权交易试点和加强碳排放权交易支撑体系建设等三方面内容。2012 年 6 月 13 日，国家发改委颁布了《温室气体自愿减排交易管理暂行办法》，鼓励企事业单位积极开展温室气体自愿减排项目，合格项目的减排量经核证备案后可以获得核证国家自愿减排量。国家核证自愿减排量在国家自愿减排交易登记簿（以下简称“国家登记簿”）登记，并可以在碳排放权交易机构进行交易。2013 年 6 月至 2014 年 6 月，深圳、上海、广东、北京、天津、湖北、重庆等七省市碳排放权交易试点相继启动。2017 年 12 月 18 日，国家发改委印发了《全国碳排放权交易市场建设方案（发电行业）》。2021 年 7 月 16 日，全国碳排放权交易市场上线交易正式启动。2024 年 1 月 22 日，全国温室气体自愿减排交易市场在北京正式启动。2024 年 5 月 1 日，《碳排放权交易管理暂行条例》开始施行。

① 《习近平：决胜全面建成小康社会 夺取新时代中国特色社会主义伟大胜利——在中国共产党第十九次全国代表大会上的报告》，央广网，2017 年 10 月 27 日，http：//news. cnr. cn/native/gd/20171027/t20171027_ 524003098. shtml，最后访问日期：2022 年 3 月 14 日。

至此，中国建立了基于项目的自愿减排交易和基于配额的总量控制型交易相结合的碳排放权交易体系，碳金融活动主要围绕碳排放权交易展开，本章将分别加以探讨。

第一节　中国碳金融市场国家干预立法的现状

一、基于项目的碳排放权交易立法[①]

基于项目的碳排放权交易是指以温室气体减排项目产生的经核证的减排量为交易对象的碳排放权交易类型。在我国，基于项目的碳排放权交易主要包括基于清洁发展机制项目产生的碳排放权交易以及温室气体自愿减排交易。

基于《京都议定书》下清洁发展机制而产生的碳排放权交易属于国际碳市场的范畴。《京都议定书》附件一国家在我国投资温室气体减排项目或者碳汇等清洁发展机制项目，该类项目所产生的核证减排量可用于附件一国家履行其《京都议定书》所规定的温室气体减排承诺。《京都议定书》所规定的清洁发展机制是一种双赢机制：一方面，CDM 为发达国家履行温室气体减排义务提供了一种灵活而又低成本的方式；另一方面，我国通过实施 CDM 项目获得了资金和技术方面的支持，有利于我国低碳经济的发展。

相对于基于清洁发展机制项目的碳排放权交易，温室气体自愿减排交易是指依据《温室气体自愿减排交易管理暂行办法》的规定进行的国内碳排放权交易，其交易标的为“国家核证自愿减排量”。根据《温室气体自愿减排交易管理暂行办法》，国家核证自愿减排量由温室气体自愿减排项目产生，自愿减排项目首先在国家发改委备案，经备案的自愿减排项目产生减排量并经有资质的机构核查后在国家发改委进行减排量备案，经备案的减排量就成为可以在法定交易机构交易的国家核证自愿减排量。国内外机构、企业、团体和个人均可在国家发改委备案的交易机构内参与温室

---

① 本部分是在作者参与编写的著作基础上完成的，请参见曹明德等《中国碳排放交易法律制度研究》，中国政法大学出版社 2016 年版，第 217—231 页。

气体自愿减排量交易。

以下将分别探讨基于清洁发展机制项目的碳排放权交易和温室气体自愿减排交易。

（一）基于清洁发展机制项目的碳排放权交易

1. 清洁发展机制项目的管理体制

作为CDM项目的东道国，我国为规范和促进CDM项目的有效有序运行，维护国家气候系统资源利益以及CDM实施方的利益，制定了《清洁发展机制项目运行管理办法》《中国清洁发展机制基金有偿使用管理办法》《中国清洁发展机制基金赠款项目管理办法》等部门规章，并确立了以CDM项目合作主管机构、CDM项目审核理事会、CDM项目管理中心以及CDM基金管理机构为主体的CDM项目管理体制。

（1）CDM项目合作主管机构

我国CDM项目合作主管机构是国家发改委，CDM合作项目须经国家发改委批准后才能实施。国家发改委作为CDM项目合作的主管机构，体现了气候系统资源的国家所有性质。国家发改委的职责主要包括受理CDM项目的申请、会同科学技术部和外交部批准CDM项目、出具CDM项目批准函、组织对CDM项目实施监督管理以及处理其他相关事务。①

（2）CDM项目审核理事会

CDM项目审核理事会由组长单位、副组长单位和成员单位构成。其中，国家发改委和科技部为组长单位，外交部为副组长单位，环境保护部（现生态环境部）、农业部（现农业农村部）、财政部和气象局为成员单位。项目审核理事会的职责主要包括审核CDM项目的申报并出具审核意见、向国家应对气候变化领导小组报告CDM项目的执行情况以及实施的问题及建议、提议制定国家CDM项目运行规则等。②

（3）CDM项目管理中心

CDM项目管理中心是国家发改委设立的国家CDM项目管理机构，CDM项目管理中心在业务上接受国家发改委应对气候变化司③的指导，由国家发改委能源研究所归口管理。

---

① 参见《清洁发展机制项目运行管理办法》第12条之规定。

② 参见《清洁发展机制项目运行管理办法》第11条之规定。

③ 根据《关于国务院机构改革方案的决定》，生态环境部承担了国家发改委的应对气候变化和减排职责。

CDM 项目管理中心目前承担的主要工作包括：CDM 项目的相关管理和研究工作，包括协助国家发改委应对气候变化司进行 CDM 项目的组织申报和专家评审和签发、CDM 项目数据库信息系统的开发和管理、对 CDM 项目实施情况进行必要的监测和监督、开展 CDM 相关的能力建设活动并提供有关的管理、技术咨询服务，协助气候司对中国 CDM 基金资助项目进行汇总，对 CDM 项目相关问题的跟踪和分析等；支持和参与国家气候变化谈判，包括研究提出气候变化谈判的相关战略、参与政府在气候变化的国际谈判等；应对气候变化及节能减排的相关政策研究，包括国家应对气候变化的重大课题，国家节能减排的相关战略、规划与政策研究等；促进低碳和节能减排的灵活市场机制的相关研究，包括对节能量交易、碳交易体系、合同能源管理及节能服务产业等相关市场机制的研究的推动；国际合作项目的开发和管理，包括协助国家发改委应对气候变化司进行 CDM 项目能力建设方面的国际合作、完成政府委托的有关气候变化及节能方面的国际合作项目等。

（4）CDM 基金管理机构

中国 CDM 基金是为了支持应对气候变化工作而由国家批准设立的按照社会性基金模式管理的政策性基金，由基金审核理事会和基金管理中心作为管理机构。其中，基金审核理事会由国家发改委、环境保护部（现生态环境部）、科技部、财政部、外交部、农业部（现农业农村部）和气象局的代表组成，属于基金事务的部级议事机构。国家发改委和财政部分别派出代表履行基金审核理事会的主席和副主席职责。基金审核理事会负责审核的事项主要包括基金基本管理制度、基金年度财务收支预算与决算、基金发展战略规划、基金赠款项目和重大有偿使用项目申请，以及基金其他重大业务事项。基金管理中心作为基金的日常管理机构，具体负责基金的筹集、管理和使用。基金管理中心由财政部归口管理，主要履行起草基金基本管理制度、制定基金具体运行管理规定、筹集基金资金、管理基金资金、编制并组织实施基金的年度财务收支预算预决算、组织开展基金的有偿使用和理财活动、监督管理基金所支持项目的运行、向基金审核理事会报告基金的重大业务事项以及开展其他符合基金宗旨的活动。

2. CDM 项目的管理机制

根据《清洁发展机制项目运行管理办法》、《中国清洁发展机制基金有偿使用管理办法》、《中国清洁发展机制基金赠款项目管理办法》以及《中国清洁发展机制基金管理办法》的规定，我国 CDM 项目的管理机制主要包括程序机制、基金机制、项目实施机构的权利义务机制以及责任机制。

（1）程序机制

CDM 项目的实施程序主要包括申请、受理、评审与审核、批准与注册、监督六个方面的内容。

第一，由 CDM 项目的实施机构按照规定向国家发改委或者省级发改委提交项目申请。CDM 项目的实施机构包括在中国境内依法与《京都议定书》附件一国家开展 CDM 项目合作的中资或者中资控股企业。其中，央企直接向国家发改委提出申请，其他类型的企业向省级发改委提出申请。申请材料主要包括 CDM 项目申请表、项目设计文件、工程项目可行性研究报告批复复印件、环境影响评价报告（或登记表）批复复印件等。

第二，国家发改委或省级发改委在接到 CDM 项目实施机构的申请后，对申请材料不齐全或不符合法定形式的申请，应一次性告知申请人需要补正的全部内容。

第三，评审与审核。国家发改委在受理项目申请后，组织专家在 30 日内完成对项目的评审。国家发改委在专家评审后将项目提交审核理事会审核。项目审核理事会对项目参与方的参与资格、温室气体减排量计算、温室气体减排量购买资金的额外性、技术转让情况、减排量价格等问题进行审核并提出审核意见。

第四，批准与注册。国家发改委会同科技部和外交部根据项目审核理事会的意见就是否出具批准函作出决定，并由项目实施方在获取项目批准函后向 CDM 执行理事会申请注册。

第五，监督。国家发改委负责监督 CDM 项目的实施。项目实施机构在 CDM 执行理事会成功注册后的 10 个工作日内要向国家发改委报告注册情况，并且在 CDM 项目每次签发或者转让核证减排量后的 10 个工作日内向国家发改委报告签发或者转让的有关情况。

（2）基金机制

为了支持国家应对气候变化工作、促进经济社会的可持续发展，国家设立了 CDM 基金。基金机制主要包括基金筹集机制和基金使用机制。

第一，基金筹集机制。CDM 基金的来源主要包括通过 CDM 项目转让核证减排量所获得收入中属于国家所有的部分（以下简称“国家收入”）、基金运营收入，以及国内外机构、组织和个人的捐赠。除了项目实施方的投资与运营之外，国家作为气候系统资源的所有者，对核证减排量的产生也有贡献，因此，转让核证减排量的收入由国家和 CDM 项目的实施方按照《清洁发展机制项目运行管理办法》中规定的比例进行分配。国家收入全额纳入 CDM 基金，并由 CDM 基金管理中心负责收取。

第二，基金使用机制。基金使用主要包括有偿使用和赠款两种方式。基金的有偿使用方式主要是为了支持有利于减缓和适应气候变化的产业活动。基金的赠款主要用于支持有利于提高应对气候变化的能力以及增强公众气候变化意识的事项。此外，基金管理中心还可以在合理控制风险的前提下，通过购买国债、存款等方式运营基金，运营收益纳入基金管理中心。基金管理中心不得利用 CDM 基金从事期货、股票等高风险的投资活动。

基金的有偿使用机制。首先，基金有偿使用的原则。基金的有偿使用应当遵循合法性原则、有效性原则和可持续性原则。合法性原则是指有偿使用基金的程序要符合法律法规的规定、获得基金支持的各类工业活动应当符合国家产业政策和行业发展规划。有效性原则是指获得基金支持的产业活动应当符合减缓和适应气候变化的需要并且能够产生预期效益。可持续性原则是指获得基金支持的产业活动应当符合可持续发展的要求，能够为国家应对气候变化工作提供可持续的资金支持。其次，基金管理中心负责基金有偿使用的组织和实施。基金管理中心下设风险管理委员会、投资评审委员会等议事机制。基金有偿使用项目的组织与实施活动包括项目筛选与立项、尽职调查、风险评估、投资评审、项目决策、法律文件签署等六个方面的内容。一是基金项目的筛选和立项。基金管理中心应通过多元化渠道丰富项目储备，根据预算和《清洁发展机制项目运行管理办法》第 10 条的规定，进行项目筛选和立项。二是尽职调查。基金管理中心应当对项目质量以及政策合规性、项目企业的运营能力、资金的使用去向以及安全性等方面开展尽职调查，并采用定量和定性相结合的方法对有偿使用项目进行成本效益分析。三是风险评估。基金管理中心应当采用谨慎的风险评价标准从金融、财务、法律及行业等角度对有偿使用项目进行风险识别和评估工作，最终形成风险评估报告，提交基金管理中心风险管理委员会。风险管理委员会组织基金管理中心相关负责人员和金融、财务、法律及行业风险管理等方面的专家审议风险评估报告。四是投资评审。投资评审委员会应当根据预算、项目实施方案、可行性研究报告以及尽职调查报告，对有偿使用项目进行技术和经济评价。风险管理委员会和投资评审委员会的审议结果应当作为有偿使用项目决策的重要依据。五是项目决策。项目决策根据申请基金资金的金额大小，分别由基金审核理事会和基金管理中心负责审批。其中，基金审核理事会负责审核申请基金资金在7000万元人民币以上的项目；对于其他项目，由基金管理中心负责审批，并在签署合同前将项目建议书、实施方案、可行性研究报告、尽职调查报告以及风险管理委员会和投资评审委员会的审议结果等材料报国家发改委和财政部备案。六是法律文件签署。基金管理中心应当严格依据项目批准文件与项目相关方签订基金有偿使用项目合同。最后，基金有偿使用的管理和监控。基金管理中心应当在基金审核理事会的指导和监督下规范基金的有偿使用活动，从制定完备的业务管理办法、设立专门的风险内控机构、健全合理的岗位责任制度、构建科学的风险评估模式、采用稳健的资金运作模式、建立有效的项目监控系统、完善重大突发事件应急机制等七个方面建立健全的项目监管体系，使有偿使用活动资金在可控的风险程度内高效运作，实现基金保值增值。

基金赠款项目的管理。国家发改委应对气候变化司在公平、公开、公正的原则下开展基金赠款项目的管理工作。基金赠款项目的管理主要涉及基金赠款的支持对象，赠款项目的申请、评审及实施，赠款项目的监督管理，以及赠款项目的验收与成果管理等四个方面。首先，基金赠款的支持对象。基金赠款主要用于支持国家应对气候变化的相关活动，例如应对气候变化的科学和政策研究、气候变化减缓和适应的能力建设活动、国际气候合作以及提高公众气候变化意识的宣传教育活动等。赠款不支持营利性活动，不用于行政事业支出。其次，赠款项目的申请、评审及实施。国家发改委应对气候变化司负责接收基金赠款项目的申请、评审，项目申请人（实施机构）负责赠款项目的实施。应对气候变化司组织5—7位专家就申请人的资质、项目材料的完整性、项目的必要性和可行性以及申请赠款金额的合理性等方面进行评审，并形成评审意见提交基金审核理事会。基金审核理事会召开赠款项目审核会议，就拟批准赠款项目的清单及赠款金额形成审核意见，然后由国家发改委会同财政部批准。申请人获批后，签署并按照基金赠款项目合同实施项目。赠款项目的实施主要包括资金的拨付和使用、项目实施机构的报告义务、项目内容调整条款、合同履行期限等内容。再次，赠款项目的监督管理。应对气候变化司会同项目组织申报单位负责对赠款项目的实施进行监督检查，基金管理中心予以配合。应对气候变化司负责向基金审核理事会报告赠款项目的实施情况。最后，赠款项目的验收与成果管理。实施机构应在赠款项目合同期满前一个月内向应对气候变化司提交完整项目成果和财务决算报告以申请项目验收。如果项目经验收不合格，则须在限定期限内达到验收标准。否则，项目实施机构应退还所获赠款的剩余部分以及使用赠款形成的资产，且3年内不得申请基金赠款。赠款项目结题后，项目实施方须将赠款的结余资金返还基金。赠款项目取得的成果（如CERs、CCERs）及相关权益归国家所有。

（3）项目实施机构的权利义务机制

项目实施机构的收益权。CDM项目的收益来自温室气体减排合作项目产生的核证减排量的转让，该收益应该归国家和项目实施机构共同所有。国家和项目实施机构根据项目的类型不同，执行不同的收益分配比例，其中国家的收益分配比例从2%到65%不等。例如，氢氟碳化物（HFC）类项目，国家收取温室气体减排量转让交易额的65%；全氟碳化物（PFC）类项目，国家收取温室气体减排量转让交易额的5%；其他类型项目，国家收取温室气体减排量转让交易额的2%。[①] 国家的CDM项目收益用于支持与应对气候变化相关的活动。

项目实施机构的义务。根据《清洁发展机制项目运行管理办法》的规定，项目实施机构主要履行的义务包括但不限于以下几点：一是就减排量购买协议的达成进行谈判；二是依照《联合国框架公约》《京都议定书》以及有关缔约方会议的决定和减排量购买协议的约定实施项目，并接受国家发改委和地方发改委的监督；三是接受项目管理机构按照国际规则对项目合格性和减排量的核实，提供必要的材料和监测记录，并保守国家秘密和商业秘密；四是及时向国家发改委报告温室气体减排量的交易情况；五是按照规定的比例向国家发改委及时足额缴纳减排量转让交易额。[②]

（4）责任机制

行政机关及其工作人员的法律责任。在CDM项目的执法过程中，行政机关及其工作人员被追究法律责任的情形主要包括两个方面：一是项目申请过程中的不作为，即“对符合法定条件的项目申请不予受理，或当

① 参见《清洁发展机制项目运行管理办法》第36条之规定。

② 参见《清洁发展机制项目运行管理办法》第13条之规定。

项目实施机构提交的申请材料不齐全、不符合法定形式时，不一次告知项目实施机构必须补正的全部内容”；[①] 二是项目审批过程中的乱作为，即对不符合法定条件的项目申请予以批准，或者超越法定职权作出批准决定。“本办法涉及的行政机关及其工作人员，对不符合法定条件的项目申请予以批准，或者超越法定职权作出批准决定的，由其上级行政机关或者监察机关责令改正，对直接负责的主管人员和其他直接责任人员依法给予行政处分；构成犯罪的，依法追究刑事责任。”[②]

项目实施机构的法律责任。项目实施机构的法律责任主要包括项目申请及实施过程中隐瞒有关情况或者提供虚假材料的责任，以欺骗、贿赂等不正当手段取得批准函的责任，取得国家发改委出具的批准函后将企业股权变更为外资或外资控股的责任以及项目实施机构在减排量交易完成后未按照相关规定向国家按时足额缴纳减排量交易额分成的责任四种情形。《清洁发展机制项目运行管理办法》第 28—32 条规定：“项目实施机构在清洁发展机制项目申请及实施过程中，如隐瞒有关情况或者提供虚假材料的，国家发展改革委可不予受理或者不予行政许可，并给予警告。项目实施机构以欺骗、贿赂等不正当手段取得批准函的，国家发展改革委依法处以与项目减排量转让收入相当的罚款，罚款收入按照《行政处罚法》等有关规定，就地上缴中央国库。构成犯罪的，依法追究刑事责任。项目实施机构在取得国家发展改革委出具的批准函后，企业股权变更为外资或外资控股的，自动丧失清洁发展机制项目实施资格，股权变更后取得的项目减排量转让收入归国家所有。项目实施机构在减排量交易完成后，未按照相关规定向国家按时足额缴纳减排量交易额分成的，国家发展改革委依法对项目实施机构给予行政处罚。项目实施机构伪造、涂改批准函，或在接受监督检查时隐瞒有关情况、提供虚假材料或拒绝提供相关材料的，国家发展改革委依法给予行政处罚；构成犯罪的，依法追究刑事责任。”

后巴黎时代，《巴黎协定》尚缺乏对清洁发展机制项目的过渡安排。缔约方对清洁发展机制项目能否过渡、自动过渡还是按照可持续发展机制的规则重新评估后过渡等问题存在严重分歧。例如，巴西、印度等因存有大量《京都议定书》下清洁发展机制项目减排量，要求此类项目向第 6 条市

① 参见《清洁发展机制项目运行管理办法》第 25 条之规定。
② 参见《清洁发展机制项目运行管理办法》第 27 条之规定。

场机制自动过渡，欧盟等以环境完整性为理由拒绝，各方间矛盾突出。中国作为清洁发展机制项目的注册大国，过渡方式将对我国的项目投融资主体产生重要影响。在中国已经开启全国碳排放交易市场以及践行“双碳”目标的背景下，之前注册的清洁发展机制项目是否还满足可持续发展机制对额外性的要求，将从技术上决定其能否向可持续发展机制项目过渡。另外，清洁发展机制项目的减排量出售将对中国国家自主贡献（National Determined Contributions，NDC）的相对调整产生影响，因此，中国应当慎重考虑是否允许和允许哪些清洁发展机制项目过渡以及过渡后减排信用的监管问题，以免对 NDC 目标的实现产生不利影响。

（二）温室气体自愿减排交易立法

2012 年 6 月，国家发改委颁布了《温室气体自愿减排交易管理暂行办法》（以下简称《暂行办法》），对提高自愿减排交易的公正性，调动全社会自觉参与碳减排活动的积极性发挥了重要作用。同时，在《暂行办法》施行中也存在着温室气体自愿减排交易量小、个别项目不够规范等问题。2017 年 3 月 14 日，国家发改委发布公告称正在组织修订《暂行办法》，即日起暂缓受理温室气体自愿减排交易方法学、项目、减排量、审定与核证机构、交易机构备案申请，待《暂行办法》修订完成并发布后，将依据新办法受理相关申请。[①] 2018 年 3 月，根据《关于国务院机构改革方案的决定》，生态环境部承担了国家发展和改革委员会的应对气候变化和减排职责，并组织开展温室气体自愿减排交易的部门立法。2023 年 10 月 19 日，生态环境部、市场监管总局联合发布了《温室气体自愿减排交易管理办法（试行》（以下简称《办法》）。该《办法》为我国重启温室气体自愿减排交易提供了法制保障，其旨在实现以下两个目标：一是，鼓励和引导温室气体自愿减排项目的实施，以促进企事业单位、机构和个人积极开展温室气体减排活动，推动实现我国碳达峰碳中和目标；其二，规范和管理温室气体自愿减排项目的实施，以确保温室气体自愿减排的真实性、唯一性、额外性，从而为将来国家核证自愿减排量进入碳排放配额交易市场和国际碳市场做好准备。以下将对该《办法》的主要内容及实施问题加以探讨。

① 发展改革委发布 2017 年第 2 号公告，https：//www. gov. cn/xinwen/2017 －03/17/content_ 5178373. htm。

1.《办法》的适用范围和基本原则

《办法》适用于在中国境内依法成立的法人和其他组织开展的温室气体自愿减排活动以及相关主体参与的核证自愿减排量交易活动，其中温室气体包含七种，即二氧化碳（CO2）、甲烷（CH4）、氧化亚氮（N2O）、氢氟碳化物（HFCs）、全氟化碳（PFCs）、六氟化硫（SF6）和三氟化氮（NF3）。

温室气体自愿减排交易应遵循公开、公平、公正、诚信和自愿原则。所谓公开原则，指的是温室气体自愿减排项目及其减排量的备案、减排量的交易情况等信息要及时向社会公开，保证自愿减排交易的透明度。所谓公平原则，指的是符合《办法》规定的企事业单位、机构和个人都有平等的机会参与自愿减排交易，交易机构要为每个参与者提供平等的交易服务。所谓公正原则，是指温室气体自愿减排交易主管部门、温室气体自愿减排项目的审定机构以及自愿减排量的核查机构应当严格依据管理规定和操作规范从事交易管理、项目审定和减排量核查工作。所谓诚信原则，指的是温室气体自愿减排项目要具备真实性、可测量性和额外性，项目实施方及审定和核定机构不得弄虚作假。所谓自愿原则，是指法人或其他组织自行主动开展温室气体减排活动，而非出于履行减排义务或满足其他要求。

2. 管理主体和参与主体

根据《办法》第五条之规定，生态环境部按照国家有关规定建设全国温室气体自愿减排交易市场，负责制定全国温室气体自愿减排交易及相关活动的管理要求和技术规范，并对全国温室气体自愿减排交易及相关活动进行监督管理和指导。省级生态环境主管部门负责对本行政区域内温室气体自愿减排交易及相关活动进行监督管理。设区的市级生态环境主管部门配合省级生态环境主管部门对本行政区域内温室气体自愿减排交易及相关活动实施监督管理。市场监管部门、生态环境主管部门根据职责分工，对从事温室气体自愿减排项目审定与减排量核查的机构（以下简称审定与核查机构）及其审定与核查活动进行监督管理。

根据《办法》第四条之规定，温室气体自愿减排量交易的参与主体具有广泛性，符合国家有关规定的法人、其他组织和自然人均可以在交易机构参与核证自愿减排量交易。但是，值得注意的是，能够实施温室气体自愿减排项目并获取核证自愿减排量的主体只能是在中国境内依法成立的法人和其他组织。

3. 项目审定、减排量核查以及登记管理

国家对温室气体自愿减排项目实行统一的监督管理，包括温室气体自愿减排项目的审定与登记，以及减排量的核查与登记。生态环境部负责组织建立统一的全国温室气体自愿减排注册登记机构（以下简称注册登记机构），组织建设全国温室气体自愿减排注册登记系统（以下简称注册登记系统）。温室气体自愿减排项目经审定后方可向注册登记机构申请登记；依法登记的温室气体减排项目所产生的减排量经核查后方可申请减排量登记，登记后取得可交易的核证自愿减排量。

根据《办法》第九条、第十条之规定，申请登记的温室气体自愿减排项目应当有利于降碳增汇，能够避免、减少温室气体排放，或者实现温室气体的清除，并且符合以下条件：具备真实性、唯一性和额外性；属于生态环境部发布的项目方法学支持领域；于 2012 年 11 月 8 日之后开工建设；符合生态环境部规定的其他条件；不属于法律法规、国家政策规定有温室气体减排义务的项目，或者纳入全国和地方碳排放权交易市场配额管理的项目。符合上述条件的温室气体减排项目业主应当按照相关技术规范要求编制项目设计文件，并委托审定与核查机构对项目进行审定。审定与核查机构应当按照国家有关规定对申请登记的温室气体自愿减排项目进行审定，并出具项目审定报告。项目审定报告应当包括肯定或者否定的项目审定结论，以及项目业主对公示期间收到的公众意见处理情况的说明。审定与核查机构出具项目审定报告后，项目业主可以向注册登记机构申请温室气体自愿减排项目登记。注册登记机构对项目业主提交材料的完整性、规范性进行审核，符合要求的予以登记。

根据《办法》第三章之规定，经注册登记机构登记的温室气体自愿减排项目可以申请项目减排量登记。申请登记的项目减排量应当可测量、可追溯、可核查，并具备下列条件：符合保守性原则；符合生态环境部发布的项目方法学；产生于 2020 年 9 月 22 日之后；在可申请项目减排量登记的时间期限内；符合生态环境部规定的其他条件。项目业主申请项目减排量登记的，应当按照相关技术规范要求编制减排量核算报告，并委托审定与核查机构对减排量进行核查。审定与核查机构应当按照国家有关规定对减排量核算报告的下列事项进行核查，并出具减排量核查报告。审定与核查机构出具减排量核查报告后，项目业主可以向注册登记机构申请项目减排量登记；申请登记的项目减排量应当与减排量核查报告确定的减排量一致。注册登记机构对项目业主提交材料的完整性、规范性进行审核，符合条件的予以登记，登记后项目业主取得核证自愿减排量。

在温室气体自愿减排交易中，自愿减排项目的审定机构以及自愿减排量的核查机构作为温室气体自愿减排交易的服务机构，对于保证项目具有真实性、可靠性和额外性至关重要。因此，《办法》将审定与核查机构纳入认证机构管理，对审定与核查机构应当具备的技术和管理能力做了详细规定，如具备开展审定与核查活动相配套的固定办公场所和必要的设施；具备十名以上相应领域具有审定与核查能力的专职人员，其中至少有五名人员具有二年及以上温室气体排放审定与核查工作经历，等等。市场监管总局会同生态环境部开展审定与核查机构的审批。审定与核查机构在获得批准后，方可进行相关审定与核查活动。

国家核证自愿减排量交易的备案和登记是指核证减排量在经国家发改委备案的交易机构内完成交易后，交易双方须在国家登记簿中备案和登记国家核证自愿减排量的交易情况。国家登记簿与经备案的交易机构的交易系统相连接，实时记录国家核证自愿减排量的变更情况。核证减排量交易登记分为注销登记和变更登记。如果买方购买核证减排量用于抵消其碳排放或者自愿注销以支持温室气体减排活动，则应在交易完成后在国家登记簿中办理核证减排量的注销登记。如果买方购买核证减排量后持有，则应在交易完成后在国家登记簿中办理变更登记，即将核证减排量由卖方账户变更到买方账户。

4. 审定与核查管理

在温室气体自愿减排交易中，自愿减排项目的审定机构以及自愿减排量的核查机构作为温室气体自愿减排交易的服务机构，对保证项目具有真实性、可靠性和额外性至关重要。因此，《办法》对审定与核查机构实行备案管理，只有在国家发改委备案的审定与核查机构才能从事温室气体自愿减排项目的审定以及减排量的核查工作。从事自愿减排交易项目审定和减排量核查业务的机构应当向国家发改委申请备案，申请时须提交在项目审定、减排量核查领域的业绩证明材料、审核员名单及其审核领域等证明材料。国家发改委接到审定与核查机构申请备案的材料后，在6个月内完成审查并对符合条件的审定与核查机构予以备案。其中，审定与核查机构的备案条件主要包括具有规范的管理制度、在审定与核查领域具有良好的业绩、具有一定数量的审核员、审核员在其审核领域具有丰富的从业经验且未出现任何不良记录，以及具备一定的经济偿付能力等。[①]

经备案的审定和核查机构应当依法开展自愿减排项目的审定和减排量核查业务。在开展相关业务的过程中如果出现提供虚假材料、核查不实等违法违规情况，情节较轻的，由国家发改委责令其改正；情节严重的，将公布其违法违规行为并撤销其备案资格。

5. 温室气体自愿减排交易的实践

（1）温室气体自愿减排项目的实施情况

自2012年6月以来，为了引导和规范温室气体自愿减排交易活动，国家发改委相继颁布了《温室气体自愿减排交易管理暂行办法》《温室气体自愿减排项目审定与核证指南》等指导性文件，各碳排放权交易试点在各自的碳排放权交易管理暂行办法中也规定了国家核证自愿减排量的交易机制，我国基本形成了温室气体自愿减排交易的政策法规支撑体系。截至2015年2月底，国家发改委备案的方法学有181个，涵盖了所有清洁发展机制方法学涉及的领域；备案的审定与核查机构有11个，包括中国林业科学研究院林业科技信息研究所、中国农业科学院（CAAS）、深圳华测国际认证有限公司（CTI）、环境保护部环境保护对外合作中心（MEPFECO）[②]、中国船级社质量认证公司（CCSC）、北京中创碳投科技有限公司、中国质量认证中心（CQC）、广州赛宝认证中心服务有限公司（CEPREI）以及中环联合（北京）认证中心有限公司（CEC）；公示的温室气体自愿减排审定项目有568个，分布在包括7个碳排放权交易试点在内的全国31个省区市，涉及新能源和可再生能源开发利用、甲烷回收、燃料替代、节能和提高能效、垃圾焚烧发电等多个领域；自2014年5月起，已经有23个项目获得了核证自愿减排量备案。[③] 从项目审定的数量和涉及的行业来看，我国企业参与温室气体自愿减排交易的积极性很高。2015年1月，国家发改委应对气候变化司组织建设的国家自愿减排和排放权交易注册登记系统正式上线运行。国家自愿减排交易注册登记系统的建立和运行进一步规范和促进了自愿减排交易活动的开展。2017年3月，

---

① 参见《温室气体自愿减排交易管理暂行办法》第28条之规定。

② 现为生态环境部对外合作与交流中心。

③ 用于数据统计的资料来源于中国自愿减排交易信息平台，http：//cdm.ccchina.org.cn/ccer.aspx。

因《温室气体自愿减排交易管理暂行办法》在施行中存在着温室气体自愿减排交易量小、个别项目不够规范等问题[①]，国家发改委暂缓受理温室气体自愿减排项目的申请。2023 年 10 月，生态环境部颁布了《温室气体自愿减排交易管理办法（试行）》。2024 年 1 月，全国温室气体自愿减排交易市场正式启动，国家气候战略中心为国家核证减排量的注册登记机构，北京绿色交易所为国家核证减排量的交易机构。全国温室气体自愿减排交易市场的重启，有利于我国形成强制性和自愿性碳排放权交易相结合的全国统一碳市场，进而有利于充分发挥市场机制在推动“双碳”目标实现中的优势作用。

（2）抵消机制与温室气体自愿减排交易

自 2013 年 6 月以来，深圳、上海、广东、天津、北京、湖北、重庆等 7 个碳排放权交易试点相继开启了碳排放权交易市场。各试点均规定了核证自愿减排量的抵消机制，即纳入碳排放权交易的单位可以通过购买国家核证自愿减排量抵消其超额温室气体排放。抵消机制的设计进一步扩张了碳排放权交易市场对国家核证自愿减排量的需求，进而激励了温室气体自愿减排项目的实施。表 3 – 1 将对 7 个碳排放权交易试点的抵消机制进行对比分析。

表 3 – 1　7 个碳排放权交易试点的抵消机制对比

试点	抵消比例	抵消条件	CCER 的抵消能力
北京	重点排放单位可以使用 CCER 抵消其排放量，比例限制为不得高于其当年排放配额数量的 5%	利用京外项目的 CCER 抵消排放，不得超过当年其核发配额数量的 2.5%，并且优先使用河北省、天津市等与北京市签署了应对气候变化、生态建设、大气污染治理等相关合作协议地区的 CCER	1 个 CCER 等同于 1 个配额，可以抵消 1 吨二氧化碳当量的排放
上海	纳入配额管理的单位可以利用 CCER 抵消碳排放，比例不超过该年度企业通过分配取得的配额量的 5%	纳入配额管理的单位不得使用其排放边界范围内的 CCER 抵消	1 个 CCER 等同于 1 个配额，可以抵消 1 吨二氧化碳当量的排放

① 《发展改革委发布 2017 年第 2 号公告》，中华人民共和国中央人民政府网，https：//www. gov. cn/xinwen/2017 – 03/17/content_ 5178373. htm，最后访问日期 2024 年 5 月 26 日。

续表

试点	抵消比例	抵消条件	CCER 的抵消能力
天津	纳入碳排放权交易的企业可以使用一定比例的 CCER 抵消其碳排放量，抵消量不得超过其当年实际碳排放量的 10%	CCER 没有地域、项目类型、排放边界等限制	1 个 CCER 等同于 1 个配额，可以抵消 1 吨二氧化碳当量的排放
重庆	纳入企业利用 CCER 抵消碳排放的比例不得超过企业审定排放量的 8%	对 CCER 的来源没有特别限制	1 个 CCER 等同于 1 个配额，可以抵消 1 吨二氧化碳当量的排放
深圳	管控企业使用 CCER 抵消碳排放的比例不得超过初始配额的 10%	管控企业不得使用其排放边界范围内的 CCER 抵消排放量	1 个 CCER 等同于 1 个配额，可以抵消 1 吨二氧化碳当量的排放
广东	控排企业使用 CCER 抵消碳排放的比例不得超过初始配额的 10%	用于抵消的 CCER 至少有 70% 产生于广东省内的温室气体自愿减排项目；控排企业不得使用其排放边界范围内的 CCER 抵消碳排放	1 个 CCER 等同于 1 个配额，可以抵消 1 吨二氧化碳当量的排放
湖北	控排企业使用 CCER 抵消碳排放的比例不得超过初始配额的 10%	CCER 产生于湖北省行政区域内；控排企业不得使用其排放边界范围内的 CCER 抵消	1 个 CCER 等同于 1 个配额，可以抵消 1 吨二氧化碳当量的排放

资料来源：作者自行整理。

从表 3 - 1 可以看出，各个试点均允许纳入碳排放权交易的企业利用一定比例的 CCER 抵消其碳排放，但各试点规定的抵消比例和条件有所区别。另外，根据生态环境部 2021 年 10 月 26 日发布的《关于做好全国碳排放权交易市场第一个履约周期碳排放配额清缴工作的通知》，全国碳排放权交易市场第一个履约期，发电行业重点排放单位使用 CCER 抵消比例不超过应清缴碳排放配额的 5%。根据生态环境部 2022 年 12 月发布的《全国碳排放权交易市场第一个履约周期报告》，第一个履约周期累计使用 CCER 约 3273 万吨用于配额清缴抵销。

抵消比例的大小关系到企业减排成本和减排积极性问题。从国内外碳交易实践来看，国家核证自愿减排量的成交价格往往低于配额价格。由此，如果抵消比例过大，那么企业就偏向于购买 CCER 以抵消其超额排放，从而减排的积极性就会降低；如果抵消比例过小，那么企业就要购买高价配额或者自己减排，从而使得企业减排成本或压力更大。所以，如何控制抵消比例是决策者应当权衡的一个重要问题。此外，抵消条件越严格，纳入碳交易的企业的减排成本就越大，减排效果就越明显。相较于抵消条件严格的试点而言，抵消条件不作限制的试点内的企业的减排成本相对较低、减排效果相对要差。但无论抵消比例和抵消条件如何规定，只要允许抵消机制存在，就在一定程度上为 CCER 创造了需求，从而促进温室气体自愿减排活动的开展。

二、基于配额的碳排放权交易立法

2013 年 6 月以来，深圳、上海、广东、天津、北京、湖北、重庆等七省市碳排放权交易试点相继启动，并出台了本行政区域的碳排放权交易管理办法，对碳排放总量控制、配额分配和管理、碳排放核查及配额清缴义务等核心问题进行了规定。[①] 在实现碳达峰碳中和目标的重大战略决策背景下，生态环境部于 2020 年 12 月 31 日公布了《碳排放权交易管理办法（试行）》，对温室气体重点排放单位的确定、碳排放配额的分配与登记、排放交易以及排放核查与配额清缴等问题进行了规定。为了规范碳排放权交易及相关活动，加强对温室气体排放的控制，积极稳妥推进碳达峰碳中和，促进经济社会绿色低碳发展，推进生态文明建设，2024 年 1 月 5 日国务院第 23 次常务会议通过了《碳排放权交易管理暂行条例》。该《条例》已于 2024 年 5 月 1 日起施行，作为我国首部规范碳排放权交易的行政法规，相较于生态环境部的部门规章，其在效力位阶、管理体制机制、法律责任等诸多方面具有制度优势。下文将结合七个碳排放权交易试点以及全国碳排放权交易市场的管理办法和运行实践，从管理体制、管控范围和配额管理三个方面加以分析。

（一）管理体制[②]

我国尚处于碳金融的初始阶段，碳金融监管表现为对碳排放权交易的监管。根据自 2021 年 2 月 1 日起施行的《碳排放权交易管理办法（试行）》以及各试点的地方性立法，我国碳排放权交易采取主管与分管相结合的管理体制，由生态环境主管部门负责碳排放权交易的组织实施和统一协调。

根据《碳排放权交易管理暂行条例》的规定，全国碳排放权交易市

① 曹明德等：《中国碳排放交易法律制度研究》，中国政法大学出版社 2016 年版，第 233 页。

② 主要内容已发表在《中国政法大学学报》2021 年第 5 期《论中国碳金融监管体制的构建》一文。

场的建设和运行由生态环境部统一管理，具体职责主要包括提出碳排放权交易覆盖的温室气体种类和行业范围，制定重点排放单位的确定条件，制定年度碳排放配额总量和分配方案并组织实施等，并会同国务院其他有关部门对全国碳排放权交易及相关活动进行监督管理和指导。省级生态环境主管部门负责制定本行政区域年度重点排放单位名录、组织开展碳排放配额分配和清缴、温室气体排放报告的核查等相关活动，并进行监督管理。设区的市级生态环境主管部门负责配合省级生态环境主管部门落实相关具体工作，并根据有关规定实施监督管理。同时，生态环境部组织建立两个机构和两个系统，分别是全国碳排放权注册登记机构和全国碳排放权交易机构，以及全国碳排放权注册登记系统和全国碳排放权交易系统。其中，全国碳排放权注册登记机构负责碳排放权交易产品登记，提供交易结算等服务。全国碳排放权交易机构负责组织开展全国碳排放权集中统一交易。[①]

从各碳排放权交易试点的地方性立法来看，各地方的碳排放权交易管理采取主管和分管相结合的管理体制。各地方对碳排放权交易主管机关的规定均统一且明确，即由生态环境主管部门负责碳排放权交易的组织实施和统一协调。根据试点颁布的碳排放权交易管理办法，生态环境主管部门作为碳排放权交易的主管部门，其主要职责表现在以下四个方面。第一，制定碳排放权交易相关规划、政策、管理制度并组织实施。碳排放权交易是一个非常复杂的体系，从覆盖范围来看，其涉及工业、商业、公用事业、交通等社会经济生活的多个领域；从碳排放权交易管理活动来看，其涉及总量控制、配额分配、碳排放监测、报告和核查、登记、抵消、信息披露、金融监管等多方面的问题。由此，需要主管部门统筹全局、协调各方之间的关系，并通过立法明确监管部门的职责和权力以及被监管单位的权利和义务。第二，配额管理。碳排放权交易市场实际上是碳排放配额及其衍生品交易市场。政府通过设定配额总量、配额初始分配、配额供给和需求调整、配额价格干预、配额跨期使用和借贷规则等措施干预碳排放权交易市场，进而利用市场机制管理温室气体排放主体的减排活动，以实现温室气体排放控制目标。因此，配额管理是碳排放权交易制度成败的关键所在。配额管理主要涉及受控单位的指定、配额总量的确定、配额的初始

① 参见《碳排放权交易管理办法（试行）》第4条、第5条、第6条。

分配、配额调整机制、配额价格干预机制、配额存储与借贷机制、配额登记等重要事项。第三，履约管理。开展碳排放权交易的目的就是让受控单位向主管部门提交与其实际碳排放量相等的配额或者自愿核证减排量，从而有效控制受控企业的温室气体排放。因此，履约管理对温室气体减排目标的实现至关重要。履约管理主要涉及抵消机制、配额的清缴，以及未履行清缴义务的责任机制。第四，温室气体排放监测、报告和核查管理。温室气体排放监测、报告和核查是碳排放权交易管理部门获取真实、可靠的温室气体排放信息的重要手段，也是制定碳排放总量控制目标、分配碳排放配额、评价受控主体履约情况的前提。为了保证温室气体排放信息的真实性和可靠性，碳排放权交易管理部门要制定监测、报告和核查的标准和办法，并对承担监测、报告和核查工作的机构加以监督。

关于碳排放权交易的分管部门，《碳排放权交易管理暂行条例》除了规定“国务院生态环境主管部门会同国务院市场监督管理部门、中国人民银行和国务院银行业监督管理机构，对全国碳排放权注册登记机构和全国碳排放权交易机构进行监督管理”，对其他分管部门及其职责尚未作出具体规定。各试点立法基本采取了概括式规定，即规定由财政、金融、城乡建设、国有资产、质量监督、物价、统计、经济和信息化、交通、商务等部门按照各自职责做好碳排放权交易相关的管理工作。其中，深圳、重庆、上海和北京的碳排放权交易管理办法涉及了个别分管部门的职责分工。深圳市明确了住房建设、交通运输、市场监督管理和统计部门的具体分管职责。根据《深圳市碳排放权交易管理暂行办法》第 5 条的规定，市住房建设、交通运输等部门分别负责深圳市住房建设和交通运输部门的碳排放权交易管理、监督检查与行政处罚。市场监督管理部门负责制定深圳市工业行业温室气体排放量化、报告、核查标准，组织对纳入配额管理的工业行业碳排放单位的碳排放量进行核查，并对工业行业碳核查机构和核查人员进行监督管理；市统计部门负责组织对纳入配额管理的工业行业碳排放单位的有关统计指标数据进行核算，并对统计指标数据核查机构进行监督管理。此外，重庆市明确规定由市金融办作为全市交易场所的监督管理部门，负责碳排放权交易的日常监管、统计监测及牵头处置风险等工作。上海市规定由市发展改革部门委托上海市节能监察中心履行《上海市碳排放管理试行办法》规定的行政处罚职责。《北京市碳排放配额场外交易实施细则》第 5 条规定由市金融局负责配额场外交易活动的监督管理。

（二）管控范围

碳排放权交易的管控范围包括两个方面：一是碳排放权交易体系覆盖的温室气体种类或目标温室气体，即针对哪些温室气体设定减排目标；二是纳入碳排放权交易体系的行业企业（单位）范围，即哪些行业企业（单位）必须参加碳排放权交易体系，能够在碳排放配额初始分配中获得配额并承担提交与实际排放量相等配额的义务。

根据《碳排放权交易管理暂行条例》的规定，全国碳排放权交易体系覆盖的温室气体包括二氧化碳（CO_2）、甲烷（CH_4）、氧化亚氮（N_2O）、氢氟碳化物（HFCs）、全氟化碳（PFCs）、六氟化硫（SF_6）和三氟化氮（NF_3）等 7 类。从各试点颁布的碳排放权交易地方性法规来看，除了重庆将二氧化碳、甲烷、全氟化碳、六氟化硫、氢氟碳化物、氧化亚氮等 6 类温室气体都纳入碳排放权交易的目标气体外，北京、上海、天津、深圳、湖北、广东等 6 个试点都将碳排放权交易控制的目标温室气体仅限于二氧化碳。

以下是我国确立碳排放权交易体系管控范围的实践。有资格获得配额并承担提交与实际碳排放等量配额义务的主体在不同的碳排放权交易试点称谓有所不同，例如纳入企业（天津、湖北）、管控单位（深圳）、配额管理单位（重庆）、控排企业（广东）、纳入配额管理的单位（上海）、排放单位（北京），全国碳排放权交易体系中则称为“重点排放单位”。因为纳入碳排放权交易并承担碳减排义务的主体不仅是企业还包括政府、事业单位等，所以“纳入企业”和“控排企业”的称谓过于狭隘。“管控单位”和“配额管理单位”从语义上讲，很难区分是管控还是被管控、管理还是被管理，语焉不详。“纳入配额管理的单位”指向明确，但从法律角度来讲，笔者更倾向于将“纳入配额管理的单位”称为“碳减排义务主体”。这是因为，是否具有约束性碳减排义务是某一主体是否被强制纳入碳排放权交易体系的决定性因素。碳减排义务主体有别于自愿加入碳排放权交易体系的其他主体，例如环保公益组织、个人等。

根据《碳排放权交易管理暂行条例》以及各试点颁布的碳排放权交易地方性法规，碳减排义务主体（重点排放单位）范围的确定主要涉及两个方面：一是需要被纳入碳排放权交易体系的部门或行业有哪些；二是这些部门或行业中哪些单位需要被纳入碳排放权交易体系。关于被纳入碳排放权交易体系的部门或行业的范围，现行试点主要包括工业、交通、建筑和服务业，但是各个试点对于碳排放权交易覆盖的行业范围以及行业内的具体领域有所不同。纳入碳排放权交易体系的单位主要以年度二氧化碳排放量为基准，管控行业范围内达到一定排放规模的单位将被纳入碳排放权交易体系。各试点对于纳入企业的排放规模标准和最终纳入碳排放权交易体系的单位数量也不尽相同。表 3－2 总结了各个试点碳排放权交易覆盖的行业范围及排放规模标准。

表 3－2　各试点碳排放权交易覆盖行业范围、排放规模标准

试点	行业范围	排放规模标准
北京	电力、水泥、石化、热力、其他工业和服务业	年二氧化碳直接排放量与间接排放量之和大于等于 1 万吨
天津	电力、热力、石化、油气开采、钢铁、化工	年排放二氧化碳 2 万吨以上
上海	工业行业：电力、石化、化工、有色、钢铁、纺织、建材、造纸、橡胶和化纤 非工业行业：航空、港口、机场、铁路、商业、宾馆、金融	工业行业：2010—2011 年中任何一年直接和间接二氧化碳排放量 2 万吨及以上 非工业行业：2010—2011 年中任何一年直接和间接二氧化碳排放量 1 万吨及以上
深圳	企业：电力、税务、制造业等 建筑：国家机关办公建筑	企业：任意一年的碳排放量达到 3000 吨以上 建筑：建筑面积达到 1 万平方米以上的国家机关办公建筑
广东	首批试点：电力、水泥、钢铁、石化 将来试点：宾馆、饭店、金融、商贸、公共机构、交通领域	工业行业：年排放二氧化碳 1 万吨及以上 非工业行业：年排放二氧化碳 5000 吨以上
湖北	工业企业：电力、热力、汽车和其他设备制造、有色金属和其他金属制品、钢铁、玻璃和其他建材、水泥、化工、食品饮料、化纤、造纸、医药	年综合能源消费量 6 万吨标准煤及以上
重庆	工业行业：电力、冶金、化工、建材等多个行业	2008—2012 年任一年度排放量达到 2 万吨二氧化碳当量

资料来源：作者自行整理。

《碳排放权交易管理暂行条例》对纳入全国碳排放权交易体系并实施配额管理的温室气体重点排放单位实施名录管理。国务院生态环境主管部门会同国务院有关部门，根据国家温室气体排放控制目标，制定重点排放单位的确定条件。省、自治区、直辖市人民政府（以下统称省级人民政府）生态环境主管部门会同同级有关部门，按照重点排放单位的确定条件制定本行政区域年度重点排放单位名录。首先，列入温室气体重点排放单位名录（或者纳入全国碳排放权交易配额管理的重点排放单位）应当符合两个条件：一是属于全国碳排放权交易市场覆盖的行业，目前，我国只将电力行业纳入全国碳排放权交易；二是年度温室气体排放量达到2.6万吨二氧化碳当量（综合能源消费量约1万吨标准煤）。根据生态环境部发布的《纳入2019—2020年全国碳排放权交易配额管理的重点排放单位名单》，2019—2020年全国碳市场纳入发电行业重点排放单位共计2225家。[①] 其次，由省级生态环境主管部门负责确定本行政区域的重点排放单位名录并向生态环境部报告。再次，重点排放单位名录的调整。一方面，重点排放单位连续两年温室气体排放未达到2.6万吨二氧化碳当量的或者因停业、关闭或者其他原因不再从事生产经营活动因而不再排放温室气体的，确定名录的省级生态环境部门应当将其从名录中移出；另一方面，温室气体排放单位申请纳入重点排放单位名录的，经确定名录的省级生态环境部门核实符合条件的，应当将其纳入重点排放单位名录。最后，为避免双重管制，《碳排放权交易管理暂行条例》还对全国碳排放权交易市场和地方碳排放权交易试点市场的覆盖范围进行了整合，即纳入全国碳排放权交易市场的重点排放单位，不再参与地方碳排放权交易试点市场。

（三）配额管理

配额管理是碳排放权交易主管部门就排放配额总量的确定，配额的初始分配、登记、交易以及清缴等行为开展的一系列管理活动。

1. 配额总量的确定

总量控制制度是指“环境主管部门将某一控制区域（如行政区、流域、环境功能区等）作为一个完整的系统，并根据该区域的环境容量，对该区域内污染物排放源在一定时间段内排入此区域内的污染物总量控制在一定的数量之内，以满足区域内环境质量或环境管理要求的环境管理制度”。[②] 总量控制制度的核心要素是确定实行污染物排放总量控制的区域、该区域内纳入

① 《关于印发〈2019—2020年全国碳排放权交易配额总量设定与分配实施方案（发电行业）〉〈纳入2019—2020年全国碳排放权交易配额管理的重点排放单位名单〉并做好发电行业配额预分配工作的通知》，生态环境部网站，2020年12月30日，https：//www. mee. gov. cn/xxgk2018/xxgk/xxgk03/202012/t20201230_ 815546. html，最后访问日期：2022年1月2日。

② 周珂主编：《环境法学研究》，中国人民大学出版社2008年版，第185页。

总量控制的行业范围和排放单位数量以及该区域内允许的最大污染物排放量。总量控制制度的言外之意是，政府仅要求一定区域内所有纳入总量控制范围的排放单位的总排放量不超过总量控制目标，但是赋予该区域内的单个排放单位充分的选择权，政府仅根据总量控制目标有计划地向纳入总量控制范围的排放单位发放排放配额，排放单位自行决定是否购买配额，但必须保证其持有足够的配额以抵消其年度排放量，从而保证该区域内污染物排放总量得到动态控制。

碳排放总量控制制度是环境法中总量控制制度在气候变化领域中的一种具体应用，具体而言，是政府为了实现温室气体减排目标，首先设定某个区域为温室气体排放控制区域，在该区域内根据法定标准选取一定行业以及行业内的重点排放单位，然后通过设定碳排放配额总量对一定时期内该区域内重点排放单位向大气中排放温室气体的总量进行限制，并要求纳入总量控制范围的重点排放单位在履约期间届满时须向政府提交与其实际温室气体排放量相等的碳排放配额，将碳排放配额严格控制在总量范围内，从而保证履约期间区域内碳排放总量的动态平衡。执行的灵活性和跨区域性是碳排放总量控制制度与其他污染物排放总量控制制度相区别的一个重要特征。与其他污染物排放的总量控制制度相比，碳排放总量控制制度之下排放单位可以从实施总量控制的区域以外购买排放配额或者国家核证自愿减排量用于履约，而其他污染物排放单位因为污染的地域性特征必须从其所在的总量控制区域购买排放配额。碳排放总量控制制度之所以具有执行的灵活性和跨区域性，是因为温室气体在大气中的生命周期很长并且具有全球循环的特性，例如二氧化碳可以在大气中平均留存 200 年，从而全球任何一个区域的温室气体减排活动对于减缓气候变化的贡献都是一样的，这也使得排放配额或者国家核证自愿减排量具有全球流通的特性。[①]

总量控制按照标准的不同，主要分为两类，即容量总量控制和目标总量控制。[②] 第一，容量总量控制。容量总量控制以区域生态环境的污染物容纳能力为标准，总量控制的上限不能超过该区域的生态环境容量，即该区域在一定期间内所容许的最大污染物排放量要以保证该区域生态环境的

① 刘明明：《温室气体排放控制法律制度研究》，法律出版社 2012 年版，第 120 页。

② 毛应淮主编：《排污收费概论》，中国环境科学出版社 2004 年版，第 109 页。

安全和质量为宗旨。容量总量控制将污染物排放控制水平与环境质量相联系，根据生态环境容量来确定区域内所允许的最大排污量，体现了污染物减排的成本有效性与环境效益的统一。第二，目标总量控制。目标总量控制以污染物减排目标或者环境保护目标为标准，比较某一区域内现阶段污染物的排放水平和将来某个时间段要实现的环境保护目标所要求达到的污染物排放水平，在经济和社会可承受的范围内确定一定时间段内该区域所容许的污染物的排放总量。目标总量控制是从现阶段的污染水平出发，根据环境保护目标的要求，确定分阶段的污染物减排计划，使区域内污染物排放总量逐步实现预期目标。

比较容量总量控制和目标总量控制，可以看出，目标总量控制是在短期内经济和社会条件难以达到容量总量控制的要求时所适用的一种生态环境保护的次优选择。容量总量控制是生态环境保护的最优选择，这是因为总量控制的精髓在于控制人类经济和社会活动对生态环境容量的影响，"目标总量控制必须以容量总量控制的结论为依据"。[①]

当前，碳排放总量控制制度应当属于目标总量控制类型，主要基于以下三个方面。首先，容量总量控制不具备实现条件。容量总量控制的前提是当前的碳排放水平在气候系统的环境容量范围内，然而人类活动已经向气候系统排放了过量的温室气体并造成了气候系统的失衡即全球变暖问题。如果按照容量总量控制的要求，人类应当立即停止任何产生温室气体排放的活动。但是，在现行的经济社会条件下，人类的生产生活不可能摆脱对化石能源的依赖，长期内无法避免温室气体排放。因此，当前只能采取目标总量控制的模式，综合考虑国际气候谈判的形势、温室气体排放水平、经济和社会条件、能源消费结构、产业调整政策、减排潜力等因素，制定温室气体排放总量控制目标，并逐步分阶段地削减温室气体排放量，最终实现将大气中温室气体的浓度稳定在防止气候系统受到危险的人为干扰的水平上。其次，根据政府间气候变化专门委员会的研究和联合国气候变化框架公约的规定，将来国际社会共同努力的目标是到2050年将全球气候变暖控制在比工业革命前升高2摄氏度的范围内。要实现这一目标，国际社会要积极采取减排行动以将人类活动产生的温室气体排放水平控制

① 赵绘宇、赵晶晶：《污染物总量控制的法律演进及趋势》，《上海交通大学学报》（哲学社会科学版）2009年第1期，第28—34页。

在安全范围内。《联合国气候变化框架公约》和《京都议定书》对目标总量控制进行了具体规定，即规定了发达国家在2008—2012年的减排目标，例如，主要工业发达国家的温室气体排放量要在1990年的基础上平均减少5.2%，其中美国将6种温室气体的排放量削减7%，欧盟削减8%，日本削减6%。最后，从国内碳排放权交易试点来看，各试点均采取了目标总量控制的方式。例如湖北省根据该省2009—2011年GDP实际年增长率，考虑"十二五"湖北单位生产总值二氧化碳排放下降17%的目标和2014—2020年的湖北省经济增长趋势等因素，综合确定了2014年度湖北省碳减排目标，即2014年碳排放配额总量为3.24亿吨。

碳排放总量控制制度实施的关键在于三个方面：首先，确定纳入碳排放权交易体系的行业企业（单位）范围，即有资格在碳排放配额初始分配中获得配额并承担提交与实际碳排放等量配额义务的主体范围；其次，确定履约期内碳排放总量控制的目标；最后，确定碳排放配额总量的结构。前文已经论及纳入碳排放权交易体系的行业企业（单位）范围，也即碳排放权交易体系的管控范围，下面重点探讨碳排放总量控制目标以及配额总量的结构的确定问题。

（1）确定碳排放总量控制目标

碳排放总量控制是排放权交易市场在总量控制型交易（cap and trade）模式下运行的前提。其中，总量控制目标是在一定期间内政府确定的纳入碳排放权交易体系的排放单位整体上能够排放温室气体的总额度，也是在这一期间气候系统环境容量的使用限额。政府将总的排放额度通过一定方式分解给纳入碳排放权交易体系的排放单位，同时，排放单位也承担在履约期间届满时向政府提交与其实际温室气体排放量相等的排放额度的义务。如果排放单位的实际温室气体排放量超出其所持有的排放额度，则其须在碳市场购买碳排放额度从而成为碳市场的买方（需求方）；如果排放单位的实际温室气体排放量小于其所持有的排放额度，则其可以在碳市场出售盈余的碳排放额度，从而成为碳市场的卖方（供给方）。可以说，总量控制目标的确定使得碳排放额度具备了稀缺性，也因此创造了碳市场的供给和需求。总量控制目标设定的科学性、公平性和透明性直接决定碳排放权交易市场的成败。如果总量控制目标设定得过于宽松，则会导致碳排放市场供大于求，市场低迷；如果总量控制目标设定得过于严格，则会导致排放主体压力过大，进而影响经济发展和碳排放权交易体系的运行。例如，欧盟碳排放权交易体系第一阶段总量控制目标设定得过于宽松，导致碳市场低迷不振、碳排放配额的价格曾跌至零欧元。一般来说，总量控制目标的设定方式主要有三种：一是自上而下方式，即政府在综合考虑国际气候谈判局势、经济社会发展情况、能源消耗强度和碳排放强度控制目标、可再生能源发展目标以及节能目标等宏观因素的基础上制定排放总量模型，预测年度碳排放总量；二是自下而上方式，即从纳入碳排放权交易体系的行业和排放主体层面出发，考虑行业和排放主体的历史和未来温室气体排放水平，结合对排放主体减排潜力和减排成本（包括经济社会成本）的评估以及技术进步的要求，预测所有排放主体在履约期间的整体排放水平；三是折中方式，即比较分析自上而下和自下而上两种方式得到的碳排放总量，综合提出科学且切实可行的总量控制目标。

从各碳排放权交易试点的实施方案和管理办法来看，碳排放总量控制的考量因素主要有三个方面：一是国家对试点地区控制温室气体排放的约束性指标；二是碳减排义务主体的历史排放情况和减排潜力；三是地区经济发展规划和目标。从文字表述的角度讲，除了重庆仅考量第一个方面和第二个方面因素之外，其他试点地区在地方性立法中均明确总量控制目标的制定要综合考量以上三方面因素。笔者认为，综合考量以上三方面因素是合理且科学的，但是以上三方面因素在决策中的地位或作用是明显不同的，如何协调三方面的关系对于总量控制制度是否有效或形同虚设至关重要。

国家对试点地区控制温室气体排放的约束性指标应当是三个要素中的核心，对碳减排义务主体的历史排放情况和减排潜力以及地区经济发展规划和目标的考虑要服务于控制温室气体排放的约束性指标。也就是说，考虑碳减排义务主体的历史排放情况和减排潜力以及地区经济发展规划和目标的目的是提高总量控制目标的可行性和成本有效性。考虑碳减排义务主体的历史排放情况和减排潜力，可以将具有较大温室气体减排潜力的排放单位纳入碳排放权交易主体，进而增加碳排放权交易主体的多元性和碳排放权的市场流动性，从而更好地利用碳排放权交易市场实现温室气体减排资源的优化配置。通过制定符合本地区经济发展规划的总量控制目标，以协调经济发展与碳排放控制之间的关系，实现低碳发展。

在综合考虑以上三方面因素的基础上，各地方试点以国家控制温室气体排放的约束性目标——碳排放强度目标——为指导，结合经济发展预期而设定碳排放配额总量目标。例如，湖北省根据“十二五”期间国家下达的单位生产总值二氧化碳排放下降17%的目标和对2014—2020年经济增长趋势的预测，确定2014年碳排放配额总量为3.24亿吨。再如，重庆市“以配额管理单位既有产能2008—2012年最高年度排放量之和作为基准配额总量，2015年前，按逐年下降4.13%确定年度配额总量控制上限，2015年后根据国家下达本市的碳排放下降目标确定”。[①]

《碳排放权交易管理暂行条例》在总结各试点总量控制经验的基础之上，就全国和各省、自治区和直辖市的碳排放配额总量如何确定进行了原则性的统一规定，即“国务院生态环境主管部门会同国务院有关部门，根据国家温室气体排放控制目标，综合考虑经济社会发展、产业结构调整、行业发展阶段、历史排放情况、市场调节需要等因素，制定年度碳排放配额总量”[②]。根据国家发改委于2017年12月18日印发的《全国碳排放权交易市场建设方案（发电行业）》，为了有效激发企业减排潜力、推动企业转型升级以及实现温室气体控排目标，发电行业碳排放配额总量的确定采取适度从紧的原则。2020年12月29日，生态环境部发布了《2019—2020年全国碳排放权交易配额总量设定与分配实施方案（发电行业）》，规定通过自上而下的方式加总计算全国电力行业重点排放单位的碳排放配额总量，即“省级生态环境主管部门根据本行政区域内重点排放单位2019—2020年的实际产出量以及本方案确定的配额分配方法及碳排放基准值，核定各重点排放单位的配额数量；将核定后的本行政区域内各重点排放单位配额数量进行加总，形成省级行政区域配额总量。将各省级行政区域配额总量加总，最终确定全国配额总量”。

后巴黎时代，建议我国在确定全国碳排放配额总量时，充分考量实现碳达峰碳中和目标的需要，并且区分两种不同情形。一方面，在2030年实现碳达峰之前，碳排放总量控制目标的确定宜采取自下而上和自上而下相结合的方式；另一方面，在碳达峰之后，为了实现2060年前碳中和的目标，我国碳排放总量控制目标的确定应当采取自上而下的方式。具体而言，在实现碳达峰之前，首先通过自下而上的方式确定全国碳排放的基本情况即摸清控排行业和企业的排放家底，其次根据我国碳达峰目标并结合

---

① 参见《重庆市碳排放配额管理细则（试行）》第7条之规定。

② 参见《碳排放权交易管理办法（试行）》第14条之规定。

经济和社会发展规划以及行业企业的减排潜力确定温室气体减排目标以及碳排放配额的总量。在实现碳达峰之后，首先通过自上而下的方式确定全国碳减排目标，其次将碳减排目标分解到各省级碳排放权交易主管部门，最后由省级碳排放权交易主管部门确定其管辖区域内碳排放总量控制的行业企业范围及碳排放配额总量。

（2）配额总量的结构

配额是碳排放权交易市场最主要的商品，也是利用市场机制优化配置温室气体减排资源的重要工具。配额结构是否合理，对于总量控制机制的切实执行和碳排放权交易市场机制作用的发挥非常重要。

从各试点的配额分配方案来看，配额总量的构成主要考虑三方面因素：一是纳入碳排放权交易体系单位的配额初始分配问题；二是政府对碳排放权交易市场进行宏观调控的配额需求问题，如政府在配额价格畸高时向碳市场投放配额；三是现存企业新建、改建或扩建以及新建企业的配额需求问题。例如，湖北碳排放配额总量包括企业年度碳排放初始配额、政府预留配额和企业新增预留配额。广东配额发放总量由控排企业和单位的配额加上储备配额构成，储备配额包括市场调节配额和新建项目企业配额。天津纳入企业配额包括基本配额、调整配额和新增设施配额。深圳的配额结构较为复杂，包括预分配配额、调整分配的配额、新进入者储备配额、拍卖的配额和价格平抑储备配额五个部分。上海的配额全部分配给纳入配额管理的单位，新增项目或企业配额单独审定和分配。北京二氧化碳排放配额总量包括既有设施配额、配额调整量和新增设施配额三部分。

由此看来，各试点基本都注意到不能一次性将全部配额分给纳入碳排放权交易体系的单位，而是应为新进企业或设备以及市场调控预留配额。一方面，为新进企业或设备预留配额可以将经济发展和温室气体排放控制有机统一起来，避免因给新进企业或设备追加配额而打破总量控制或者要求新进企业或设备购买配额而造成竞争不公；另一方面，政府预留配额可以对碳排放权交易价格的不正常波动及时加以干预，从而为投资者提供稳定的预期。另外，有的试点对调整配额和新进企业或设备预留配额在配额总量中的比例作了明确规定，这对防止利用预留配额为减排企业过度排放开口子从而造成总量控制形同虚设起到了很好的作用。例如，深圳市规定主管部门应当预留年度配额总量的2%作为新进入者储备配额。

根据《碳排放权交易管理暂行条例》、《碳排放权交易管理规则（试行）》以及《2019—2020年全国碳排放权交易配额总量设定与分配实施方案（发电行业）》的规定，全国碳排放权交易配额总量包括预分配配额和调整配额两部分，但未设置用于干预碳排放配额价格非正常波动的预留配额。其中，省级生态环境主管部门通过全国碳排放权注册登记结算系统向本行政区域内的重点排放单位预分配2019—2020年的配额。在完成2019年和2020年度碳排放数据核查后，按机组2019年和2020年实际供电（热）量对配额进行最终核定。核定的最终配额量与预分配的配额量不一致的，以最终核定的配额量为准，通过注册登记结算系统实行多退少补。

综上所述，碳排放总量控制制度是指政府通过设定温室气体减排目标和碳排放配额总量对纳入碳排放权交易体系的主体在履约期间向大气排放温室气体的总量进行限制。碳排放总量控制制度对创建碳排放权交易市场的重要作用集中表现在以下两个方面。一方面，碳排放配额的总量控制对履约期间纳入碳排放权交易体系的排放主体向大气排放温室气体的总量加以限制，从而使气候系统资源具有了稀缺性。气候系统资源的稀缺性是政府通过碳排放权交易机制实现温室气体减排目标的必要条件。只有限制人为温室气体排放的总量，才能使纳入碳排放权交易体系的排放主体对碳排放配额产生需求，进而创建碳排放权交易市场。另一方面，碳排放总量控制目标的实现也是政府创设碳排放权交易制度的基本目的。[①] 总量控制制度有效实施的关键在于科学合理地确定碳排放配额的总量并保证碳排放配额账户的平衡。同时，碳排放总量控制制度的有效实施还需要与其他制度（如碳排放配额的初始分配、履约机制、MRV机制）的有机结合。

2. 配额的初始分配[②]

配额的初始分配是指碳排放权交易主管部门在确定履约期间碳排放配额的总量之后，通过法定方式首次将配额从政府账户分配给纳入碳排放权交易体系的排放单位的行为。从性质上讲，排放单位通过初始分配取得的排放配额属于原始取得。纳入碳排放权交易体系的排放单位持有碳排放配

① 刘明明：《温室气体排放控制法律制度研究》，法律出版社2012年版，第125页。

② 注：部分内容发表于《中国政法大学学报》2016年第3期《论我国气候变化立法中碳排放配额的初始分配》一文。

额的同时，也负有温室气体减排义务。配额的初始分配采取免费分配还是有偿分配，如果采取免费分配应当采取何种标准区分不同排放主体获得的配额数量，如果采取有偿分配应当采取政府定价还是拍卖等方式，这些问题关乎排放单位从事温室气体减排活动的积极性、碳排放权交易体系的政治可接受性、碳市场交易对象的流动性、早期采取温室气体减排者的公平待遇、新加入碳排放交易体系的单位的公平竞争以及政府对碳市场的宏观调控等问题。因此，碳排放配额的初始分配对于碳排放权交易体系的有效运行至关重要。

（1）取得方式

根据纳入碳排放权交易体系的排放单位从政府账户取得排放配额是否支付了对价，配额初始分配方式可以划分为有偿分配和无偿分配两类。从七省市碳排放权交易试点的配额初始分配方案和实践来看，深圳、广东和天津三省市在试点初期（2013—2015 年）采取无偿分配为主、有偿分配为辅的初始分配方式，其他试点均采取无偿分配方式。例如，根据《广东省碳排放管理试行办法》，碳排放配额的初始分配采取部分免费发放和部分有偿发放相结合的方式，并逐步降低免费配额比例。此外，《广东省碳排放配额管理实施细则（试行）》将纳入碳排放权交易体系的企业（单位）以及新建项目企业取得配额的方式分为无偿配额和有偿配额两种，并且根据行业分类不同规定了各类企业（单位）必须通过有偿方式获取的配额比例。除电力行业外的工业企业原则上有偿配额的购买比例不高于 3%，并且逐步提高电力行业企业购买配额的比例。根据《广东省碳排放配额管理实施细则（试行）》，电力行业企业到 2020 年有偿取得的配额占其所持有配额的比例必须达到 50% 以上。[①] 同时，《广东省碳排放配额管理实施细则（试行）》还规定了配额有偿分配的管理机构和分配方式，即由广东省发展改革委按照省政府批准的配额分配总体方案，每季度采用公开竞价的方式向控排企业和单位、新建项目企业发放一次配额。根据《天津市碳排放权交易管理暂行办法》第 7 条第 2 款的规定，天津市配额分配采取“以免费发放为主、以拍卖或固定价格出售等有偿发放为辅”的方式。其中，拍卖或固定价格出售仅在碳排放权交易市场的价格出现较

① 刘明明：《论我国气候变化立法中碳排放配额的初始分配》，《中国政法大学学报》2016 年第 3 期，第 120—131 页。

大波动时采用，目的是稳定碳排放配额的价格。[①] 深圳与天津的配额分配方式类似，即有偿分配也采用拍卖或者固定价格的方式，并明确规定采取拍卖方式出售的配额数量不得低于年度配额总量的3%。《北京市碳排放权交易试点配额核定方法（试行）》中规定按照"分别核定、分别发放"的原则向纳入碳排放权交易体系的企业（单位）核发配额。此外，上海从2016年开始采取无偿分配与有偿分配相结合的方式，其中对于储备配额开展部分、适度有偿的方式进行竞买。

根据《碳排放权交易管理暂行条例》第9条之规定，碳排放配额实行免费分配，并根据国家有关要求逐步推行免费和有偿相结合的分配方式。根据《2019—2020年全国碳排放权交易配额总量设定与分配实施方案（发电行业）》，在全国碳排放权交易市场建设初期，我国对2019—2020年配额实行全部免费分配。

（2）分配方法

从现有文献和实践来看，碳排放配额初始分配方式可以分为无偿分配和有偿分配两种。[②] 其中，按照分配方法不同，无偿分配又可以具体分为"祖父分配法"（Grandfathering Allocation，GF）和"基准分配法"（Benchmarking Allocation，BM）；按照碳排放配额的价格形成机制不同，有偿分配方式主要包括拍卖和政府定价两种。

"祖父分配法"又称为基于历史排放量（Historic Emissions）的分配方式。所谓历史排放量是指纳入碳排放权交易体系的企业（单位）在配额初始分配之前的某一年或某一时期的年平均温室气体排放量。碳排放权交易主管部门指定的计算历史排放量的年度或期间被称为基准年（Base Year）或基准期间（Base Years）。根据祖父分配法，纳入碳排放权交易体系的企业（单位）以其在基准年的温室气体排放量或在基准期间的年平均温室气体排放量为依据获得排放配额。其中，基准年的温室气体排放

---

① 刘明明：《论我国气候变化立法中碳排放配额的初始分配》，《中国政法大学学报》2016年第3期，第120—131页。

② Markus Ahman，Lars Zetterberg，"Options for Emission Allowance Allocation under the EU Emission Trading Directive，" *Mitigation and Adaptation Strategies for Global Change* 10（2005）：597 – 645；Edwin Woerdman，Alessandra Arcuri，Stefano Clo，"Emissions Trading and the Polluter-Pays Principle：Do Polluters Pay under Grandfathering?，" *Review of Law & Economics* 2（2008）：565 – 590；Robert R. Nordhaus，Kyle W. Danish，"Assessing the Options for Designing a Mandatory U. S. Greenhouse Gas Reduction Program，" http：//law. bepress. com/expresso/eps/257，最后访问日期：2016年3月6日。

量或在基准期间的年平均温室气体排放量也称为“基准排放量”。基准排放量分为企业（单位）基准排放量和行业基准排放量，前者指企业（单位）在基准年的温室气体排放量或在基准期间的年平均温室气体排放量，后者指整个行业（如电力行业）纳入碳排放权交易体系的全部企业（单位）在基准年的温室气体排放总量或在基准期间的年平均温室气体排放总量。具体而言，企业（单位）所获得配额的计算方法如下：首先，由碳排放权交易主管部门确定履约期间行业的碳排放配额总量；其次，计算某企业（单位）的基准排放量占整个行业基准排放量的比例；最后，该企业（单位）获得的排放配额数量就是其所属行业的碳排放配额总量乘以其基准排放量占行业基准排放量的比例，其中，行业碳排放配额总量是碳排放权交易主管机关根据各行业的特点、排放情况、减排潜力和成本、温室气体控制目标等因素综合确定的。

基准分配法又称为基于产出的分配（Production-based Allocation），是指以企业（单位）在履约年度的产量以及在基准年（基准期间）生产单位产品所排放的温室气体量（基准期间情景下，采取平均温室气体排放量）为依据计算该企业（单位）能够获得的碳排放配额数量。基准年（基准期间）是碳排放权交易主管部门确定的在碳排放配额初始分配之前的某一年（某个期间）。根据单位产品温室气体排放量的计算方法不同，基准分配法又可以分为基于设备产出的分配方法和基于部门产出的分配方法。两种方法都是以温室气体排放设备为最基本的分配单元，也就是说，企业（单位）获得的碳排放配额数量是该企业（单位）所拥有的温室气体排放设备所获得的碳排放配额的总和。不同的是，根据基于设备产出的分配方法，一个设备在某一履约年度所取得配额的数量以该设备在基准年的单位产品温室气体排放量为依据，即配额数量等于该设备在履约年度的产量乘以该设备在基准年的单位产品温室气体排放量再乘以控排系数。其中，控排系数是碳排放权交易主管部门根据温室气体减排目标所设定的，即控排系数等于履约年度该设备所属行业的碳排放配额的总量除以该行业在基准年的温室气体排放总量。然而，根据基于部门产出的分配方法，一个设备在某一履约年度所取得配额的数量以该设备所在行业在基准年的平均单位产品温室气体排放量为依据，即配额数量等于该设备在履约年度的产量乘以该设备所属行业在基准年的平均单位产品温室气体排放量再乘以控排系数。比较基于设备产出的分配方法和基于部门产出的分配方法，可以发现，如果适用基于设备产出的分配方法，单位产品温室气体排放量多的设备获得的配额也多；如果适用基于部门产出的分配方法，单位温室气体排放量低于行业平均单位产品温室气体排放量的企业（单位）获得的配额数量可能超过其正常生产所需，而单位产品温室气体排放量高于行业平均单位产品温室气体排放量的企业（单位）获得的配额数量必然少于其生产所需，故基于部门产出的分配方法更加有利于激励企业（单位）采取早期温室气体减排行动。

我国各碳排放权交易试点采取的配额分配方法不尽相同而且较为复杂，鉴于此，下文将对各试点的分配方法分别进行论述，进而比较分析。

①天津

根据分配对象不同，天津市碳排放配额初始分配分为既有产能配额分配和新增设施配额分配。其中，既有产能配额包括基本配额和调整配额。碳排放权交易主管部门依据纳入碳排放权交易体系的企业（单位）既有温室气体排放水平向其分配基本配额和调整配额。根据分配对象不同，既有产能配额的分配分为电力热力行业既有产能配额的分配和其他行业既有产能配额的分配。因企业（单位）新建或者扩建排放温室气体的生产设施造成排放发生重大变化时，碳排放权交易主管部门将向该企业（单位）分配新增设施配额。

A. 电力热力行业既有产能配额核定方法

天津市对纳入碳排放权交易体系的电力、热力以及热电联产行业企业，采取基准法核定和分配碳排放配额。以 2009—2012 年为基准期间，2013 年的基准排放水平为纳入企业在基准期间正常工况下生产单位产品所排放的二氧化碳当量的平均值。同时规定，2014 年和 2015 年的基准排放水平按照上一年度的基准值下降 0.2% 确定。[①] 企业所获得的配额由基本配额和调整配额构成。其中，在履约年度开始之前，碳排放权交易主管部门将根据该企业当年的基准排放水平按照一定比例发放基本配额；在次年履约期间，碳排放权交易主管部门再根据企业的实际二氧化碳排放量核发调整配额。以 2013 年（履约年度）的配额初始分配为例，某企业在 2013 年获得基本配额数量，为该企业在基准期间（2009—2012 年）单位

① 刘明明：《论我国气候变化立法中碳排放配额的初始分配》，《中国政法大学学报》2016 年第 3 期，第 120—131 页。

产品二氧化碳排放的平均值乘以其在基准期间正常工况下年平均发电/供热量的90%。2014年履约期间，碳排放权交易主管部门将依据该企业在2013年的实际发电量/供热量核发调整配额。假设Z电厂2009—2012年平均生产每千瓦电排放的二氧化碳为0.97千克，2009—2012年平均每年发电量为20万千瓦，2013年发电量为25万千瓦，则Z电厂在2013年可以获得17.46万个基本配额，在2014年可以获得6.79万个调整配额。2014年，Z电厂基准排放水平将比2013年的基准排放水平低0.2%，为每千瓦电排放二氧化碳0.96806千克。2015年，Z电厂基准排放水平将比2014年的基准排放水平低0.2%，为每千瓦电排放二氧化碳0.96612千克。可以看出，目前天津市碳排放权交易体系的目标是实现单位产品碳排放的下降，实际上没有通过实施总量控制制度抑制因产量增加而导致二氧化碳排放量总体上升的趋势。

B. 其他行业既有产能配额核定方法

天津市纳入碳排放权交易体系的钢铁、化工、石化以及油气开采等行业企业采用历史法分配碳排放配额。以企业在基准期间的年平均二氧化碳排放量为依据，综合考虑温室气体早期减排行动、生产技术的先进水平及行业发展规划等因素，向行业企业分配基本配额。企业在基准期间的年平均二氧化碳排放量被称为“排放基数”。企业获得的基本配额为该企业的排放基数乘以绩效系数再乘以行业控排系数。其中，绩效系数综合考虑纳入碳排放权交易企业的早期减排成效以及企业控制温室气体排放的技术水平确定；行业控排系数根据天津市行业整体温室气体排放水平、行业承担的温室气体减排责任、行业发展规划，以及碳排放配额总量与纳入碳排放权交易体系企业排放基数总和之间的差异等确定。[①] 此外，纳入企业可在履约期间向碳排放权交易主管部门申请调整配额，同时须提交有关实际排放的证明材料，经核实后，可以获准补充发放调整配额。绩效系数和控排系数的确定对于碳排放权交易体系的温室气体减排效果具有重要影响。按照绩效系数的计算方法，采取早期温室气体减排行动或排放水平低于行业一般水平的企业将取得较高的绩效系数，从而能获得相对于一般企业而言更多的配额数量。以钢铁行业为例，假设天津市内纳入碳排放权交易体系

① 刘明明：《论我国气候变化立法中碳排放配额的初始分配》，《中国政法大学学报》2016年第3期，第120—131页。

的钢铁企业平均生产 1 吨钢材需要排放 2 吨二氧化碳当量，A 企业因采取了具有额外性的节能减排措施，其生产 1 吨钢材只排放 1.5 吨二氧化碳当量，则 A 企业的绩效系数可能为 2∶1.5 或者大于 1 的某个数值（综合考虑行业技术水平等因素），高于一般照常排放（business-as-usual）的企业。因此，绩效系数的应用可以有效激励企业积极采取减排措施。

C. 新增设施配额核定方法

纳入碳排放权交易体系的企业如因启用新增设施而增加了二氧化碳排放，可以在履约期间向碳排放权交易主管部门申请新增设施配额，同时提交相关证明材料。碳排放权交易主管部门审核批准后，按照纳入申请企业所属行业的二氧化碳排放强度先进值发放配额。其中，二氧化碳排放强度先进值由碳排放权交易主管部门根据行业平均排放水平和减排技术水平等因素确定。

综上所述，天津市的配额初始分配采取了祖父分配法和基准分配法相结合的方式，对电力、热力和热电联产等具有自然垄断属性的行业采取基准分配法，而对钢铁、化工等其他行业采取祖父分配法。值得注意的是，天津市对热电以外行业采用祖父分配法的同时，通过引入绩效系数对采取早期温室气体减排行动或减排技术先进的企业进行鼓励和补偿，有利于技术革新和减排绩效的提高，值得肯定。对电力、热力以及热电联产企业采取基于设备产出的分配法，随着基准排放水平逐年按比例下降，将有助于促使企业采取节能减排技术以使其履约期间有足够的碳排放配额抵消其实际排放。但是，不管是按照祖父分配法还是基于设备产出的分配法，都没有采取措施控制产量增加导致的二氧化碳排放增长的趋势。

②北京

北京市碳排放配额的初始分配根据设施的建立时间而有所不同，具体分为企业（单位）既有设施二氧化碳排放配额分配和企业（单位）新增设施二氧化碳排放配额分配。

企业（单位）既有设施二氧化碳排放配额分配又具体分为基于历史排放总量的配额分配和基于历史排放强度的配额分配。[①] 基于历史排放总量的配额分配方法适用于 2013 年 1 月 1 日之前投运的制造业、其他工业

① 刘明明：《论我国气候变化立法中碳排放配额的初始分配》，《中国政法大学学报》2016 年第 3 期，第 120—131 页。

和服务业企业（单位）。[①] 按照基于历史排放总量的配额分配方法，企业（单位）碳排放配额数量的计算方法为：企业（单位）在基准期间（2009—2012年）二氧化碳排放总量平均值乘以控排系数。其中，控排系数由碳排放权交易主管部门根据温室气体减排目标、行业企业技术水平、减排潜力、节能减排规划、行业发展规划等因素确定。基于历史排放强度的配额分配方法适用于供热企业（单位）和火力发电企业在2013年1月1日之前已投入运行的排放设施（机组）。碳排放强度指基准期间生产每单位电力（热力）所排放的二氧化碳当量的平均值。按照基于历史排放强度的配额分配方法，热电联产企业（单位）碳排放配额数量的计算方法为：履约年度发电量与基准期间碳排放强度的乘积加上履约年度供热量与基准期间碳排放强度的乘积，两者之和再乘以控排系数。单纯供热企业（单位）碳排放配额数量的计算方法为：履约年度供热量乘以基准期间碳排放强度，再乘以控排系数。单纯发电企业（单位）碳排放配额数量的计算方法为：履约年度发电量乘以基准期间碳排放强度，再乘以控排系数。可以看出，基于历史排放总量的配额分配方法属于祖父分配法的运用。但是，祖父分配法的运用并没有考虑早期采取温室气体减排行动者的配额补偿问题，从而造成早期减排者获得的配额少于未从事早期减排者获得的配额，有失公平。[②] 基于历史排放强度的配额分配方法是基于设备产出的分配法的运用，但不同的是基准分配法须事先确定履约期间纳入碳排放权交易体系企业（单位）的整体排放量，而北京基于历史排放强度的配额分配方法利用控排系数实施逐步减排或降低碳排放强度，并没有实行碳排放配额的区域总量控制。

如果企业（单位）新增二氧化碳排放设施，可以向碳排放权交易主管部门提交配额调整申请。新增设施的碳排放配额按其所属行业的二氧化碳排放强度先进值进行核定。新增设施取得碳排放配额的数量为新增设施二氧化碳排放对应的活动水平（包括主要产品的产量、产值、建筑面积等）乘以新增设施二氧化碳排放所属行业的二氧化碳排放强度先进值。与既有设施相比，北京市对新增设施的碳排放强度要求更高，即要达到行

① 参见《北京市碳排放权交易试点配额核定办法》之规定。

② 刘明明：《论我国气候变化立法中碳排放配额的初始分配》，《中国政法大学学报》2016年第3期，第120—131页。

业先进水平。企业（单位）如果新增二氧化碳排放高于所属行业二氧化碳排放强度先进值的设施，其获得的碳排放配额数量必然不能满足其排放需求，将面临较大的减排压力。北京市通过对新增设施施加碳排放强度先进值的要求，可以鼓励采用低排放、低耗能的先进设备，淘汰高排放、高耗能的落后设备，进而有利于产业的低碳转型。

此外，碳排放配额初始分配后，如果重点排放单位在履约期间的二氧化碳排放活动发生重大变更，可以向碳排放权交易主管部门提出配额变更申请并提供相关证明材料。碳排放权交易主管部门对有关情况进行核实并参考第三方核查机构的审定结论，认为确有必要进行调整的，在次年履约期前对碳排放配额进行相应调整，实行多退少补。北京市碳排放权交易体系设计了配额调整机制，虽然实行多退少补的方式，但更多地意味着重点排放单位在履约期间实际二氧化碳排放量高于其所持有的配额数量时可以申请增加配额，这将可能削弱碳排放权交易体系的温室气体减排目标。

③上海

根据纳入碳排放权交易体系行业的不同特点和碳排放管理的基础条件，上海市采取祖父分配法和基准分配法开展碳排放权交易试点期间（2013—2015 年）碳排放配额的初始分配。具体而言，对于工业行业（电力除外）以及商场、宾馆、商务办公等建筑，采用祖父分配法；对于电力、航空、港口、机场等行业，采用基准分配法。[①]

2013—2015 年，上海市针对钢铁、化工、有色、石化、建材、造纸、纺织、化纤、橡胶等行业采用祖父分配法。碳排放配额的初始分配综合考虑企业的历史排放基数、先期温室气体减排行动和新增项目等因素。企业年度碳排放配额数量为历史排放基数、先期减排配额与新增项目配额相加的和。[②] 其一，历史排放基数是在基准期间（2009—2011 年）或基准年纳入碳排放权交易体系的企业的年均二氧化碳排放量或年二氧化碳排放量。如果企业在基准期间排放边界和二氧化碳排放量未发生重大变化（如新上或关停主要的二氧化碳排放设施）且 3 年的二氧化碳排放量相对稳定，则以基准期间的年均二氧化碳排放量作为历史排放基数；如果企业在基准期间排放边界未发生重大变化（如新上或关停主要的二氧化碳排放设

---

① 参见《上海市 2013—2015 年碳排放配额分配和管理方案》。

② 参见《上海市 2013—2015 年碳排放配额分配和管理方案》。

施)，但是2011年相对于2009年碳排放量增幅超过50%，则以2011年的二氧化碳排放量作为历史排放基数。如果企业在基准期间排放边界发生重大变化：2009年排放边界发生重大变化的，以2010年和2011年排放数据的平均数作为历史排放基数；2010年排放边界发生重大变化的，以2011年的排放数据作为历史排放基数；2011年排放边界发生重大变化的，以补充盘查后的2012年排放数据作为历史排放基数；2012年排放边界发生重大变化的，以边界变化后经补充盘查的2012年内连续稳定生产月份的排放数据所推算的全年数据作为历史排放基数。[①] 其二，先期减排配额。如果纳入碳排放权交易体系的企业在2006—2011年开展了节能技术改造或者合同能源管理项目，并且得到国家或本市有关部门按核定节能量给予的资金支持，可以获得先期减排配额。其三，新增项目配额。如果纳入碳排放权交易体系的企业在2013—2015年新上年综合能耗达到2000吨标准煤及以上的固定资产投资项目，可以向碳排放权交易主管部门申请新增项目配额。新增项目配额的数量根据项目全年基础配额、生产负荷率及生产时间确定。新增项目配额发放后即可作为相应年度配额用于履约。[②] 综上，可以看出上海市在碳排放权交易试点期间对钢铁、化工、有色、石化、建材、造纸、纺织、化纤、橡胶等行业的二氧化碳减排要求并不高，基本上相当于照常排放（business-as-usual）。此外，上海市考虑到了对先期减排行动的激励与补偿，在机制创新上具有一定的意义。

上海市将商场、宾馆、商务办公建筑及铁路站点纳入碳排放权交易体系，并采用祖父分配法进行碳排放配额的初始分配。企业（单位）的年度碳排放配额数量在综合考虑历史排放基数、先期减排行动等因素的基础上确定，计算方法为历史排放基数和先期减排配额之和。其中，历史排放基数和先期减排配额的确定方法与工业行业相同。同时，规定纳入碳排放权交易体系的企业在2013—2015年新建的建筑暂不纳入其配额边界。

上海市在碳排放权交易试点初期（2013—2015年）将公用电厂纳入碳排放权交易体系，并采用基准线法核定和发放碳排放配额。在确定企业年度碳排放配额时，综合考虑电力企业不同类型发电机组的年度单位综合发电量碳排放基准、年度综合发电量以及负荷率修正系数等因素。企业年

---

① 参见《上海市2013—2015年碳排放配额分配和管理方案》。

② 参见《上海市碳排放管理试行办法》和《上海市2013—2015年碳排放配额分配和管理方案》。

度碳排放配额等于该企业年度单位综合发电量碳排放基准与年度综合发电量以及负荷率修正系数的乘积。[①]

试点初期（2013—2015 年），上海市针对航空、机场、港口的配额初始分配采用基准线法。在确定航空、机场的分配配额时，综合考虑企业年度业务量、年度单位业务量碳排放基准以及先期减排行动等因素。企业年度碳排放配额为年度单位业务量碳排放基准与年度业务量的乘积再加上先期减排配额。年度业务量为经有关部门确认的企业当年度业务量数据，其中，航空企业为年度周转量，机场为年度输送量。年度单位业务量碳排放基准结合行业“十二五”节能降耗要求确定，原则上以试点企业 2009 年至 2011 年平均排放强度为基础。先期减排配额的确定方法与工业行业相同。港口业的配额分配综合考虑企业年度吞吐量、年度单位吞吐量碳排放基准以及先期减排行动等因素确定。企业年度碳排放配额为年度单位吞吐量碳排放基准与年度吞吐量的乘积再加上先期减排配额。年度单位吞吐量碳排放基准结合行业“十二五”节能降耗要求确定，以 2010 年排放强度数据为基础。先期减排配额的确定方法也与工业行业相同。

2016 年开始，上海市扩大了纳入碳排放权交易体系的行业企业范围并对配额初始分配方法做了重大调整，即将配额分配方法分为行业基准线法、历史强度法和历史排放法，并具体规定了各种分配方法的适用范围。其中，电网企业、供热企业以及汽车玻璃企业采取行业基准线法；主要产品可以归为 3 类（及以下），产品产量与碳排放量相关性高且计量完善的工业企业、航空港口及水运企业、自来水生产企业采取历史强度法；商场、宾馆、商务办公、机场等建筑，以及产品复杂、近几年边界变化大、难以采用行业基准线法或历史强度法的工业企业，采用历史排放法（祖父分配法）。行业基准线法类似于前文所述基于部门产出的分配法，依据行业单位产品的平均二氧化碳排放水平和企业的产量获得配额。与上海市在试点初期的基准线法（基于设备产出的分配法）相比，行业基准法给单位产品二氧化碳排放水平高于行业平均水平的企业造成了减排压力，有利于企业积极采取温室气体减排措施。但是，与基于部门产出的分配法相比，行业基准法对企业的要求更低，因为行业基准法并没有考虑控排系数（行业排放配额需求与履约期排放配额总量之间的比例），而是根据企业

① 参见《上海市 2013—2015 年碳排放配额分配和管理方案》。

2016 年的实际二氧化碳排放数据对配额进行调整，实行多退少补。历史强度法是依据企业各类产品的历史二氧化碳排放强度基数（单位产品碳排放量）和年度产品产量确定企业年度基础配额，即企业年度基础配额为单位产品二氧化碳排放量乘以年度产品产量。历史强度法类似于基于设备产出的分配法，根据企业单位产品二氧化碳的历史排放水平分配配额，但没有考虑控排系数（行业排放配额需求与履约期排放配额总量之间的比例），不足以激励企业积极采取减排措施。

与试点初期（2013—2015 年）相比，上海市在 2016 年以后的碳排放权交易体系更加严格。其一，确定了碳排放配额总量，即 2016 年度碳排放交易体系配额总量为 1.55 亿吨。配额总量由直接发放配额和储备配额两部分构成。其二，2016 年的配额初始分配取消了先期减排配额和新增项目配额，从而提高了碳排放权交易市场中配额稀缺性。其三，扩大了纳入碳排放权交易体系的行业企业范围，新增供热企业、水运企业、自来水生产企业等行业企业。其四，配额初始分配引入有偿方式，即对 2016 年配额总量中的储备配额开展部分、适度有偿的方式进行竞买。其五，直接发放配额虽然继续采取免费分配方式，但分配方法更加科学和有利于激励温室气体减排行动。

④深圳

深圳市碳排放配额分为预分配配额、调整分配配额、新进入者储备配额、拍卖配额、价格平抑储备配额等五类。其中，预分配配额、调整分配配额、新进入者储备配额采取无偿分配的方式。拍卖配额和价格平抑储备配额为有偿分配。

配额的预分配根据管控单位[①]所在的行业不同又分为电力、燃气、供水企业的配额预分配，其他企业的配额预分配和建筑配额预分配。电力、燃气、供水企业的配额预分配是碳排放权交易主管部门根据管控单位的年度目标碳强度和期望产量在履约开始前预先分配给管控单位的配额。管控单位的预分配配额数量为其年度目标强度与期望产量的乘积。其中，电力、燃气、供水企业的年度目标强度根据管控单位行业占比确定。其他企业的年度目标强度根据结合企业历史排放量、在其所处行业中的排放水平、未来减排承诺和行业内其他企业减排承诺等因素，采取同一行业内企业竞争

① 深圳将纳入碳排放权交易试点的企业（单位）称为管控单位。

性博弈方式确定。[①] 所谓管控单位行业占比是指管控单位（电力、燃气、供水企业）历史基准碳强度与其所在行业历史基准碳强度的比值。深圳市制定了《深圳市管控单位碳强度年均下降率对照表》和《水、电、气行业历史基准碳强度表》，根据管控单位行业占比情况确定了管控单位碳强度年均下降率（见表 3－3、表 3－4）。例如，某供水企业的历史基准碳强度为 1.56，行业历史基准碳强度为 1.833，那么该管控单位行业占比为 0.851，对应的碳强度年均下降率为 4.97%，进而推算该管控单位的年度目标强度为 1.482。再假设该管控单位的年度期望产量为 1000 万吨，则该管控单位的预分配配额为 1482 万吨。

表 3－3　深圳市管控单位碳强度年均下降率对照

管控单位行业占比区间	管控单位碳强度年均下降率
0—0.1	0.51%
0.1—0.2	1.02%
0.2—0.3	1.55%
0.3—0.4	2.09%
0.4—0.5	2.64%
0.5—0.6	3.20%
0.6—0.7	3.77%
0.7—0.8	4.36%
0.8—0.9	4.97%
0.9—1	5.59%
1—1.1	6.23%
1.1—1.2	6.89%
1.2—1.3	7.56%
1.3—1.4	8.25%
1.4—1.5	8.97%
1.5—1.6	9.71%
1.6—1.7	10.48%
1.7—1.8	11.27%
1.8—1.9	12.09%
1.9 及以上	12.94%

资料来源：《深圳市发展改革委关于开展 2016 年度碳排放权交易工作的通知》。

① 刘明明：《论我国气候变化立法中碳排放配额的初始分配》，《中国政法大学学报》2016 年第 3 期，第 120—131 页。

表 3－4　水、电、气行业历史基准碳强度

行业	基准碳强度
水	1.833
电力(9E 机组气态天然气电厂)	4.657
电力(热电联产 9E 机组 LNG 电厂)	4.765
电力(9E 机组 LNG 电厂)	4.604
电力(9F 机组 LNG 电厂)	4.098
电力(燃煤电厂)	8.718
气	156.900

资料来源：《深圳市发展改革委关于开展 2016 年度碳排放权交易工作的通知》。

调整分配配额是碳排放权交易主管部门根据管控单位上一年度的实际配额数量，对照管控单位上一年度预分配的配额数量，相应进行追加或者扣减的配额。调整分配配额的数量实行总量控制和动态平衡，即追加配额的总数量不得超过当年度扣减的配额总数量。

新进入者储备配额是碳排放权交易主管部门在年度配额总量中预留一定比例供新进入者使用的配额。根据《深圳市碳排放权交易管理暂行办法》，碳排放权交易主管部门应当预留年度配额总量的 2% 作为新进入者储备配额。预计温室气体排放量在 3000 吨二氧化碳当量以上的新增固定资产投资项目，项目单位应当在投产前向碳排放权交易主管部门报告项目的温室气体排放评估情况。主管部门综合考虑该单位所在行业的平均排放水平、技术水平和产业政策导向等因素，在投产当年对其进行配额预分配。主管部门在该单位投产年度的实际统计指标数据核准后，重新对其预分配配额进行调整。①

拍卖配额占年度碳排放配额总量的比例不低于 3%。此外，深圳市政府可以根据碳排放权交易市场的发展状况逐步提高配额拍卖的比例。参加配额拍卖的主体包括纳入碳排放权交易体系的企业（单位）和其他企业、个人等碳排放权交易市场的投资者。

价格平抑储备配额用于稳定碳排放权市场价格，包括主管部门预留的配额、新进入者储备配额和主管部门回购的配额，其中主管部门预留的配

① 刘明明：《论我国气候变化立法中碳排放配额的初始分配》，《中国政法大学学报》2016 年第 3 期，第 120—131 页。

额为年度配额总量的2%。[①] 价格平抑配额只能由碳排放权交易主管部门以固定价格的方式向管控单位出售。其他市场主体不能购买价格平抑配额，管控单位购买后只能用于履约，不能上市交易。

深圳的配额初始分配实质上是采取了变通的基准分配法。深圳配额初始分配中的年度目标碳强度是指纳入碳排放权交易体系的企业（单位）的年度碳排放量与其产出的比值，而基准分配法中的单位产品或服务碳排放量指的是该企业（单位）所处行业的一般水平。也就是说，深圳为每个纳入碳排放权交易体系的企业（单位）制定一个目标碳强度，而基准分配法是针对整个行业制定目标碳强度（行业基准年碳强度乘以控排系数，见上文）。基准分配法确保了同一部门内企业之间的公平竞争，深圳的配额初始分配办法则因为注重同一部门内部不同企业的特性（如减排潜力、技术水平、减排承诺等）而更加具有灵活性。但是，如何保证同一行业内部企业的公平竞争，以及追加配额不足的情况下如何公平分配等问题还有待解决。[②]

⑤广东

广东省碳排放配额初始分配采用历史法、基准线法等方法。碳排放权交易主管部门根据行业的产品特点、生产流程和数据基础，核定控排企业和单位[③]的配额数量。控排企业和单位配额为各生产流程（或机组、产品）的配额之和。其中，电力行业、水泥行业中的熟料生产和水泥粉磨生产流程、长流程钢铁企业采取基准线法分配配额。普通水泥行业中的矿山开采和微粉粉磨生产流程、白水泥生产企业、短流程钢铁企业、石化行业采取历史法分配配额。

按照历史法，生产流程（或机组、产品）的预分配配额为基准期间历史平均碳排放水平乘以年度下降系数。按历史法分配的企业，其历史碳排放量原则上取履约开始前3年经核查的正常生产年份的碳排放量的平均值；若当中某一年份企业的生产线、机组和装置因生产品种、经营服务项目改变、设备检修、技术改造或其他原因停产停业，造成生产经营和碳排放量发生重大变化的（停产时间累计3个月以上，或碳排放量与3年中排

---

① 参见《深圳市碳排放权交易管理暂行办法》第21条第1款之规定。

② 刘明明：《论我国气候变化立法中碳排放配额的初始分配》，《中国政法大学学报》2016年第3期，第120—131页。

③ 广东省将纳入碳排放权交易体系的企业（单位）称为“控排企业和单位”。

放量最高的年份相比低20%以上），企业可提出变更历史排放年份的申请，同时应在配额分配年度碳排放报告中对相关情况予以说明，经核实后，可不取当年数据作为历史排放数据。

按基准线法分配配额的控排企业，碳排放权交易主管部门在履约前先发放预发配额的免费部分，待碳排放权交易主管部门核定企业配额后，再根据产量修正因子对企业配额差值实行多退少补。生产流程（或机组、产品）的预分配配额为历史平均产量乘以行业基准值乘以年度下降系数。

年度下降系数由碳排放权交易主管部门确定并发布。根据2014—2017年广东省发改委发布的碳排放配额分配实施方案，除了2016年年度下降系数为0.99以外，其他年度下降系数均为1。年度下降系数的取值说明其在减少碳排放方面基本没有发挥作用。产量修正因子，即履约年度实际产量与基准年产量的比值。行业基准值是碳排放权交易主管部门确定的单位产品碳排放基准水平，例如，根据《广东省2017年度碳排放配额分配实施方案》，390MW燃气发电机组的基准值为390gCO_2/kWh。行业基准值的高低体现了碳排放权交易体系的松紧程度，即行业基准值越高碳排放权交易体系越宽松，反之则越严格。

广东省规定控排企业和单位每年必须从省政府确定的竞价平台购买一定比例的有偿配额。其中，对电力行业和其他行业有偿取得配额的比例作了不同的限定。电力行业以外的工业行业控排企业购买配额的比例原则上不高于3%；逐步提高电力行业控排企业有偿配额的比例，2020年电力行业购买配额的比例将达到50%以上。① 如果控排企业或单位累计购买的配额数量没有达到规定的比例，其免费获取的配额将在流通和履约方面受到限制，既不能进行交易也不能用于履行清缴义务。不过，控排企业和单位完全履行清缴义务后如有剩余配额，则结余的上年度配额量可抵减当年度该控排企业和单位须购买的有偿配额数量。如A企业在履约年度（2017年）持有100万个配额，2017年度实际排放温室气体98万吨二氧化碳当量，则该企业在2018年履约清缴后还剩余2万个配额（1个配额代表1吨二氧化碳当量的排放权）。假设A企业应该购买3%的配额，则A企业在2017年度应该购买2.94万个配额。A企业可以用其剩余的2万个配额抵消一部分配额购买量，只需要购买0.94万个配额。

---

① 参见《广东省碳排放配额管理实施细则（试行）》第9条第2款之规定。

广东省为纳入碳排放权交易体系的新建（含扩建、改建）项目设定了纳入门槛，即年排放1万吨二氧化碳当量以上的项目纳入新建项目配额管理。新建（含扩建、改建）项目只能通过有偿方式取得配额。新建（含扩建、改建）项目企业在项目申请核准（竞争性配置）时，须作出足额购买有偿配额的承诺。新建（含扩建、改建）项目有偿取得配额的数量由碳排放权交易主管部门按项目建成后的年度预计碳排放量和当年度有偿配额的比例核定。新建（含扩建、改建）项目企业必须在项目竣工验收前通过竞价平台或交易平台足额购买配额，并报碳排放权交易主管部门备案。新建（含扩建、改建）项目企业在项目投产满12个月后纳入控排企业管理。新建（含扩建、改建）项目企业在竞价平台已累计购买有偿配额的数量不少于当年度控排企业须购买的有偿配额量。

综上所述，广东省碳排放配额初始分配所采取的历史法和基准线法，借鉴了祖父分配法和基准分配法的部分内容，但仍存在一些问题。就历史法而言，类似于祖父分配法，但控排企业和单位免费获得的配额数量因为年度下降系数为1，从而仅仅对产量增加的控排企业和单位造成减排压力，在履约年度产量减少的控排企业或单位因出售结余配额不劳而获，产量稳定的控排企业可以照常排放而不采取减排措施。而且，历史法也没有考虑到早期减排者的配额待遇问题，造成早期减排或节能技术先进者反而获得的配额更少的不公平局面。就基准线法而言，同样因为年度下降系数为1，导致碳排放权交易体系的温室气体减排能力弱化，仅对碳排放水平高于行业基准线的控排企业和单位具有一定的减排压力。此外，广东省规定新建项目必须有偿取得配额，在既有企业和单位免费取得配额的情形下，要求新建项目企业购买配额无疑提高了市场准入门槛，有损公平竞争的市场环境。

⑥湖北

根据《湖北省碳排放权管理和交易暂行办法》及各年度碳排放权分配方案，湖北省碳排放权配额的初始分配采用历史法、历史强度法和标杆法相结合的免费分配方法。其中，在碳排放权交易试点初期（2014年），湖北省采取历史法和标杆法相结合的免费分配方法，即对电力行业采取标杆法分配；电力行业之外的工业企业采取历史法分配。2015年与2014年的碳排放配额初始分配方法类似，但扩大了标杆法的适用范围，即对水泥、电力、热力及热电联产行业采用标杆法，对其他企业采用历史法。

2016年和2017年则进一步改革，新增加了历史强度法，即对水泥、电力、热力及热电联产行业采用标杆法，对玻璃及其他建材、陶瓷制造行业采用历史强度法，对其他企业采用历史法。可见，湖北省在碳排放权交易试点期间不断修正既有的碳排放权配额分配方法，同时也注重引入新的分配方法以不断优化碳排放权配额分配机制。

首先，标杆法的适用及其修正。湖北省碳排放权配额初始分配所采取的标杆法是指以政府确定的行业或企业单位产品碳排放量作为标杆值，纳入碳排放权交易体系的主体所获得的免费配额包括预分配配额和事后调整配额两部分，政府根据企业的历史排放基数为企业发放预分配配额，再根据企业在履约年度的实际碳排放量和标杆值增加或者收缴事后调节配额。其中，标杆法的适用主要涉及覆盖范围、配额结构、标杆值和市场调节因子等要素。覆盖范围即标杆法的适用对象，从碳排放权交易试点初期（2014年）的电力企业逐步扩大到了水泥、电力、热力及热电联产行业。配额结构包括预分配配额和事后调节配额。预分配配额是在履约开始前由政府免费分配给企业的配额，配额数量的计算方法在碳排放权交易试点初期（2014年）和后续年度有所不同。2014年，预分配配额的数量相当于该企业的历史排放基数乘以总量调控系数后的50%。其中，历史排放基数为企业基准年期间的碳排放年平均值。总量调控系数由政府根据履约期间的碳减排目标确定，其计算方式为2010年纳入企业碳排放总量的97%除以纳入企业历史排放基数之和。2014年总量调控系数为0.9192，说明湖北省2014年碳减排的目标是在2010年纳入企业的总体排放水平上下降3%。2015年以后，预分配配额的数量为企业在前一年度的实际碳排放量的50%。事后调整配额是根据企业在履约年度的实际碳排放量和标杆值，对预分配配额实行多退少补，具体分为增发配额和收缴配额。增发和收缴配额的计算方法在碳排放权交易试点初期（2014年）和后续年度也有所不同。2014年，如果企业在履约年度的实际排放量超过了其历史排放基数的一半，则按照标杆值增发配额，增发数量等于超出的发电量乘以标杆值；如果企业在履约年度的实际排放量低于其历史排放基数的一半，则收缴已发放的预分配配额，数量等于低于的发电量乘以企业当年单位发电量的二氧化碳排放当量。2014年，电力企业的行业标杆值采用2011年位于第50百分位纳入火电企业的单位发电量碳排放量，为9.1931吨/万千瓦时。2015年以后，政府在履约期间届满时根据企业在履约年度的实际产量、行业标杆值以及市场调节因子计算出该企业实际应发的配额数量，进而对预分配配额进行多退少补。行业标杆值因行业不同而有所差异，例如，2015 年度水泥行业的标杆值采用 2014 年位于第 50 百分位纳入水泥企业的单位熟料碳排放量，为 0.9647 吨二氧化碳/吨熟料；采用天然气、煤矸石等其他燃料的发电企业，其标杆值等于企业 2014 年单位综合发电量碳排放量；热力及热电联产企业标杆值采用 2014 年位于第 50 百分位纳入热电联产企业的单位综合发电量碳排放量，为 6.7189 吨二氧化碳/万千瓦时；纯热力企业的标杆值等于企业 2014 年单位综合发电量碳排放量。① 另外，各履约年度的标杆值也有不同，例如，2016 年水泥行业的标杆值采用湖北省 2016 年位于第 30 百分位纳入水泥企业的单位熟料碳排放量；2017 年水泥行业的标杆值则采用湖北省 2017 年位于第 40 百分位纳入水泥企业的单位熟料碳排放量。市场调节因子旨在调节上一履约年度的配额超发（配额发放总量超过了实际排放总量）问题，其计算公式为：1 -（上一年度碳市场存量/当年碳排放配额总量）。例如，2016 年的市场调节因子为0.9856。②

其次，历史法的适用及修正。历史法是以企业的历史排放基数为依据，结合行业碳减排控制目标进行的免费分配。湖北省在碳排放权交易试点初期和后续年度采用了不同的历史法进行配额分配。2014 年，湖北省针对电力企业以外的企业适用历史法，企业获得配额的数量为该企业的历史排放基数乘以总量调控系数。2015 年，湖北省针对水泥、电力、热力及热电联产行业以外的企业适用历史法，企业获得配额的数量为该企业的历史排放基数乘以行业控排系数再乘以市场调节因子。其中，历史排放基数和市场调节因子如前所述。行业控排系数是政府依据各行业减排成本、行业竞争力、减排潜力以及各个行业碳排放历史变化趋势等因素综合确定并公布。例如，钢铁行业控排系数为 0.9782；石化行业控排系数为 0.9832；有色金属和其他金属制品行业的控排系数最低，为 0.9700。③ 2016 年，湖北省针对水泥、电力、热力、热电联产、玻璃及其他建材、

---

① 参见《湖北省 2015 年度碳排放权配额分配方案》。

② 参见《湖北省 2016 年度碳排放权配额分配方案》。

③ 湖北省针对玻璃及其他建材、陶瓷制造、汽车制造、通用设备制造、化纤、化工、有色金属和其他金属制品、钢铁、石化、医药、造纸、食品饮料等 12 个行业制定了行业控排系数。详见《湖北省 2015 年度碳排放权配额分配方案》。

陶瓷制造行业以外的企业适用历史法，企业获取配额的计算方式与2015年相同，但是行业控排系数、市场调节因子等参数不同。例如，2016年钢铁行业控排系数为0.9646，比2015年更加严格。2017年，湖北省针对水泥、电力、热力、热电联产、造纸、玻璃及其他建材、陶瓷制造行业以外的企业适用历史法，企业获取配额的方式有所变化。政府在履约开始前根据企业的历史排放基数给予企业预分配额，在履约期届满时计算该企业实际应发配额，实行多退少补。预分配额的数量为企业历史排放基数的50%。企业实际应发配额的计算公式为该企业的历史排放基数乘以行业控排系数再乘以市场调节因子除以12再乘以正常生产月份数。

再次，历史强度法的引入及适用。湖北省自2016年开始引入了历史强度法，对玻璃及其他建材、陶瓷制造行业采用历史强度法分配配额。历史强度法与历史法及标杆法的不同在于，历史强度法的配额分配依据的是企业的历史碳强度值。企业的"历史碳强度值等于企业在基准年间碳强度的加权平均值，每年碳强度的权重为当年产量占三年总产量的比例"。[①] 例如，甲企业在2013—2015年的产量分别为100万吨、120万吨、150万吨，碳排放量分别为20万吨、23万吨和25万吨，则该企业的历史碳强度值为0.1838。[②] 根据历史强度法分配规则，政府在履约开始前向企业分配相当于上一年度实际碳排放量50%的预分配额，在履约期间届满时根据履约年度的实际产量、历史碳强度值、行业控排系数和市场调节因子计算企业实际应发配额，实行多退少补。企业实际应发配额是履约年度的实际产量、历史碳强度值、行业控排系数以及市场调控因子的乘积。

最后，建立配额追加和收缴以及预发放机制。企业产量变化可能导致实际碳排放量与履约年度初始分配的配额数量相差悬殊，进而造成企业减排压力过大或者配额过度分配。为了降低产量变化带来的不利影响，湖北省设计了配额追加和收缴机制。如果企业产量变化导致实际碳排放量高于年度碳排放初始配额20%或者20万吨二氧化碳当量，可以申请主管部门对其碳排放配额进行重新核定，核定后对超过企业年度初始配额的20%或20万吨的部分予以追加。如果企业产量变化导致实际

① 参见《湖北省2016年度碳排放权配额分配方案》。

② 计算公式如下：20 ÷ 100 × （100 ÷ 370） + 23 ÷ 120 × （120 ÷ 370） + 25 ÷ 150 × （150 ÷ 370） = 0.1838。

碳排放量低于年度碳排放初始配额20%或者20万吨二氧化碳当量，应当申请主管部门对其碳排放配额进行重新核定，核定后对低于企业年度初始配额的20%或20万吨的部分予以追缴。此外，为了推进碳现货远期试点工作，湖北省探索实行碳排放配额预发放机制，即将下一履约年度一定比例的配额提前发放给企业。例如，湖北省2015年为每个企业预发放2016年度的配额，发放数量相当于该企业2015年度初始配额的10%；预发放配额在使用上有一定限制，即仅可用于交易，不能用于2015年度的履约。

综上所述，湖北碳排放配额分配的历史法类似于祖父分配法，标杆法类似于基准分配法，但也有不同之处、创新及存在的问题，主要表现在以下六个方面：其一，市场调节因子的引入有助于矫正上一年度过度发放配额导致的供给过剩问题，弥补了祖父分配法和基准分配法因总量控制目标设定不科学带来的配额过剩问题。其二，标杆法没有考虑控排系数，仅仅通过企业年度产量、行业标杆值和市场调节因子分配配额，对碳排放水平低于标杆值的企业而言产生不了足够的减排激励。其三，企业增减设施、合并、分立及产量变化等因素导致碳排放量显著增加的可以获得配额补偿，这种配额追加机制将使得总量控制制度大打折扣。其四，湖北省首创了历史强度法，旨在激励企业降低碳排放强度，体现了我国实现降低碳排放强度国际承诺的制度需求，可以说是有中国特色的分配机制创新。笔者认为，历史强度法和历史法相比，最大的优势在于历史强度法以实际产量和历史强度值为依据计算企业的实际应发配额，而历史法是以企业历史排放基数为依据计算企业实际应发配额。从而，历史法容易造成企业获取意外之财（windfall），即当企业因为产量减少或者其他原因实际碳排放量低于配额发放量时，企业可以在碳排放权交易市场上出售多余配额而获利，相当于从政府那里获得了意外的补贴。虽然湖北省在2017年对历史法进行了修正，即按照企业实际生产月份数核算配额，并设计了配额收缴机制，但监管和执行成本非常高，加之生产月份的核算方法和收缴标准留有大幅余地，仍然可能产生企业获取意外之财的不公平现象。因此，笔者建议将来用历史强度法替代历史法。其五，湖北省首创了碳排放配额预分配机制，即在履约开始前由政府向企业预先分配相当于历史排放基数或上一履约年度碳排放量50%的配额，而后在履约期间届满时计算该企业的实际应发配额，实行多退少补。碳排放配额预分配机制提高了企业对碳排放权交易市场及碳排放配额供求状况的预测能力，有利于企业优化碳资产管理计划和碳排放权交易市场的稳定。其六，历史法和历史强度法的适用并没有考虑到早期减排者的配额补偿问题，对于早期采取温室气体减排活动的主体显失公平。

⑦重庆

重庆市碳排放配额的初始分配实行无偿分配，分配方案包括配额预先分配和配额调整两部分。

重庆市碳排放配额预先分配分为两个步骤：首先由配额管理单位自行申报，然后由碳排放权交易主管部门根据配额管理单位申报总量与年度配额总量的比例关系确定如何分配。如果配额管理单位申报量之和低于年度配额总量控制上限，则其年度配额按申报量确定。如果配额管理单位申报量之和高于年度配额总量控制上限，则先确定配额管理单位的分配基数，后再根据分配基数总量与年度配额总量控制的比例情况确定分配方法。所谓分配基数是指配额管理单位参与配额分配的计算依据。如果配额管理单位申报量高于其历史最高年度排放量，以两者平均量作为其年度配额分配基数；如果配额管理单位申报量低于其历史最高年度排放量，以申报量作为分配基数。如果配额管理单位分配基数之和低于年度配额总量控制上限，则其年度配额按分配基数确定；如果配额管理单位分配基数之和超过年度配额总量控制上限，则其年度配额按分配基数所占权重确定。[①]

配额预分配后，碳排放权交易主管部门将根据配额管理单位的申报量与审定排放量的比例关系对配额进行调整，实行多退少补。配额管理单位申报量超过碳排放权交易主管部门审定的排放量8%的，以审定排放量与申报量之间的差额扣减相应配额。配额管理单位实施了符合规定的减排工程，其减排量经碳排放权交易主管部门审定后，在申报量中予以扣除。配额管理单位实际产量比上年度增加，且申报量低于碳排放权交易主管部门审定排放量8%以上的，以审定排放量与申报量之间的差额作为补发配额上限。[②] 补发配额来自扣减的配额、排放设施转移或关停收回的配额，以及配额管理单位所获配额之和低于年度配额总量控制上限的差额部分。如

① 参见《重庆市碳排放配额管理细则（试行）》第10条之规定。

② 刘明明：《论我国气候变化立法中碳排放配额的初始分配》，《中国政法大学学报》2016年第3期，第120—131页。

果补发配额的总量不足，则按该差额占补发配额总量的权重补发配额。

重庆的配额分配方案与以上几个试点有很大不同，既没有采取基准分配法也没有采用祖父分配法，而是创新性地提出了“分配基数 + 配额调整”的全新思路。重庆的配额分配分为三步，即申报、分配和调整。首先，由控排企业自行申报排放量，根据排放量获取配额，报得越多获取的配额就越多。其次，政府根据申报的排放量分配配额。如果配额管理单位申报量之和低于年度配额总量控制上限，其年度配额按申报量确定。反之，则按照分配基数或者分配基数权重分配年度配额。最后，政府根据申报排放量与经审定的实际排放量的差距调整配额。与其他碳排放权交易试点相比，重庆的分配方案充分信赖配额管理单位的排放量申报，在配额初始分配环节取消了核查的步骤，实施起来更加具有行政效率。由于后期的排放量核查以及配额扣减机制的运用，能够在一定程度上使配额管理单位在配额分配环节据实申报排放量。但是，由于申报排放量过多的后果仅仅是配额扣减，而且是在超过 8% 的情况下才予以扣减，所以配额管理单位超过现实需求申报排放量的可能性也非常大。如果配额管理单位虚报排放量，那么即使发放的配额在总量控制范围内也会造成权利没有流向最能珍视它的主体，从而导致碳排放权交易市场的无序甚至失灵。因此，笔者认为，重庆对分配方法的创新是否成功值得怀疑。① 另外，重庆的碳排放配额分配以配额管理单位申报总量与碳排放配额总量的比例为依据，这往往使得碳排放权交易体系减排目标的实现过于依赖总量控制目标设定的科学性。如果总量目标设定得过于宽松，则碳排放权交易体系将徒有形式。从实践来看，重庆市 2017 年度 195 家企业的碳排放申报量为 103196955 吨，2017 年度配额量为 100448153 吨，② 年度配额总量仅比申报总量少 2748802 吨，还不及湖北省一个季度的配额交易量，这也从侧面看出重庆市碳排放总量控制比较宽松。此外，与湖北、上海等试点以祖父分配法和基准分配法相结合的分配方式相比，重庆市没有采用行业排放基线、控排系数等方法，其碳排放权交易体系对实现碳排放强度下降目标的作用非常有限。

此外，根据《2019—2020 年全国碳排放权交易配额总量设定与分配

---

① 刘明明：《论我国气候变化立法中碳排放配额的初始分配》，《中国政法大学学报》2016 年第 3 期，第 120—131 页。

② 《重庆市发展和改革委员会关于下达重庆市 2017 年度碳排放配额的通知》。

实施方案（发电行业）》，2019—2020年配额初始分配采用基准法核算重点排放单位所拥有机组的配额量。考虑到经济增长预期、实现控制温室气体排放行动目标、疫情对经济社会发展的影响等因素，2019—2020年各类别机组的碳排放基准值设定如下：300MW等级以上常规燃煤机组的供电基准值为0.877tCO_2/MWh，供热基准值为0.126tCO_2/GJ；300MW等级及以下常规燃煤机组的供电基准值为0.979tCO_2/MWh，供热基准值为0.126tCO_2/GJ；燃煤矸石、水煤浆等非常规燃煤机组（含燃煤循环流化床机组）的供电基准值为1.146tCO_2/MWh，供热基准值为0.126tCO_2/GJ；燃气机组的供电基准值为0.392tCO_2/MWh，供热基准值为0.059tCO_2/GJ。①

综上所述，国内碳排放权交易试点对于排放配额初始分配的方案基本上借鉴了国外有关无偿分配的理论和做法，并且结合我国国情，提出了以控制碳排放强度为导向的分配方案。② 从无偿分配的方法来看，七省市碳排放权交易试点各有不同，除重庆外，其他试点都采取了祖父分配法和基准分配法相结合的分配方法，并对这两种方法进行了不同程度的改革或本土化，这有益于我国建立全国碳排放权交易试点，广泛吸取多方面经验。例如，湖北省对历史强度法、碳排放配额预先分配机制、碳排放配额预发放机制等进行的创新性探索，既结合了我国控制碳排放强度的制度需求，又有利于维护碳排放权交易市场的稳定和促进碳金融的发展。但是，整体上看，七省市碳排放权交易试点的分配方案都没有科学地运用控排系数，有的试点没有运用控排系数，有的试点运用了控排系数但是允许企业（单位）在产量有重大变化时申请增加配额，从而导致碳排放配额总量控制目标徒有虚名。如果政府决定采用严格的碳排放总量控制制度，将来碳排放配额的分配必须科学运用控排系数，唯有这样才能创造配额的稀缺性，从而使碳排放权交易市场机制充分发挥优化配置温室气体减排资源的作用。最后，在现阶段，无偿分配的方案有助于提高参与者的积极性，从而促进刚刚兴起还处于试验阶段的碳排放权交易市场的发展。但长远来看，有偿分配必然要取代无偿分配，不仅仅因为碳排放空间具有稀缺性和生态服务价值，也因为可以通过有偿分配获得的财政收入促进我国产业和能源消费

① 参见《2019—2020年全国碳排放权交易配额总量设定与分配实施方案（发电行业）》。

② 刘明明：《论我国气候变化立法中碳排放配额的初始分配》，《中国政法大学学报》2016年第3期，第120—131页。

结构转型。[①]

3. 配额登记

配额登记是指登记管理机构通过登记簿对碳排放配额的取得、转让、变更、清缴、注销等行为以及与此相关的事项进行记载和统一管理。配额登记是配额权利的公示方式，登记簿是配额权属的根据。配额的分配、持有、转让、变更、清缴和注销等自登记之日起发生效力；未经登记，不发生效力。碳排放配额作为无形资产，其取得、转让、变更等行为都是通过电子系统实现的。欧盟在 2010 年曾经因为碳排放权交易系统的漏洞造成了大量排放配额失窃以及配额重复利用、洗钱行为滋生等后果。在此之后，欧盟完善了电子交易系统并且为每个排放配额分配了唯一识别编号。各试点城市吸取了欧盟的经验，均建立了碳排放配额登记注册系统并为每个排放配额分配了唯一编号。碳排放权交易参与主体的交易行为必须通过登记注册系统记载于登记簿，登记成为碳排放配额取得、变更和灭失的生效要件。各试点城市中，深圳和上海对碳排放权交易登记管理作了较为详尽的规定，上海市还专门出台了《上海市碳排放配额登记管理暂行规定》。

从各试点关于配额登记的相关规定看，配额登记主要分为初始登记、变更登记和注销登记三类。配额的初始登记是指碳排放配额主管机关根据配额分配方案将相应配额分配给纳入配额管理的单位并在登记簿中加以记载的行为。[②] 配额的变更登记是指因配额的买卖、赠与、继承、质押、企业分立和合并等行为发生权利主体或者内容变更时，相关权利主体通过登记注册系统或者向主管部门申请对变更事项加以记载的行为。[③] 配额的注

① 刘明明：《论我国气候变化立法中碳排放配额的初始分配》，《中国政法大学学报》2016 年第 3 期，第 120—131 页。

② 例如《深圳市碳排放权交易管理暂行办法》第 42 条规定：“主管部门应当通过登记簿签发配额。配额一经有效签发即视为完成配额初始登记。主管部门应当通过登记簿为核证自愿减排量进行初始登记。核证自愿减排量自进入减排项目业主在登记簿开立的注册账户时即视为完成初始登记。”

③ 例如《深圳市碳排放权交易管理暂行办法》将变更登记分为转移登记和质押登记，其中买卖转移登记可以经由交易系统自动完成登记簿变更，办理非交易转移登记或者质押登记，申请人提交的申请材料齐全、符合本办法规定形式的，主管部门应当当场作出书面的审查决定，并在 3 个工作日内完成登记工作。以配额或者核证自愿减排量设定质押的，出质人与质权人应当办理质押登记，主管部门应当在办理配额或者核证自愿减排量质押登记之日起 3 个工作日内进行质押公告。质押公告包括下列内容：质押当事人，质押的配额或者核证自愿减排量数量，质押的配额或者核证自愿减排量的序列号，质押的时间期限。

销登记是碳排放配额因为期限届满、履约等事项而不能继续被持有、使用和流转，登记管理机构将其在登记簿中注销的行为。[①] 与不动产登记相比，碳排放配额登记具有自动性和行政主导性。所谓自动性，是指碳排放配额初始分配、配额买卖和配额清缴行为完成的同时，配额的初始登记、变更登记和注销登记也在登记簿系统中自动完成，无须像不动产登记那样先提出申请再由登记部门审查登记。[②] 所谓行政主导性，是指碳排放配额的初始登记以及有效期届满的配额、主管部门收回的配额、流拍配额和未出售配额的注销登记由政府主管部门依职权完成。

根据生态环境部颁布的《碳排放权登记管理规则（试行）》，全国碳排放权交易配额的登记分为初始分配登记、交易登记、变更登记、抵消登记和清缴登记5种类型。其中，重点排放单位从省级生态环境主管部门原始取得碳排放配额的，进行初始分配登记。碳排放配额转让的，由注册登记机构根据交易机构提供的成交结果办理交易登记。重点排放单位使用国家核证自愿减排量抵消配额清缴的，需要在国家温室气体自愿减排交易注册登记系统注销用于清缴的国家核证自愿减排量，注册登记机构核验注销证明材料后为重点排放单位办理抵消登记。登记主体出于减少温室气体排放等公益目的自愿注销其所持有的碳排放配额、人民法院的生效裁判判决司法扣划，以及碳排放配额以承继、强制执行等方式转让的，注册登记机构进行变更登记。碳排放配额用于履约的，由注册登记机构根据省级生态环境主管部门确认的碳排放配额清缴结果办理清缴登记。

4. 交易管理

交易管理是指碳排放权交易主管机关为了碳减排目标的实现和促进碳排放权交易市场的有序、健康发展对碳排放权交易行为进行管理和调控的

---

① 例如《深圳市碳排放权交易管理暂行办法》第48条就配额核证自愿减排量的注销事项作了详细的规定："有下列情形之一的配额，主管部门应当在登记簿及时进行注销：（一）当年度配额拍卖中流拍的配额；（二）每个配额预分配期结束时价格平抑储备配额中未出售的配额；（三）根据本办法第二十五条规定由主管部门收回的配额；（四）管控单位用于履约的配额；（五）有效期届满的配额；（六）市场参与主体自愿注销的配额；（七）其他依法应当注销的情形。核证自愿减排量有下列情形之一的，主管部门应当在登记簿进行扣减，并报国家注册登记簿进行注销：（一）管控单位将其用于履约；（二）市场参与主体自愿将其注销；（三）其他依法应当予以注销的情形。"

② 非交易性质的转移登记，如质押登记，还需要履行登记申请手续。

活动。从目前各试点地区颁布的碳排放权交易相关规定来看，交易管理主要涉及价格干预机制、配额交易限制和风险管理机制三个方面。

（1）价格干预机制

碳排放权的价格应当由碳排放权交易市场形成，但是当市场价格出现非正常波动时，政府的适当干预可以保护投资者的整体利益。目前，各试点规定的价格干预机制主要包括以下两个方面。

第一，储备价格调整配额。在碳排放配额初始分配时，预留一定比例的价格调整配额，当碳排放权交易价格过高时，政府将预留的价格调整配额投放市场以增加供给从而平抑价格。例如，《深圳市碳排放权交易管理暂行办法》规定："价格平抑储备配额包括主管部门预留的配额、新进入者储备配额和主管部门回购的配额，其中主管部门预留的配额为年度配额总量的百分之二。价格平抑储备配额应当以固定价格出售，且只能由管控单位购买用于履约，不能用于市场交易。价格平抑储备配额的具体管理办法由主管部门另行制定，报市政府批准后实施。"[①]

第二，配额回购。当碳排放权交易价格过低时，政府将启动价格调节基金从碳排放权市场回购配额以减少市场上的配额供给，从而提高配额的价格。例如，《深圳市碳排放权交易管理暂行办法》规定："主管部门每年度可以按照预先设定的规模和条件从市场回购配额，以减少市场供给、稳定市场价格。主管部门每年度回购的配额数量不得高于当年度有效配额数量的百分之十。配额回购的具体管理办法由主管部门另行制定，报市政府批准后实施。"[②]

（2）配额交易限制

配额交易限制是指碳排放权交易主管部门对配额的流转施加限制的行为。从各试点的相关规定可知，重庆和广东对配额交易进行了相关限制。第一，重庆规定配额管理单位获得的年度配额可以进行交易，但卖出的配额数量不得超过其所获年度配额的50%，通过交易获得的配额和储存的配额不受此限。[③] 重庆的此种规定与其配额分配方法有关，根据上述分析，重庆排放配额是根据控排单位自行申报的排放量进行预先分配的，在

① 参见《深圳市碳排放权交易管理暂行办法》第21条。

② 参见《深圳市碳排放权交易管理暂行办法》第22条。

③ 参见《重庆市碳排放权交易管理暂行办法》第23条之规定。

这种情形下，控排单位很有可能超过其实际需求申报然后再将配额投放碳排放权交易市场出售，对其可交易的配额进行限制可以对碳排放权交易市场配额过剩问题起到一定预防作用。第二，广东省规定控排企业和单位每年须按规定的有偿配额比例从省政府确定的竞价平台购买足额有偿配额，累计购买的有偿配额量没有达到规定的，其免费配额不可流通且不可用于上缴。[①] 广东省将购买一定比例的有偿配额作为控排单位出售其免费获取配额的前提，在一定程度上对刺激市场需求有积极作用，但同时会限制配额市场的供给，对控排企业处置配额的灵活性也会产生不良影响，进而因影响配额商品的流动性，降低市场效率。

（3）风险管理机制

各试点都认识到由于碳排放配额的虚拟性和金融属性，碳排放权交易存在潜在的金融风险，并设计了风险管理机制，上海和天津的交易所还专门出台了风险控制管理办法。《上海环境能源交易所碳排放权交易风险控制管理办法》规定了涨跌幅限制制度、配额最大持有量限制制度、大户报告制度、风险警示制度和风险准备金制度。这些制度基本都体现在其他试点的交易规则当中。

第一，涨跌幅限制制度。涨跌幅限制制度是稳定碳排放权交易市场的一种措施，具体是指碳排放权交易所为了抑制过度投机行为，防止碳排放权市场出现过分的暴涨暴跌，而在每天的交易中规定当日的碳排放权交易价格在前一个交易日收盘价的基础上上下波动的幅度。碳排放权交易价格上升到该限制幅度的最高限价为涨停板，而下跌至该限制幅度的最低限价为跌停板。各试点对于涨跌幅度规定不一，例如，上海规定碳排放配额（SHEA）的涨跌停板幅度为上一交易日收盘价的 ±30%；北京规定公开交易方式的涨跌停版幅度为当日基准价的 ±20%；天津规定碳配额产品的涨跌停板幅度为上一交易日结算价的 ±10%。

第二，配额最大持有量限制制度和大户报告制度。最大持有量是指交易所规定交易会员和客户可以持有的碳配额产品的最大数额。各试点根据排放水平和参与者的类别对控排单位的年度配额持有量进行了约束性规定。对碳排放权交易主体的年度配额最大持有量加以限制，对于避免碳排放权交易市场出现配额垄断和价格操纵等不正当竞争行为具有积极

① 参见《广东省碳排放配额管理实施细则（试行）》第 9 条第 2 款之规定。

作用。[①] 此外，碳排放权交易机构规定了大户报告制度，以便于及时掌握风险管理信息。所谓大户，是指配额持有量达到交易所规定的持有量最大限额的一定比例或者按照交易所要求报告其持有量的交易客户。例如，天津碳排放权交易所规定配额持有大户应当及时向交易所报告持有情况，交易所也有权根据交易情况要求交易会员或客户向交易所提交报告。报告的内容包括大户报告表、资金来源说明、开户材料及当时结算单据等材料。

第三，风险警示制度。风险警示制度是当碳排放权交易机构发现交易存在风险时，通过要求会员和客户报告情况、发布书面警示和风险警示公告等措施以警示和化解风险的机制。例如，上海环境能源交易所规定，当出现碳排放配额价格异常、会员资金异常、会员或者客户配额持有异常、会员或者客户交易异常等情况时，交易所有权约见会员的高级管理人员或者客户谈话提醒风险，或者要求会员或者客户报告情况，并有权发出风险警示公告。

第四，风险准备金制度。风险准备金是指由交易所设立，用于为维护碳排放权交易市场正常运转提供财务担保和弥补不可预见的风险带来的亏损的资金。[②] 碳排放权交易机构对于风险准备金的来源规定不尽相同，例如，天津碳排放权交易所规定风险准备金的来源主要有两种：一是交易所从其自有资金中一次性提取的 100 万元启动资金；二是交易所每月从月度净手续费收入总额中提取的 3%。而上海能源环境交易所规定风险准备金的主要来源为交易所从交易手续费收入中提取的 10%。

此外，《天津环境能源交易所碳排放权交易风险控制管理办法》还特别规定了全额交易资金制度、异常情况处理制度和稽查制度。全国碳排放权市场的交易管理主要在风险管理机制方面基本借鉴了碳排放权交易试点的经验，至于价格干预和交易限制方面基本没有作出相应规定。例如，《碳排放权交易管理规则（试行）》第 18 条规定，当交易价格出现异常波动触发调节保护机制时，生态环境部可以采取公开市场操作、调节国家核证自愿减排量使用方式等措施，进行必要的市场调节。《碳排放权交易管

① 例如，广东省规定年度免费配额量 1000 万吨以上的控排企业和单位，年度配额持有量上限不能超过年度免费配额量的 110%；年度免费配额量 500 万吨至 1000 万吨的控排企业和单位，年度配额持有上限不能超过年度免费配额量的 120%；年度免费配额量 500 万吨以下的控排企业和单位，年度配额持有上限不能超过年度免费配额量的 140%；其他组织和个人配额持有量不得超过 300 万吨。参见《广东省碳排放配额管理实施细则（试行）》第 20 条。

② 参见《上海环境能源交易所碳排放交易风险控制管理办法（试行）》第 19 条之规定。

理规则（试行）》第19—26条规定了涨跌幅限制制度、最大持仓量限制制度、大户报告制度、风险警示制度、风险准备金制度、异常交易监控制度、暂停交易等风险管理措施。

5. 配额清缴

配额清缴是指纳入碳排放权交易体系的碳减排义务主体在碳排放权交易主管部门确定的义务履行期间届满时提交足够的配额或者符合一定比例要求的国家核证自愿减排量以抵消其在该期间内的温室气体排放的行为。例如，《深圳市碳排放权交易管理暂行办法》规定："管控单位应当于每年6月30日前向主管部门提交配额或者核证自愿减排量。管控单位提交的配额数量及其可使用的核证自愿减排量之和与其上一年度实际碳排放量相等的，视为完成履约义务。"① 配额清缴主要涉及国家核证自愿减排量的使用、企业变更对清缴义务的影响以及违反清缴义务的法律责任问题。

（1）国家核证自愿减排量的使用

国家核证自愿减排量是指基于自愿温室气体减排项目产生的并经国家主管部门备案的温室气体减排量。依据《温室气体自愿减排交易管理暂行办法》所产生的项目减排量，被称为国家核证自愿减排量。各试点的碳排放权交易管理办法中，均规定了碳减排义务主体可以以一定比例的国家核证自愿减排量来抵消其碳排放，并且一份国家核证自愿减排量等同于一份配额。但是，有的试点对能够用于抵消碳排放的国家核证自愿减排量作了比例限制，例如深圳规定管控单位可以使用国家核证自愿减排量抵消年度碳排放量，最高抵消比例不高于管控单位年度碳排放量的10%。

允许使用国家核证自愿减排量抵消部分碳排放，是《京都议定书》下全球碳排放权交易、欧盟碳排放权交易以及其他国家和区域碳排放权交易体系的通行做法。笔者认为，抵消具有两方面积极作用：一方面，增加碳排放权市场的供给，从而可以降低碳减排义务主体的减排成本以及缓和碳排放限制与现有经济发展模式之间的冲突；另一方面，可以促进未纳入碳排放权交易体系的部门积极开展温室气体减排项目，从而更加有利于减缓气候变化。同时，抵消也会带有一定的副作用，即碳减排义务主体会倾向于购买低价的国家核证自愿减排量，怠于自身减排，从而导致碳排放权交易体系的目的落空，即不能使主要的碳排放主体采取措施减少自身对化

① 参见《深圳市碳排放权交易管理暂行办法》第36条。

石能源的消耗。由此，有必要对抵消的比例加以限定，从而在缓和碳排放限制与经济发展之间的矛盾、促进未纳入碳排放管制部门采取减排措施的同时，使纳入碳排放权交易体系的主要碳排放源切实采取措施改进技术、降低对化石能源的依赖。

（2）企业变更对清缴义务的影响

对清缴义务产生影响的企业变更事项主要包括企业的分立、合并、解散、破产、关停、迁出等。各试点的碳排放权交易管理办法均涉及上述企业变更事项发生时清缴义务的履行问题，规定的内容大致相同。

企业分立的，应当制定碳排放配额的分割协议，并报碳排放权交易主管部门备案，分立后的企业按照备案的协议各自履行清缴义务。如果企业分立没有制定碳排放配额分配方案，那么分立后的企业将共同承担配额清缴义务。①

企业合并分为两种类型：一是纳入碳排放权交易体系的企业相互合并；二是纳入碳排放权交易体系的企业和非纳入碳排放权交易体系的企业合并。纳入碳排放权交易体系的企业相互合并的，由合并后新设立的企业或存续企业承担配额清缴义务，并且配额清缴义务的总量为参与合并的企业所承担的清缴义务之和。纳入碳排放权交易体系的企业和非纳入碳排放权交易体系的企业合并的，由合并后新设立或者存续的企业承担原先纳入碳排放权交易体系的企业的配额清缴义务。②

企业解散、破产、关停或者迁出等终止情形的，在解散、破产、关停或者迁出之前应当完成实际碳排放量的报告和核查，并且提交与其实际碳排放量相等的配额。持有配额不足的必须购买配额以补足；配额尚有剩余的，有的规定剩余配额由企业处分，有的规定由碳排放权交易主管部门收回该企业无偿获取的配额。对于收回的比例各试点规定也不尽一致，有的

① 例如，深圳市规定“管控单位分立的，应当在分立时制定合理的配额和履约义务分割方案，并在作出分立决议之日起十五个工作日内报主管部门备案。未制定分割方案或者未按时报主管部门备案的，原管控单位的履约义务由分立后的单位共同承担”。参见《深圳市碳排放权交易管理暂行办法》第 24 条第 2 款。

② 例如，湖北省规定“纳入企业之间合并的，由合并后存续或新设的企业承继配额，并履行缴还义务。合并后的碳排放边界为纳入企业在合并前各自的碳排放边界之和。纳入企业和非纳入企业合并的，由合并后存续或新设的企业承继配额，并履行缴还义务。合并当年的碳排放边界仍以纳入企业合并前的碳排放边界为准，合并次年重新核定”。参见《湖北省 2017 年碳排放权配额分配方案》。

规定收回全部无偿获得的剩余配额，有的规定收回一定比例的配额。[①] 笔者认为，在企业终止后，剩余的免费发放的配额应当由碳排放权交易主管部门无偿收回。并且，企业用于抵消其碳排放量的配额仅限于按终止前的月数占全年月数的比例计算而持有的配额，而不是用整个年度的配额来抵消终止前几个月的碳排放量。因此，比较以上各试点对于企业终止并且履行清缴义务后剩余配额的处理方式，不难发现，广东省对企业终止后剩余配额的处理规定得最为细致和合理。

（3）违反清缴义务的法律责任

纳入碳排放权交易体系的单位未能按时足额提交碳排放配额或符合比例的国家核证自愿减排量的，应当承担相应的行政法律责任。从当前各试点关于违反清缴义务的法律责任之规定来看，主要的法律责任形式表现为罚款、配额扣除和剥夺享受政策优惠资格。其中，深圳、湖北、广东综合了罚款和配额扣除两种责任，上海仅规定了罚款一种责任方式，重庆和天津仅规定了对于违法清缴义务者剥夺其享受政策优惠的资格。

①“罚款 + 扣除配额”模式

深圳、湖北和广东对违反清缴义务者采取了罚款和扣除下一年度配额相结合的方式。深圳对未提交足够配额或国家核证自愿减排量抵消碳排放者处以超额排放量乘以履约当月之前连续 6 个月碳排放权交易市场配额平均价格 3 倍的罚款，上不封顶，同时从下一年度的配额分配中扣除与未补足的配额等量的配额。湖北和广东均采取了在下一年度配额中扣除未足额清缴部分 2 倍配额并处罚款的方式。但湖北和广东在罚款额度方面规定不

---

① 例如，湖北省规定“纳入企业关停或迁出本省的，应及时报告主管部门，并按照经审定后的当年碳排放量完成配额缴还，当年剩余配额由主管部门收回，次年不再对其发放配额”，参见《湖北省 2017 年碳排放权配额分配方案》。深圳市规定“管控单位提交的配额数量少于未完成的履约义务的应当补足；预分配配额超出完成的履约义务部分的百分之五十由主管部门予以收回，剩余配额由管控单位自行处理”，参见《深圳市碳排放权交易管理暂行办法》第 25 条。广东省规定“（一）控排企业应在完成关停或者迁出手续前 1 个月内提交年度碳排放信息报告和核查报告，由地级以上市发展改革部门报省发展改革委。（二）控排企业在完成关停或者迁出手续前，按核定的当年度实际碳排放量清缴配额，省发展改革委收回企业（或生产线、机组、装置等）非正常生产月份（当月开工率不足 50%，下同）的免费配额予以注销，剩余配额企业可自主使用或交易”，参见《广东省发展改革委关于碳排放配额管理的实施细则》第 14 条。上海市规定“试点企业解散、注销或迁出本市的，应及时报告市发展改革委，并按照经审定后的当年排放量完成配额清缴。同时，由市发展改革委收回该企业已无偿取得的此后年度配额的 50%”，参见《上海市 2013—2015 年碳排放配额分配和管理方案》。

同：湖北对罚款上限作了规定，例如湖北规定由主管部门按照当年度碳排放配额市场均价，对差额部分处以1倍以上3倍以下，但最高不超过15万元的罚款。广东的罚款为定额罚款，额度为5万元。

②单纯罚款

上海对未履行配额清缴义务的单位采取单纯的罚款，并对罚款设定了上下限。例如，上海规定："纳入配额管理的单位未按照本办法第十六条的规定履行配额清缴义务的，由市发展改革部门责令履行配额清缴义务，并可处以5万元以上10万元以下罚款。"①

③单纯剥夺享受政策优惠的资格

重庆和天津对违法配额清缴义务者仅仅规定了在3年内不得享受政府对企业在节能减排、循环经济、气候变化方面的优惠政策。例如，重庆规定："配额管理单位未按照规定报送碳排放报告、拒绝接受核查和履行配额清缴义务的，由主管部门责令限期改正；逾期未改正的，可以采取下列措施：（一）公开通报其违规行为；（二）3年内不得享受节能环保及应对气候变化等方面的财政补助资金；（三）3年内不得参与各级政府及有关部门组织的节能环保及应对气候变化等方面的评先评优活动；（四）配额管理单位属本市国有企业的，将其违规行为纳入国有企业领导班子绩效考核评价体系。"②

如果要对各试点法律责任条款的实效加以预测，笔者认为根据实效由差到好，排名为上海、广东、湖北、天津、重庆、深圳。上海的5万到10万元的罚款对于纳入配额管理的单位而言微不足道。广东和湖北的罚款上限或定额外加双倍扣除配额的措施，也不足以震慑企业，因为罚款的上下限很有可能使得双倍扣除配额形同虚设，在极端意义上，可以想象即便10倍配额扣除甚至全部扣除对企业来说可能也无所谓，企业完全可以选择交罚款而不履行清缴义务。综合上述分析，笔者认为深圳上不封顶的罚款和配额扣除相结合的责任配置方式较为科学和有效。一方面，从下一年度配额分配中扣除与未清缴配额数量相等的配额可以保证总量的动态平衡；另一方面，上不封顶的罚款提高了企业的违法成本，对企业形成了有效震慑。

最后，《碳排放权交易管理暂行条例》第24条规定，"重点排放单位未按照规定清缴其碳排放配额的，由生态环境主管部门责令改正，处未清

---

① 参见《上海市碳排放管理试行办法》第39条之规定。

② 参见《重庆市碳排放权交易管理暂行办法》第36条之规定。

缴的碳排放配额清缴时限前1个月市场交易平均成交价格5倍以上10倍以下的罚款；拒不改正的，按照未清缴的碳排放配额等量核减其下一年度碳排放配额，可以责令停产整治”。可见，全国碳排放权交易体系对未履约主体采取“罚款+扣减配额/责令停产整治”的责任方式。对比各试点地区的有关规定，全国碳市场对违反清缴义务的法律责任追究更加严厉，一方面，罚款的力度加大且没有数额限制；另一方面，除扣减下一年度碳排放配额之外，还可以责令未履约主体停产整顿。

第二节　中国碳金融市场国家干预立法的成就和不足①

自2013年以来，我国在北京、上海、深圳、湖北等7省市开展碳排放权交易试点。在总结试点经验的基础上，我国于2021年7月16日正式启动了全国碳排放权交易市场上线交易。我国对于碳金融的探索和实践取得了显著的成效，为将来建设全国碳金融市场提供了宝贵的制度经验。同时，我国在规范体系、交易模式、能力建设、配额管理、制度衔接等方面也存在不少问题。下文将分析我国碳金融法律实践的成就及存在的问题，并结合我国建设全国碳金融市场的制度需求，提出合理性建议。

一、中国碳金融市场国家干预立法的成就

碳排放权交易市场不能像菜市场那样自发形成，而是由政府通过立法创建，旨在通过产权交易有效实现减排目标。② 碳排放权的界定、分配和供需机制均离不开政府依法适度的干预。③ 当前，碳排放权交易试点地区均出台了碳排放权交易管理办法及配套规定，在碳排放总量控制、配额初始分配和

---

① 部分内容发表于《安徽师范大学学报》（人文社会科学版）2021年第3期《中国碳排放权交易实践的成就、不足及对策》一文。

② 刘明明：《温室气体排放控制法律制度研究》，法律出版社2012年版，第128页。

③ 李挚萍：《碳交易市场的监管机制研究》，《江苏大学学报》（社会科学版）2012年第1期，第56—62页。

交易、履约管理等方面积累了经验；国家层面，《清洁发展机制项目运行管理办法》《温室气体自愿减排交易管理办法（试行）》《碳排放权交易管理暂行条例》以及相关配套规定相继颁布，基本形成了碳排放权交易规范体系的雏形。整体而言，我国碳排放权交易法制建设的成就表现在以下四个方面。

（一）形成了总量控制型交易与自愿减排交易相结合的模式

我国碳排放权交易经历了从单一基于清洁发展机制项目到国内自愿减排交易再到碳排放配额交易的过程。随着清洁发展机制项目因为后京都时代国际气候谈判的不确定性而陷于停滞状态，[①] 当前国内碳排放权交易形成了以总量控制型交易为主、自愿减排交易为辅的模式。2017 年年底，国家启动了电力行业全国碳排放权交易体系的建设工作，[②] 采取总量控制交易与自愿减排交易相结合的模式，为将来其他行业碳排放权交易体系的建设积累经验。2024 年 5 月 1 日开始施行的《碳排放权交易管理暂行条例》第 14 条规定"重点排放单位可以按照国家有关规定，购买经核证的温室气体减排量用于清缴其碳排放配额"，从立法层面进一步确立了国家核证自愿减排量的抵消机制。总量控制型和自愿减排交易相结合的模式具有多重效益：其一，总量控制型交易可以约束排放单位的碳排放活动，倒逼高碳排放企业向低碳排放企业转型；其二，国家核证自愿减排量进入碳市场后，可以增加碳排放信用的供给，从而降低企业的履约成本；[③] 其三，温室气体自愿减排项目的实施方可以通过出售国家核证自愿减排量获得利润，从而有效地激励市场主体主动开展碳减排活动。

（二）碳排放权交易执法能力得到明显提升

碳排放权交易执法能力是指碳排放权交易主管部门在碳排放权交易市场创建和运行中的引导、规范、调控和监管能力。根据《第十三届全国人民代表大会第一次会议关于国务院机构改革方案的决定》，生态环境部承担了国家发改委的应对气候变化和减排职责。结合《碳排放权交易管理暂行条例》《温室气体自愿减排交易管理办法（试行）》以及各碳排放权交易试点的管理办法，我国碳排放权交易的主管部门是生态环境部门。碳排放权交易主管部门负责碳排放配额总量的确定、配额的初始分配、配

① 姜冬梅等：《相似的经历，相同的结局？——以 CDM 为基础分析我国温室气体自愿减排机制的发展趋势》，《生态经济》2018 年第 2 期，第 14—17 页。

② 苏宇庭：《中国碳排放权交易体系立法研究》，《社会科学论坛》2018 年第 5 期，第 240—246 页。

③ 潘晓滨：《碳排放交易中的自愿减排抵消机制》，《资源节约与环保》2018 年第 9 期，第 117—118 页。

额管理、配额清缴、碳排放权交易机构和监测、核查机构的监督管理等事项。由此，我国确立了由生态环境部门作为主管部门，金融、统计、能源、自然资源等部门为协管部门的主管与分管相结合的管理体制，各部门之间的职责划分较为清晰，为碳排放权交易执法构筑了坚强的体系。

（三）积累了碳排放配额总量控制和初始分配的经验

各碳排放权交易试点均对管辖区域内纳入碳排放权交易体系的行业企业在履约期间的碳排放配额实行总量控制，即先由政府确定履约期间的碳排放配额总量，然后控排单位通过初始分配获取碳排放配额。① 碳排放配额总量的确定主要取决于试点地区在履约期间的碳减排目标、能源强度目标、经济和社会发展情况以及控排单位的减排潜力等因素。在碳排放配额初始分配方面，北京、上海、重庆、湖北采取全部无偿分配的方式；天津、深圳、广东则采取无偿分配与有偿分配相结合的方式。至于无偿分配的方法，试点地区采取历史排放法、基准法，或者历史排放法和基准法相结合的方法。全国碳排放权交易（发电行业）对重点排放单位实行碳排放配额总量控制，并且采取基准法进行配额的初始分配。

（四）设立了履约机制以确保碳减排目标的达成

履约是控排单位在指定期间向碳排放权交易主管部门提交足额碳排放权以抵消其碳排放的行为。履约率是检验碳排放权交易体系成功与否的“试金石”。因此，健全的履约机制是控排单位能够完全履约的保障。② 各碳排放权交易试点均对履约问题作了相关规定，尽管内容不尽相同，但基本理念都是为控排单位设定履约义务及相应的法律责任。《碳排放权交易管理暂行条例》也对重点排放单位的配额清缴以及未足额清缴的法律责任作了明确的规定。此外，司法实践中，也出现了碳排放权交易履约纠纷的案件③，为进一步反思和完善我国碳排放权交易的履约管理提供了经验。

---

① Robert N. Stavins, “A Meaningful U. S. Cap-and-Trade System to Address Climate Change,” *Harvard Environmental Law Review* 32 (2008): 293－371.

② 王际杰：《浅析中国跨区域碳排放权交易市场履约机制建设》，《国际石油经济》2017 年第 4 期，第 40—44 页。

③ 例如，深圳翔峰容器有限公司诉深圳市发展和改革委员会行政处罚行为一案中，原告因未及时履行配额清缴义务而受到罚款，进而向法院提起行政诉讼，申请撤销被告作出的行政处罚决定。法院审理后，认为深圳翔峰容器有限公司提出的关于“其 2014 年度用电量比 2013 年度减少、碳排放总量也应相应减少”的主张，缺乏事实和法律依据，判决驳回原告深圳翔峰容器有限公司的诉讼请求。参见（2016）粤 03 行终 450 号二审行政判决书。

二、中国碳金融市场国家干预立法的不足

（一）微观规制层面的问题

1. 管理体制的构建未充分考虑碳排放权及其衍生品的金融属性

碳排放权交易的产品具有多样性和跨行业性，包括碳现货、碳期货、碳期权、碳保险、碳证券、碳合约、碳基金、碳排放配额和信用等，几乎囊括了所有的金融产品形式。与银行、证券、保险等传统金融活动相比，碳排放权交易活动涉及碳排放配额总量目标的确定、配额的初始分配、配额管理，以及温室气体排放的监测、报告、核证等多方面问题，专业性强。如前所述，我国碳排放权交易政府监管在实践中采取的是专门机构统一监管与相关部门协同监管的模式。其中，负责统一监管的专门机构为国务院和地方生态环境主管部门。各碳排放权交易试点对协同监管机构的规定则不尽一致，主要包括能源、金融、财政，以及经济和信息化等部门。一套碳排放权交易体系涉及多个规制主体且职能配置不合理，极易造成“过度规制”或者“规制不足”等政府失灵现象，也往往导致企业负担增加，从而对碳排放权交易产生抵触情绪。此外，当前对于碳排放权交易的监管主要集中于碳排放配额的分配、交易和履约管理方面，仍然局限于碳排放权交易体系建设本身，并没有上升到金融层面，这种点对点的分散规制难以适应防范系统性金融风险和矫正碳金融市场失灵的制度需求。①

2. 碳排放配额的初始分配存在方法和标准不统一、分配公平性有待提升等问题

试点地区碳排放配额初始分配有的采取无偿分配的方式，有的采取无偿分配和有偿分配相结合的方式。② 采取无偿分配的方式的试点中，有的履约主体按照历史排放法取得配额，有的则按照基准分配法取得配额。在按照历史排放法取得配额的履约主体中，有的履约主体以其前三年的平均二氧化碳排放量为基准取得配额，有的履约主体则以其在前三年中数额最大的二氧化碳年度排放量为基准取得配额。碳排放配额初始分配的方法和

① 刘明明：《论中国碳金融监管体制的构建》，《中国政法大学学报》2021 年第 5 期，第 42—51 页。

② 陈毅非、刘宸毓：《碳排放权交易配额初始分配机制探讨》，《合作经济与科技》2019 年第 4 期，第 88—89 页。

基准不统一，导致各试点碳排放配额不具有同质性，彼此间难以交易，这也对将来全国碳排放权交易市场的建设提出了挑战。碳排放配额初始分配没有充分考虑区域公平和个体公平。区域公平是指经济发展水平和历史累积碳排放量不同的地区之间在获取碳排放配额时的公平问题。一般而言，经济发展水平较为落后的地区，其历史累积碳排放量也相对较低。如果采用历史排放法进行配额初始分配，历史累积碳排放量高的地区取得的配额要多于历史累积碳排放量低的地区。然而，经济发展水平和历史累积碳排放量双低的地区，对碳排放配额的需求会因为经济发展或崛起而大幅增加。因此，碳排放配额初始分配可能会造成经济发展水平和历史累积碳排放量双低的地区的发展因碳排放配额较少而受到限制。此外，个体公平是指履约主体之间的公平，特别是在碳排放权交易开始之前就已经采取减排措施的履约主体的公平待遇问题。例如，按照历史排放法分配配额，采取早期减排措施的履约主体的配额要比没有采取减排措施的履约主体少，从而造成“鞭打快牛”的不利影响，挫伤了企业采取先期减排的积极性。

3. 碳排放配额的价格干预机制不健全，影响碳市场的资源配置效率

碳排放配额的价格与履约期间碳排放配额总量的设定以及配额的初始分配方式密切相关。[①] 如果碳排放配额总量的设定较为宽松，并且履约主体通过初始分配取得的碳排放配额数量超过了其实际的温室气体排放需求，则会造成配额过度分配，进而导致配额价格低迷甚至零交易。欧盟碳排放权交易体系和美国区域温室气体行动在碳市场初建阶段就曾因为配额过度分配使配额价格几乎跌至零。反之，如果碳排放配额总量的设定过于紧张，则会导致碳排放配额供不应求，进而过高的价格会增加履约主体的守法成本。[②] 我国碳排放权交易试点基本采取预留配额的方式干预配额价格，即当配额价格高于设定的水平时，碳排放权交易主管部门将把预留配额投放到碳市场，通过调整供求紧张关系来平抑价格。此外，各试点基本允许履约主体使用核证减排量抵消一部分碳排放，从而核证减排量也可以在一定程度上增加碳市场的供给，起到平抑配额价格的作用。预留配额和抵消机制在配额价格过高时具有平抑价格的作用，当配额价格过低时却难

① 范英：《中国碳市场顶层设计：政策目标与经济影响》，《环境经济研究》2018 年第 1 期，第 1—7 页。

② 刘明明：《论碳排放权交易市场失灵的国家干预机制》，《法学论坛》2019 年第 4 期，第 62—70 页。

以保护履约主体参与碳排放权交易的积极性。

4. 碳排放监测、报告和核查机构的监管制度不健全

碳排放总量控制目标的设定、碳排放配额初始分配以及排放单位的履约等碳排放权交易体系的运转环节均依赖于真实可靠的碳排放信息。碳排放监测、报告和核查则是确保碳排放信息真实性和可靠性的重要手段。因此，政府对碳排放监测、报告和核查机构的监管至关重要。现阶段，我国出台了行业企业温室气体排放核算方法与报告指南，并对核查机构实行备案管理，[①] 但监管仅停留在较为笼统和原则性的规定层面，尚未形成具有可操作性的制度。

（二）宏观调控层面的问题

1. 碳泄漏的法律应对问题

碳泄漏的发生往往是由于碳排放管制区域内的履约主体将高碳排放的全部或者部分产能转移到未实行碳排放管制的区域，[②] 从而造成碳排放管制政策的失灵。例如，2011 年欧盟仅基本金属和金属制品两个产业对中国的碳泄漏量高达 766 万吨二氧化碳当量，占当年对中国碳泄漏总量的 17%。[③] 七省市碳排放权交易试点的管理办法均未针对管辖区域内纳入碳排放权交易体系的行业企业设置避免或减少碳泄漏的措施。因此，试点地区的企业基于逐利性，可能会因为减排成本高昂而将产能转移到非试点地区，从而产生碳泄漏，导致碳排放权交易试点的减排效果大打折扣。

2. 碳排放权交易体系的连接问题

全国碳排放权交易体系庞大，省级碳排放权交易主管部门在总量控制、配额分配及管理、履约机制等方面拥有自主权，可能就同一问题出现地方立法的冲突问题，这一点在 7 个碳排放权交易试点的立法实践中已经印证。然而，全国碳排放权市场的一体性要求各省级碳排放权交易体系具有开放性和可连接性，这就要求建立省级碳排放权交易体系的连接机制。此外，后巴黎时代，由于各国 NDC 的方式多样、碳排放交易体系的类型不同、交易对象的异质性、碳市场规则的差异性等因素，国家间的碳市场

---

① 田丹宇：《我国碳排放权的法律属性及制度检视》，《中国政法大学学报》2018 年第 3 期，第 75—88 页。

② 陈贻健：《论碳泄露的法律规制及其协调》，《学海》2016 年第 6 期，第 142—148 页。

③ 邸玉娜：《中国碳密集型产业的出口战略研究——基于欧盟碳泄漏的视角》，《软科学》2016 年第 11 期，第 29—33 页。

连接进展缓慢、成效不足。中国将来如何通过国际碳市场连接实现更有效率地减排是当下亟待研究的课题。

3. 碳排放权交易制度与其他制度的协调问题

碳排放权交易制度的功能在于通过市场手段低成本地实现温室气体减排目标。政府在创设碳排放权交易制度时应当统筹考量碳排放权交易与碳税制度、温室气体排放标准、排放许可、可再生能源配额制度、节能证书交易制度、合同能源管理制度、用能权交易制度等其他具有温室气体减排功能的手段之间的关系。例如，碳排放权交易和用能权交易分别是从排放侧和供给侧控制企业的用能行为，由此会产生碳排放配额与用能权指标能否互抵以及如何互抵的问题，国家应当对这两项制度的衔接问题作出规定。

碳排放权交易市场是国家进行气候治理的市场工具。考察七省市碳排放权交易试点以及发电行业全国碳排放权交易的实践，碳排放权交易市场的微观规制层面存在管理体制不健全，碳排放配额的初始分配的方法和标准不统一、公平性有待进一步提高，碳排放配额的价格干预机制不健全以及对碳排放权交易服务主体的监管不足等问题；宏观调控层面缺失对碳泄漏问题的应对、忽视碳排放权交易体系的连接以及碳排放权交易制度与其他相关制度的冲突与协调问题。在将来全国碳排放权交易体系的建设过程中，政府要做好碳排放权交易市场的引导者、监督者和调控者，从微观规制和宏观调控两个层面，为充分发挥碳市场在减排资源配置方面的效率优势提供制度保障。

第四章　欧盟和美国碳金融市场的国家干预

第一节　欧盟碳金融市场国家干预的实践及经验教训

一、欧盟碳排放权交易的四个阶段

欧盟国家以整体减排的方式履行《京都议定书》中规定的减排义务，即欧盟十五国作为一个整体完成在第一承诺期（2008—2012 年）比基准年（1990 年）的温室气体排放量减少 8% 的承诺。欧盟 2003 年制定了《排放交易指令》，规定自 2005 年 1 月 1 日起开始实施欧盟排放交易计划。[①] 欧盟为各成员国分配温室气体排放配额，然后各个成员国制定国家分配方案（National Allocation Plan，NAP），为纳入排放交易体系的企业分配可交易的排放配额。[②] 欧盟的排放权交易计划已经经历了三个阶段，其中，第一阶段是“干中学”的起步阶段（Pilot Phase，2005—2007 年）[③]，第二阶段是京都义务阶段（Kyoto Commitment Period，2008—2012 年），第三阶段为 2013—2020 年，第四阶段为 2021—2030 年。

（一）起步阶段

在起步阶段，每年分配的排放配额数量达到了 22 亿吨二氧化碳当量。

① 刘明明：《温室气体排放控制法律制度研究》，法律出版社 2012 年版，第 145 页。

② 刘明明：《温室气体排放控制法律制度研究》，法律出版社 2012 年版，第 145 页。

③ 饶蕾等：《欧盟碳排放交易配额分配方式对我国的启示》，《环境保护》2009 年第 9 期，第 66—68 页。

每个欧盟国家按照国家分配计划制定本国的排放上限和分配方案。各成员国在制定国内分配方案时有一定的自由裁量权，但是必须符合欧盟《排放交易指令》的目标和透明度标准。这些标准包括：配额分配的数量必须与《京都议定书》和欧盟的减排目标相一致、配额分配的数量必须与纳入排放权交易主体的减排潜力相一致、国家分配方案不得偏袒或者歧视任何企业或行业部门、国家分配方案必须考虑到新建企业如何参与排放权交易以及早期减排行动问题。

国家分配方案由欧盟气候变化委员会批准，该委员会由所有成员国和欧盟委员会组成。按照《欧盟排放权交易指令》的规定，排放配额的初始分配中至少95%的配额要免费分配给纳入交易体系的主体，初始分配中用于拍卖的配额最多不超过配额总量的5%。如果纳入排放权交易体系的主体没有履约，超额排放1吨二氧化碳当量罚款40欧元。

在起步阶段碳排放配额的价格波动很大，从每个配额36欧元降到8欧元直至0欧元，并且价格对减排行动提供持续性的激励。[①] 配额价格的波动主要是配额的过量分配导致的。

在起步阶段配额过量分配的原因有三个方面：第一，在“干中学”阶段，欧盟委员会有意地采取了相对较低的减排目标评估国家分配方案。第二，在国家层面和企业层面，用于确定配额分配排放基线的历史排放数据不准确，从而政策制定者没有足够或者可靠的信息用于设定排放上限。第三，配额总量的确定基于由二十多个成员国提交的国家分配方案，并且欧盟委员会对这些国家分配方案的监督不到位。这种分散的管理有利于欧盟碳排放权交易计划获得成员国的支持，但事实证明这对有效的市场组织、监管和运行是不利的。过剩的配额导致价格的下降。此外，第一阶段的配额不能存储或者积累到第二阶段使用，也是价格不稳定的原因。如果一个成员国在2007年年底仍持有富余配额，而该国不能在第二阶段使用这些配额，这些配额也就毫无价值。

在起步阶段，配额价格的急剧下降也意味着没有持续的价格信号激励私人部门投资温室气体减排活动。事实上，起步阶段的意图在于为建立碳

---

① U. S. Government Accountability Office (GAO), “International Climate Change Programs: Lessons Learned from the European Union’s Emissions Trading Scheme and the Kyoto Protocol’s Clean Development Mechanism,” http://www. gao. gov/assets/290/283397. pdf，最后访问日期：2022年4月23日。

市场积累经验。欧盟可以在碳排放权交易的第二阶段及时地纠正起步阶段中的错误以履行《京都议定书》的承诺。在起步阶段，欧盟在 27 个成员国成功建立了碳市场，表明了碳审计、排放监测以及碳排放配额这种全新商品的交易平台的技术可行性。即使在起步阶段出现了许多问题，但是独立第三方的分析认为欧盟碳排放权交易创造了排放配额的某种稀缺性并且至少促进排放下降了 5%。[①] 到 2006 年，欧盟的碳排放较排放基线下降了大约 3%，这使得欧盟委员会坚信《京都议定书》的排放权交易机制对于减排目标的达成是有效的，今后的气候变化谈判应当坚持这一方法。

（二）履行京都承诺阶段

起步阶段后，欧盟对第二阶段的碳排放权交易作了几方面调整。这些调整涉及改变成员国的配额上限和对国家分配方案进行更加严格的监管。与起步阶段相比，每年的配额总量减少了 10%。碳排放权交易所涵盖的温室气体由单纯的二氧化碳扩展为二氧化碳以及其他温室气体。成员国用于拍卖的配额比例增加到 5%—10%。

为了融合欧盟碳排放权交易第二阶段和《京都议定书》，成员国通过了连接两个碳市场的欧盟指令。根据此指令，欧盟碳排放权交易的参与主体可以购买通过清洁发展机制或者联合履约机制产生的配额以抵消其一定比例的排放。欧盟碳排放权交易针对京都抵消信用的适用设定了一些限制，包括禁止使用通过核电、土地利用变化以及森林碳汇等产生的信用。此外，大型水电站产生的抵消信用仅限于符合国际大坝委员会环境与社会条件或者其他相关国际标准的大坝所产生的信用。欧盟排放权交易最多可利用京都信用抵消成员国排放的 50%。

（三）第三阶段

2008 年 12 月，欧盟针对后京都时代（2013—2020 年）通过了关于碳排放权交易的第三阶段的决定。第三阶段的配额分配每年减少 1.74%，到 2020 年年排放量达到 1720 兆吨二氧化碳当量。到 2013 年，大约 50% 的排放配额通过拍卖分配，其中，电力行业的配额全部通过拍卖分配。欧盟碳排放权交易包含全部电力部门，航空业在 2012 年被纳入碳排放权交

---

① A. Denny Ellerman & Paul L. Joskow, "The European Union's Emissions Trading System in Perspective, Prepared for the Pew Center on Global Climate Change," https://www.c2es.org/document/the-european-unions-emissions-trading-system-in-perspective/，最后访问日期：2021 年 12 月 1 日。

易体系，其他工业部门的纳入比例也逐步提高。第三阶段碳排放权交易的目标为比 2005 年排放水平下降 20%。第三阶段排放权交易的最大特点在于增加了融合与集中的程度。欧盟范围内设立一个单独的减排目标以取代各成员国提交的国家分配方案。碳市场将在欧盟层面全面统一，由位于布鲁塞尔和欧盟委员会的监管机构统一管理市场。

（四）第四阶段①

为在 2050 年之前实现气候中性（Climate Neutrality），欧盟于 2021 年 7 月 14 日通过了一系列法案，其中包括碳排放权交易制度的修订提案。修订后的碳排放权交易规则将适用于欧盟碳排放权交易第四个阶段，即 2021—2030 年。为实现欧盟 2030 年温室气体减排目标，纳入欧盟碳排放权交易体系的排放主体必须在 2005 年的基础上减少 43% 的温室气体排放。2021—2030 年，欧盟将通过以下措施强化碳排放权交易在温室气体减排中的作用：第一，为加速温室气体减排，2021 年开始欧盟碳排放配额总量以 2.2% 的比例逐年降低。第二，欧盟将继续加强市场稳定储备（Market Stability Reserve，MSR）。在 2019—2023 年，储备配额的比例将翻倍至流通配额的 24%。2024 年开始，该比例恢复至 12%。从 2023 年开始，储备配额的数量将限定在前一年拍卖配额的幅度内，超过该限度的配额将失效。第三，修订后的欧盟碳排放权交易指令采取了可预测、强有力和公平的碳泄漏风险应对措施。对于具有高度碳泄漏风险的部门继续实行配额的完全免费分配；对于具有较高碳泄漏风险的部门，2026 年之后按照每年不高于 30% 的比例逐步取消配额的免费分配。第四，设立现代化基金和创新基金以支持能源部门的现代化以及能源密集型产业部门开展低碳创新。

二、欧盟碳排放权交易立法的经验和教训

作为全球最早建立的总量控制型交易体系（cap-and-trade），欧盟碳排放权交易指令随着实践的深入不断修订，其在改革中遇到的问题和应对经验可以为其他国家和地区建立碳市场提供借鉴。

① "Revision for Phase 4 (2021 - 2030)," https://ec.europa.eu/clima/eu - action/eu - emissions - trading - system - eu - ets/revision - phase - 4 - 2021 - 2030_ en，最后访问日期：2021 年 10 月 17 日。

（一）可靠信息的重要性

起步阶段的经验说明，健全可靠的数据信息对于碳市场的建立至关重要。缺失企业层面的历史核证排放数据削弱了起步阶段国家分配方案的作用，也使得管理者难以制定符合实际情况的排放上限和预期减排目标，[①]进一步导致排放配额的过量分配和市场价格信号的扭曲。基线数据与历史排放数据的差距导致难以评估起步阶段的最终减排效果。排放权交易的第三阶段，欧盟制定碳排放权交易相关政策的依据是2005年以来经过核证的真实排放数据。

（二）透明统一的分配

清晰、透明以及可比的分配规则是碳市场有效运行的关键。最初的欧盟碳排放权交易指令以及欧盟委员会的无约束力指导规则试图制定保证国家分配方案的一致性的基本规则。但是，因为排放交易计划和27个国家分配方案的建立过快，在排放交易的初步阶段和第二阶段成员国的分配方案存在很多不一致的地方。国家层面的配额分配程序缺乏透明度，并且最终排放分配反映了由纳入排放交易计划的主体自行确定的照常排放情形（business-as-usual projection）。欧盟委员会对国家分配方案的审查集中于以下几个方面：各成员国的分配方式，避免分配后的调整，评估国家分配方案与《京都议定书》减排目标的关联性。对于配额分配在欧盟范围内对竞争的影响或者国家在补贴国内企业中的作用只是进行一般性的表面审查。例如，意大利的一家钢铁企业比英国的一家同样规模的钢铁企业获得了更多的排放配额，那么，该意大利企业就在控制碳排放方面获得了更多的国家补贴。欧盟在起步阶段，为了在《京都议定书》承诺期开始之前尽快地启动碳排放权交易计划而忽略了排放权交易对竞争的影响。欧盟委员会对碳排放权交易放手不管的做法也许为迅速启动碳排放权交易铺平了道路，但是也导致了起步阶段排放配额的超量分配问题。

欧盟碳排放权交易第三阶段的配额分派从两个方面进行了改革。第一，成员国意识到制定27个不同国家的分配方案弊大于利，其所带来

① Frank Convery, Denny Ellerman, Christian De Perthuis, "The European Carbon Market in Action: Lessons from the First Trading Period," MIT Joint Program on the Science and Policy of Global Change, Report No. 162, 2008, p. 10.

的竞争扭曲和市场实效影响远远超过其利益。在第三阶段，成员国之间的配额分配将由欧盟统一集中管理。在将来，只针对欧盟整体设定排放上限。第二，将来排放配额的分配主要采取拍卖方式。到 2013 年，电力部门接近 100% 的配额通过拍卖有偿分配。其他部门配额拍卖的比例将逐年提高。

（三）配额存储机制

在欧盟排放权交易的起步阶段，并不明确将来是否还存在第二阶段和第三阶段。因此，起步阶段的剩余配额是禁止存储并有待在以后的履约期间使用的，一旦履约期间结束，所有的剩余配额将失效。这给配额价格施加了下跌压力，特别是在配额已经过量分配的情况下。鉴于此，欧盟在第二阶段允许配额存储，即第二阶段剩余的配额可以在第三阶段继续使用，这对稳定配额价格起到了积极的作用。

（四）碳市场的连接

欧盟的经验表明不同碳市场之间的连接既有挑战也有机遇。根据欧盟的连接指令，欧盟允许交易一定比例的由《京都议定书》清洁发展机制和联合履约机制产生的排放信用。欧盟的经验表明通过减排项目、双边或者区域协定实现多个碳市场连接具有可行性。像其他商品或服务市场一样，碳市场中买卖主体的增多可以令市场更加有效地运转。欧盟通过一些技术措施保证不同的交易体系的减排量是等值的。特别是，不同的交易体系可能采取不同的成本限制措施以避免履约成本过高。这些安全阀措施允许政府在配额价格超过一定门槛时通过发放更多的配额或采取其他措施降低履约成本。采取成本限制措施的碳市场与不采取该类措施的碳市场相互连接可以将安全阀措施转移到不采取成本限制措施的碳市场。这就意味着，如果一个政府设定每个配额的安全阀值为 20 美元，那么这个价格将成为两个连接的碳市场的安全阀值。

（五）保护产业竞争力和防止碳泄漏

欧盟一直致力于解决产业竞争力问题，也就是说，与不采取温室气体排放总量控制国家的产业相比，欧盟的相似产业将会因为碳减排约束而竞争力不足。高碳产业向没有碳减排约束的国家转移不仅会导致失业和其他经济问题，还会产生碳泄漏问题。

在欧盟排放权交易的起步阶段和第二阶段并没有发生明显的碳泄漏或

者竞争力损害问题。许多研究者认为，在起步阶段和第二阶段之所以没有发生明显的碳泄漏或者竞争力损害问题，原因在于配额过度分配和免费分配使得碳密集型产业向海外转移失去动力。[①] 在欧盟排放权交易第三阶段，碳价格将会升高，碳泄漏和竞争力保护仍然是欧盟所关心的问题。欧盟已经考虑了几项措施应对产业转移和可能的碳泄漏问题，包括建议采取边境调节措施，要求高碳产品的进口者购买排放信用以反映产品的生产排放。最终，欧盟否决了边境调节措施，并且探索方案以降低可能因气候管制而竞争力下降的产业的减排成本，例如，给这些产业免费分配配额。

（六）公平和成本分配问题

欧盟在分配、机会成本和暴利方面也提供了重要经验，这涉及配额初始分配采取拍卖还是无偿分配方式。排放配额可以采取多种分配方式：对于现有的企业可以按照历史排放量无偿分配；配额可以根据基于技术的基准线分配；或者所有配额都采取拍卖方式分配。按照历史排放量无偿分配可以减少电力事业或其他利益团体对排放权交易的反对，从而使排放权交易更加具有政治可行性。采取基准分配法分配在技术、管理和政治可行性方面面临的困难会更大一些，但是会引导现有企业采取更加有效的低碳技术。如果设计合理，拍卖将是更加透明和公平的分配方式，并且可以给政府带来财政收入。拍卖所得的财政收入可以返还给消费者或者投资气候友好和能源效率型技术。

能源价格因为排放配额的价格而升高，但是电力企业和其他免费配额的接受者并没有增加生产成本，对这些企业来讲，接受免费配额马上就有了市场价值，从而相当于接受了巨额暴利。[②] 在排放权交易的第三阶段，欧盟全部拍卖电力部门的配额并且其他部门配额的拍卖比例也逐年提高，欧盟希望将配额拍卖收益用于公共财政支出。

---

① U. S. Government Accountability Office （GAO），"International Climate Change Programs：Lessons Learned from the European Union's Emissions Trading Scheme and the Kyoto Protocol's Clean Development Mechanism，" http：//www. gao. gov/assets/290/283397. pdf，最后访问日期：2022 年 4 月 23 日。

② A. Denny Ellerman & Paul L. Joskow，"The European Union's Emissions Trading System in Perspective，Prepared for the Pew Center on Global Climate Change，" https：//www. c2es. org/document/the – european – unions – emissions – trading – system – in – perspective/，最后访问日期：2021 年 12 月 1 日。

第二节　美国碳金融市场国家干预的实践及经验教训

RGGI 是美国第一个总量控制型碳排放权交易体系。有 10 个州参与 RGGI，分别是康涅狄格州、特拉华州、缅因州、新罕布什尔州、新泽西州、纽约州、佛蒙特州、马萨诸塞州、马里兰州和罗得岛州。RGGI 的目的是以一种具有经济效率的方式稳定并逐步减少化石燃料电厂的二氧化碳排放。RGGI 各州于 2005 年开始筹建电力部门的碳排放权交易体系，至今经历了签订谅解备忘录（Memorandum of Understanding）、制定示范规则（Model Rule）、启动第一阶段交易、评估实施效果和修改示范规则、开展第二阶段交易等过程，以下将重点分析 RGGI 从筹备到实施各阶段的制度经验和教训。

一、谅解备忘录：美国区域温室气体行动的合作框架

2005 年 12 月，RGGI 各州就开展电力部门碳排放权交易签订了谅解备忘录，就 RGGI 管理机构、碳排放区域总量控制及配额分配、履约机制、碳泄漏的应对措施、示范规则的制定及实效评估等核心问题达成了一致。

（一）管理机构

为了促进碳排放权交易计划的管理，各州同意设立区域组织（Regional Organization，RO），RO 办公室设在纽约市。RO 是非营利性组织，依据经各州同意的章程运作。RO 设立执行委员会（Executive Board），每个州派出 2 名代表作为执行委员会成员。RO 的职能主要包括以下几个方面。第一，作为各州在执行碳排放权交易计划中的审议机构，协调各州的集体行动。第二，排放和配额追踪。在碳排放权交易计划的制定和实施过程中，代表各州接受和保存纳入交易计划的主体报告的排放信息并追踪配额账户。第三，为各州制定新的抵消项目标准提供技术支持。第四，为各州审核和评价抵消项目提供技术支持，包括为潜在的抵消项目发起者制定指导规则文件。RO 可以根据各州的要求在抵消信用的申请评估中提供协助。

需要注意的是，RO 仅仅是提供技术支持的组织，其并没有碳排放权交易计划的管理或者执行权力。RO 的预算由 RO 执行委员会批准，其运转费用由各州根据其年度总配额占 RGGI 年度总配额的比例分摊支付。

（二）区域总量控制及配额分配

RGGI 地区对 5 年的排放配额进行了总量限制，即在 2009 年 1 月 1 日至 2014 年 12 月 31 日整个区域的年度总配额为 121253550 短吨（1 短吨 = 0.907 吨），交易计划实施的 5 年期间每年的配额总量不变。参与交易计划的各州根据历史排放水平按比例获得了该州的年度总配额。其中，康涅狄格州 10695036 短吨，特拉华州 7559787 短吨，缅因州 5948902 短吨，新罕布什尔州 8620460 短吨，新泽西州 22892730 短吨，纽约州 64310805 短吨，佛蒙特州 1225830 短吨。2009 年至 2014 年每个州的年度总配额保持不变。从 2015 年开始，每个州的年度总配额每年下降 2.5%，从而保证到 2018 年各州的配额总量比初始配额总量降低 10%。

各州均应当保证有 25% 的配额分配用于保护消费者利益或者能源战略目标。消费者利益或能源战略目标包括利用配额促进能源效率、直接减少对电力消费者的不利影响、促进可再生能源或者零碳排放科技、刺激或者奖励具有重大碳减排潜力的碳减排科技创新项目的投资以及此类项目的管理。

各州可以向在签署 RGGI 备忘录（2005 年 12 月 30 日）之后、启动碳排放权交易计划（2009 年 1 月 1 日）之前采取温室气体减排行动并纳入碳排放权交易计划的主体签发早期减排信用，但是早期温室气体减排活动必须通过提高排放比率（单位产品的温室气体排放量）实现绝对减排。

（三）履约机制

1. 履约期间

RGGI 谅解备忘录约定碳排放权交易的履约期间一般为 3 年，纳入碳排放权交易的主体必须在规定的时间提交与其在履约期间实际排放量相等的排放配额或信用。但是，为了降低碳排放权交易对经济的压力，谅解备忘录规定了延长履约期间的情形，即安全值触发事件。在市场稳定期（每个履约期间的前 14 个月）过后，如果 12 个月内区域碳排放配额现货的平均价格（移动平均，rolling average）等于或者超过安全限值，那么履约期间可以延长，每次延长 1 年，最多延长 3 次。其中，2005 年的安全限值为 10 美元，从 2006 年 1 月 1 日开始安全限值根据消费价格指数上调，调整的幅度为当年的消费价格指数加上2%。

2. 抵消机制

RGGI设计了抵消配额（offset allowances）机制，即符合条件的温室气体减排项目如果在RGGI备忘录生效之日或生效以后产生了减排量，项目的发起者可以获得RGGI主管机构授予的抵消配额，这些抵消配额可以在碳排放权交易市场上交易并且可以被纳入碳排放权交易体系的主体用于履约。合格的温室气体减排项目必须满足真实性、额外性、永久性以及可核证等条件。合格的温室气体减排项目主要包括以下几类：垃圾填埋场的甲烷捕捉和燃烧、六氟化硫的捕捉和再利用、造林、天然气、丙烷和取暖油终端利用能效的提高、农业活动甲烷捕捉、天然气传输中减少甲烷的逸散排放，以及各州一致批准的其他项目。

参加RGGI的各州以及美国境内任何地区符合条件的温室气体减排项目均可以获得抵消配额，但是，参加RGGI的州温室气体减排项目每产生1吨减排量可以获得1个抵消配额，而其他地区温室气体减排项目需产生2吨减排量才可以获得1个抵消配额。在每个履约期间，纳入碳排放权交易计划的主体最多可以使用抵消配额抵消其3.3%的碳排放。

在市场稳定期后，如果在12个月内区域碳排放配额现货的平均价格（移动平均）超过7美元，则构成抵消触发事件。出现抵消触发事件后，整个北美地区的温室气体减排项目均有资格申请抵消配额，并且1吨减排量授予1个抵消配额，纳入碳排放权交易计划的主体适用抵消配额以抵消碳排放的比例也会增加到5%。在抵消触发事件消除后，有关抵消项目的地域、抵消配额的授予以及抵消比例的限制等事项将按照最初的规定处理。

如果安全值触发事件连续发生2次，抵消配额可以授予符合条件的北美任何地区以及国际温室气体减排项目，并且1吨减排量授予1个抵消配额，纳入碳排放权交易计划的主体在履约的前3年使用抵消配额抵消其碳排放的5%，从履约的第4年开始可以使用抵消配额抵消其碳排放的20%。安全值触发事件消除后，有关抵消项目的地域、抵消配额的授予以及抵消比例的限制等事项在接下来的履约期间将按照最初的规定处理。

（四）碳泄漏的应对措施

谅解备忘录约定各州应当意识到碳排放权交易项目导致电力进口增加进而造成碳泄漏的可能性。为了应对碳泄漏，各州应当在2006年4月1

日之前设立州际工作组，该工作组由各州能源和环境管理机构的代表组成。州际工作组应当在 2007 年 12 月之前提出应对碳泄漏的措施。州际工作组不仅应当考虑应对碳泄漏措施的效果，还要考虑该措施对能源价格、配额价格、电力供应以及 RGGI 各州经济的影响。在考虑潜在的碳泄漏应对方案时，州际工作组应当咨询有关专家、利益相关者和区域输电单位代表的意见。

各州应当在碳排放权交易计划开始实施起对电力进口进行不间断的监控，并且从 2010 年开始每年提供监控报告。在第一个三年履约期结束后，各州应当确定是否由于碳排放权交易计划造成 RGGI 各州之外电力企业的排放增加以及增加了多少。如果造成 RGGI 各州之外电力企业的排放显著增加，各州应当采取措施以减少这些排放的增加。

（五）示范规则的制定和实效评估

RGGI 谅解备忘录约定各州应在签订 RGGI 备忘录的 90 日内共同起草并公布建立碳排放权交易体系的示范规则（Model Rule），以指导各州成立碳排放管理机构并建设碳排放权交易体系。示范规则公布后，应当公开征集公众意见 60 天，各州应当充分考虑公众意见并相应修改示范规则。征集公众意见结束后 45 天内应当完成示范规则的修改并颁布。各州应当制定并颁布有关建立碳排放权交易计划的法律或者行政法规，并于 2008 年 12 月 31 日之前生效。各州的第一个履约期从 2009 年 1 月 1 日开始。

2012 年，各州应当对碳排放权交易计划进行全面的评估，包括但不限于：项目的成功之处、项目对电力价格和供电安全的影响、2018 年后进一步减排的潜力、应对碳泄漏措施的有效性、抵消项目对价格和环境整体性的影响。

二、示范规则：美国区域温室气体行动的法律指引

根据 RGGI 谅解备忘录的要求，各州共同制定了 RGGI 示范规则。示范规则的作用在于指导和约束各州制定碳排放权交易管理规则，以便在配额分配和管理、履约等重要方面做到协调一致。示范规则主要对碳排放许可、配额分配和管理，以及履约机制等事项作了具体的规定。

（一）碳排放许可

每一个纳入交易计划的二氧化碳排放单位都必须获得由管理机构颁发

的许可证。碳排放权交易计划的具体要求应当作为许可证内容的一部分。任何纳入碳排放权交易计划的排放单位必须在排放设备运行前 12 个月向主管机构提出许可证申请，申请时需提供单位以及排放设备的详细信息。

（二）配额分配和管理

RGGI 将各州在履约期间的碳排放总量称为“州碳排放权交易基础预算”（NAME of Relevant RGGI State CO_2 Trading Program Base Budget）。RGGI 各州对如何分配该州的配额具有自由裁量权，但是要保证至少有 25% 的配额分配到消费者利益或能源战略目标预留账户（Consumer Benefit or Strategic Energy Purpose Set-aside Account），用于保护消费者利益或实现能源战略目标。此外，各州除了拍卖配额外，还可以决定是否进行早期减排者配额分配、自愿可再生能源市场预留分配以及有限豁免预留分配。

1. 早期减排配额（Early Reduction CO_2 Allowances，ERAs）的配额分配

主管机关可以授予符合以下条件的纳入碳排放权交易计划的主体早期减排配额：在早期减排期间（2006 年、2007 年和 2008 年）实现的温室气体减排量；非因设备关闭产生的减排量；早期减排者须在 2009 年 5 月 1 日前提出授予早期减排配额的申请；证明所有设备在基准年（2003 年、2004 年、2005 年）期间正常运行并且在早期减排期间被纳入碳排放权交易计划，在早期减排期间新上的设备也包括在内。

早期减排配额的计算。如果早期减排主体在早期减排期间的碳排放比率（单位产品的碳排放量）低于基准期间，那么主管机关计算早期减排配额的公式为：ERAs =（AEERBASELINE - AEERERP）×［EOERP +（TOERP/3.413）］/2000。其中，ERAs 代表早期减排配额（1 个配额等于 1 短吨的二氧化碳排放），AEERBASELINE 代表所有设备在基准年的平均碳排放比率（以磅为单位），AEERERP 代表所有设备在早期减排期间的平均碳排放比率，EOERP 代表基准年期间所有设备的电力输出，TOERP 代表所有设备在基准年期间的热力输出，3.413 是热力与电力的转换值（1 兆瓦时等于 3.413 百万英热单位）。除以 2000 是将磅转换为短吨，因为 1 个早期减排配额等于 1 短吨（2000 磅）的二氧化碳排放。如果早期减排主体在早期减排期间的碳排放比率高于基准期间，那么早期减排配额的计算公式为：ERAs = EBASELINE - EERP，其中 EBASELINE 为基准期间所有设备的碳排放总量（单位为短吨），EERP 为早期减排期间所有设备的碳排放总量（单位为短吨）。主管机关审核通过后，在 2009

年 12 月 31 日前将早期减排配额分配到纳入碳排放权交易主体的履约账户中。

2. 自愿可再生能源市场预留分配（Voluntary Renewable Energy Market Set-aside Allocation）

在每个履约期间，主管机关应当从碳排放权交易基础预算中分配一定数量的配额到自愿可再生能源市场预留账户。任何主体在每个履约期开始年度的 7 月 30 日之前均可向主管机关提交购买自愿可再生能源的证明信息。此类信息的来源必须可靠，包括零售商、可再生能源产品认证组织以及主管机关确定的其他主体。此外，自愿可再生能源的购买信息必须经过证实并且出具以下证明材料：最近三年购买自愿可再生能源或者可再生能源信用的材料；生产可再生能源电力或者产生可再生能源信用的地域（州），包括生产单位的名称、代码以及燃料品种；可再生能源电力或者可再生能源信用产生的时间。主管机关审核材料后，预测在履约期间该州将会产生的自愿可再生能源购买数量，然后计算自愿可再生能源市场预留配额的数量，计算公式为 CO_2 tons = MP × EF，其中 MP 代表自愿可再生能源的购买数量（单位为兆瓦时），EF 是产生可再生能源电力地区的碳排放比率（每兆瓦时的二氧化碳排放量，单位为磅）。在履约期间结束前，主管机关应当比较预测的自愿可再生能源数量与实际产生的自愿可再生能源购买数量，如果前者超过后者，则在自愿可再生能源预留账户中扣减差额，如果前者少于后者，则在自愿可再生能源预留账户中追加差额。

3. 有限豁免预留分配（Limited Exemption Set-aside Allocation）

主管机关在每个履约期间应当设立普通账户以管理有限豁免预留配额的分配。有限豁免是指对于铭牌功率达到纳入碳排放权交易标准（25 兆瓦），但是因许可证的限制，其年度电力输出量仅等于或者小于其年度可发电量的 10% 的设备，免予纳入碳排放权交易计划。如果存在有限豁免的情况，主管机关应当于每个配额分配年度在有限豁免预留账户中扣除与有限豁免设备年度排放等量的配额。扣除配额后，如果有限豁免预留账户中还有剩余配额，主管机关应当将剩余配额分配到纳入碳排放权交易主体的履约账户中，分配的方式为：纳入碳排放权交易主体应获得的配额数量 = 有限豁免预留账户中剩余配额的总量 ×（纳入碳排放权交易主体履约期间的碳预算/RGGI 各州碳排放权交易年度基础预算）。

（三）履约管理

1. 履约证明（compliance certificate）

碳排放权交易账户的代表在提交履约证明报告时，应当按照规定要求提供以下信息：纳入碳排放权交易体系主体及其排放设备的身份证明、用于履约的排放配额的序列号。

碳排放权交易账户的代表应当在履约证明报告中就以下事项证实纳入交易计划的主体及其设备是否在履约期间按照碳排放权交易计划的规定正常运行：碳排放监测计划是否真实有效地实施、碳排放监测的季度报告。

主管机关负责对履约证明进行审核，并可以委托独立第三方对履约证明报告的事项进行审计，根据审计结果对履约信息进行相应的修改。

主管机关可以根据审核后的履约证明报告从纳入交易计划主体的履约账户中扣减排放配额。

2. 履约配额的要求

排放配额须满足以下条件方可用于履约：排放配额须是在履约期间获得的；须在履约期间规定的配额转移最后期限之前将排放配额转入履约账户；抵消配额的使用须符合比例限制；如果纳入碳排放权交易计划的主体在上一个履约期间存在超额排放，应当在履约账户内的排放配额抵扣相当于上一个履约期间超额排放 3 倍的配额数量之后，剩余的配额才能用于抵扣当前履约期间的碳排放。

履约账户或一般账户中的排放配额可以储存在账户中，除非被抵扣或者转移。纳入碳排放权交易计划的主体不得使用将来履约期的配额抵消当前履约期的碳排放。

3. 抵消配额项目的额外性要求

抵消项目或者二氧化碳排放信用注销（CO_2 Emissions Credit Retirement）并非依据任何地方以及州或联邦的法律、行政法规、行政或司法命令而开展。

如果抵消项目来源于发电设备，项目的发起方必须将对该抵消项目产生的全部法律权利（该类权利用于履行可再生能源投资标准或其他管制要求）转移给碳排放权交易的主管机关。

如果抵消项目受到资助或者受到其他激励措施推进，则该项目不能被授予抵消配额。

如果抵消项目或者二氧化碳排放信用注销活动被其他强制或自愿温室气体排放权交易计划授予了信用或配额，则该类项目或碳排放信用注销不能获得抵消配额。

4. 违约责任

纳入碳排放权交易计划的主体，应当在履约期间截止前在履约账户中持有足够数量的配额以用于抵消其在履约期间的碳排放。如果履约账户中没有足够的配额，主管机关将在该履约期间之后的配额分配年度扣减相当于超额排放3倍的配额。如果履约账户中的下一个履约期间的配额不足扣减超额排放的3倍，纳入碳排放权交易计划的主体应当按要求转移足够的配额到其履约账户。抵消配额不得用于超额排放的扣减。对违约主体超额排放的配额扣减不影响其他法律责任的追究，如罚款及其他行政处罚。

三、经验和教训：美国区域温室气体行动立法存在的问题及其改进

（一）存在的问题

2012年，RGGI进行了非常严格和广泛的评估工作。此次评估设计了广泛的区域利益相关者参与程序，利益相关者包括受管制的社区、非营利环境组织、消费者和工业企业，以及其他利益相关者。RGGI各州从2010年就已经开始与项目评估的利益相关者开展工作，中间召开了12次利益相关者会议、网络研讨和培训会议。项目评估工作致力于确保RGGI在有效地减少二氧化碳排放的同时为消费者和RGGI区域创造利益。

项目评估发现了以下两个问题：第一，RGGI实施的第一个阶段存在配额过度分配问题，配额数量远远超过了实际的温室气体排放水平；第二，RGGI设计的成本控制措施以控制使用抵消配额履约的比例为基础，如果要保证碳排放总量控制具有约束力的话，这种措施在控制成本方面效果并不理想。

（二）改革措施

针对评估发现的问题，RGGI各州实施了以下三方面改革措施。

1. 优化配额总量、消解剩余配额

第一，修改RGGI的碳排放配额总量。为了纠正第一阶段配额过度分

配问题，RGGI 各州将根据当前排放水平降低区域碳排放配额总量，同时考虑碳排放权市场参与者持有的剩余配额量。2014 年的区域碳排放量上限为 9100 万短吨。2015 年至 2020 年，RGGI 区域碳排放上限和各州的排放预算每年下降 2.5% 。

第二，预算调整。RGGI 各州将通过两次中期调整处理碳排放权市场参与者持有的剩余配额问题。第一次调整的目的是将 RGGI 实施第一阶段（2009—2011 年）中碳排放权交易市场主体持有的剩余配额在 7 年期间（2014—2020 年）分配消化。第二次调整的目的是将 2012—2013 年碳排放权交易市场主体持有的剩余配额在 6 年期间（2015—2020 年）分配消化。同时，授权各州注销未分配和未售出配额。

第三，不再发放早期减排配额。在第二阶段早期减排的事实已经不存在，故 RGGI 删除了早期减排配额条款。

2. 调整配额价格干预机制

第一，新增成本限制预留配额机制。RGGI 各州将设计成本限制预留配额机制，即在 RGGI 碳排放总量上限（Cap）之外预留一定数量的配额，这些配额仅在配额市场价格超过预先设定的配额触发价格（Allowance Trigger Price）时才能使用。该机制为 RGGI 项目提供了灵活性和成本限制功能。2014 年成本限制预留配额的数量为 500 万短吨，以后每年是 1000 万短吨。成本预留配额可以在市场上自由交换。如果配额市场价格超过预先设定的配额价格触发点，主管机关将会出售成本预留配额以平抑市场价格，但成本预留配额的销售价格不得低于预先设定的配额触发价格。

第二，简化保留底价（Reserve Price）的确定方式。删除了 2008 年示范规则中烦琐的市场保留底价计算方法，简化了保留底价的计算方式，即最低保留底价每年增长 2.5% 。

3. 改革履约机制

第一，新增过渡履约期间（Interim Control Period）。

过渡履约期间是指每个 3 年履约期间的前 2 年，也就是说每个履约期间内有 2 个过渡履约期间。在每个过渡履约期间，纳入碳排放权交易计划的主体所持有的配额数量须等于或者大于其在该过渡履约期间实际碳排放的一半。在 3 年履约期间的最后，纳入碳排放权交易计划的主体仍需要提交足够数量的配额以抵消其在履约期间的碳排放，同时其在过渡履约期间已经提交的配额将从清缴义务中扣除。在过渡履约期间的每1吨超额排放将被视为一个违法行为，但是不会承担3倍扣除配额的责任。所谓过渡履约期间超额排放，是指在每个过渡履约期间的最后，纳入碳排放权交易计划主体的实际碳排放的一半超过了其所持有的排放配额。

第二，取消了抵消价格触发机制。

修订后的示范规则删除了抵消价格触发条款，将使用抵消配额履行清缴义务的比例严格限定在3.3%，并且只有符合全部示范规则要求的项目产生的抵消配额才能用于履约。这种变化的原因在于新设计的成本限制预留配额机制代替了实际上并没有有效发挥价格调控功能的抵消价格触发机制。

第三，删除了履约期间延长的规定。RGGI第一阶段，规定在市场稳定期（每个履约期间的前14个月）过后，如果12个月内区域碳排放配额现货的平均价格等于或者超过安全限值，那么履约期间可以延长，每次延长1年，最多延长3次。履约期的延长虽然有助于降低履约成本，但导致了温室气体排放总量控制形同虚设。由此，RGGI第二阶段取消了有关市场稳定期和履约期延长的规定，改由成本限制预留配额机制代替其控制履约成本的功能。

综上，从RGGI创建到第二阶段对各类问题的修正，可以发现，RGGI的经验和教训给我们如下启示。第一，碳排放权交易体系建设之初要科学合理地确定碳排放配额总量，避免过度分配造成配额稀缺性不足或排放主体持有大量剩余配额，进而导致温室气体减排目的落空。第二，制定合理的成本控制机制以避免或减少碳泄漏现象。RGGI在第一阶段采取延长履约期、提高抵消比例等措施降低排放主体的履约成本，但导致减排目的难以实现。碳排放权交易体系的顶层设计要综合采取安全阀机制和早期减排信用机制等手段应对碳泄漏问题。第三，注重履约期限的灵活性。RGGI通过设定过渡履约期间，一方面提高了排放主体对碳排放权交易市场的预判能力，使其可根据配额供需情况及时调整碳资产管理策略；另一方面也提高了碳排放配额的市场流动性，避免交易集中发生在履约届满前，有利于碳排放权交易市场的价格发现。第四，通过配额引导气候友好型活动。RGGI注重发挥配额的激励作用，通过早期减排信用机制激励排放主体采取早期减排活动；通过自愿可再生能源市场预留分配激励可再生能源投资。第五，注重履约责任的严格性。RGGI设计了严格的履约责任体系：一方面，设定惩罚性扣缴机制，即未完全履约的主体在下一个履约期间分配配额时将被扣除相当于其在上一个履约期间超额排放3倍的配额；另一方面，扣除配额不影响追究未履约主体的其他法律责任，如罚款等。严格的履约责任对纳入碳排放权交易体系的减排义务主体形成威慑，对实现温室气体减排目标具有重要的保障作用。

第五章　中国碳金融市场国家干预的法律对策

碳金融是国家运用市场机制实施气候治理的重要工具。碳金融市场具有浓厚的国家干预色彩，政府在其创建和运行中起着元治理的作用。政府对碳排放配额总量的设定、分配以及碳排放权及其衍生品的管理直接决定碳金融市场的有效性。碳金融市场的国家干预包括微观规制和宏观调控。国家对碳金融市场的微观规制是从碳排放权交易体系的内部即构成要素方面加以干预的，主要涉及管理体制，总量控制制度，配额管理，碳排放监测、报告和核查制度，履约机制以及价格干预机制。国家对碳金融市场的宏观调控主要是从战略高度把握碳排放权交易体系的宏观性问题，主要涉及碳排放权交易体系的负面效应的矫正、碳排放权交易体系的连接机制以及碳排放权交易制度和其他相关制度的协调。

第一节　中国碳金融市场国家干预的总体策略

借鉴欧盟、美国等国家和地区碳排放权交易市场的监管制度，我国亟须从微观规制和宏观调控两个层面建立健全碳排放权交易市场国家干预机制。

一、微观规制层面

第一，健全碳排放权交易监管体制。碳排放权交易活动具有公益性、专业性、跨部门跨行业性以及国家干预性等特征，我国碳排放权交易监管体制的设计宜采取专门监管与协同监管相结合的模式。所谓专门监管，即在国务院和省级政府应对气候变化主管部门内部设立专门的碳排放权交易监管机构，负责对全国和地方碳排放权交易活动的监管。所谓协同监管，是指证券、银行、保险等金融主管部门，碳排放权交易所以及碳排放权交易服务机构在各自职责范围内对碳排放权交易活动进行监管。专门监管和证券、银行、保险等金融主管部门的监管属于政府监管，碳排放权交易所以及碳排放权交易服务机构的监管属于社会监管。

第二，完善碳排放权交易的信息保障机制。信息对称是碳市场能够良性运转的重要前提条件。碳排放监测、报告和核查制度作为评价碳排放主体的排放行为及减排绩效的技术规范，能够为政府掌握准确的碳排放数据提供制度保障，是碳排放权交易监管制度的核心内容。国家应当借鉴欧盟和日本的经验，从排放主体和独立第三方核查机构两个层面完善监管制度，以保证碳排放数据的真实性。

第三，健全碳排放配额的价格干预机制。在碳排放权交易体系建设初期，应当建立配额价格的国家干预机制，通过设定配额价格下限为碳减排企业和投资者提供稳定的激励。结合国外成熟碳市场的经验，政府干预碳排放权价格的措施主要包括固定价格机制、价格上下限机制、配额存储和借贷机制，以及配额回购与投放机制。

第四，完善碳排放配额初始分配机制。一方面，建议各地方以发电行业全国碳排放权交易配额初始分配的基准法为参照，逐步统一初始分配方法，以便于各地区碳排放权交易体系的连接。另一方面，碳排放配额的初始分配应当兼顾区域公平和个体公平。区域公平的实现，要求对经济发展水平和人均历史碳排放水平双低的区域进行配额的倾斜性配置。个体公平的实现，则有赖于进一步完善排放信用机制和配额调整机制。

二、宏观调控层面

首先，建立碳泄漏应对机制。如前所述，我国碳排放权交易试点尚未就碳泄漏的防范作出相关规定。将来全国碳排放权交易体系的建设，应当充分重视并构建规范体系以应对碳泄漏问题。碳泄漏的防范应当着眼于国内和国际碳排放权交易市场两个层面。国内层面，一是要防范限制碳排放区域向非限制区域转移碳排放，二是要防范不同的限制碳排放区域之间由于管制强度的不同而发生的碳泄漏。国际层面，要做好双向防范，一是要防范国外企业向国内转移碳排放，二是要防范国内企业向国外转移碳排放。防范碳泄漏的关键在于降低碳排放权交易制度给排放主体带来的碳减排成本，包括自主减排成本以及从碳市场购买排放配额或信用的成本。借鉴国外经验，笔者建议我国采取的成本控制措施包括安全阀机制和早期减排信用机制。

其次，建立碳排放权交易体系的连接机制。碳排放权交易体系的连接可分为直接连接和间接连接，其中直接连接又分为单向连接和双向或者多向连接。所谓直接连接，是指在不同的实施碳排放权交易的国家或地区之间，至少有一个连接的管辖区域明确决定进行交易。在单向连接下，系统A中的实体可以购买和使用系统B的配额来履约，但系统A中的配额不能用于在系统B中履约。欧盟交易体系与挪威之间的连接是这种单向直接连接，挪威接受第一阶段欧盟配额以达到履约目的，但欧盟排放交易体系不接受挪威配额。在充分的双向连接中，配额可以在两个系统之间自由交易，每个系统的配额对于两个系统的履约同样有效。具有代表性的双向直接连接的案例是美国加州和加拿大魁北克省之间的连接，配额和信用抵消在彼此的交易实体内互相认可、履约。在双向连接中，当有第三方系统或者更多的系统加入时，双向的直接连接就变成多向连接。所谓间接连接，是指两个交易系统之间通过共同的第三方系统建立交易连接，一个系统中的配额供应和需求在不直接交易的情况下能够影响另一个系统中的配额。例如《京都议定书》中的清洁发展机制，通过此机制进行的各种交易就是一种简单的间接连接。虽然两个间接连接的系统都不接受彼此系统的配额，但是间接连接的系统可以通过它们各自与共同的第三系统的交易而相互影响。笔者建议，我国采取多向直接连接的模式，碳排放权交易体系的连接要求通过法律制度的互认和同化实现碳排放配额的同质性。一方面，就碳排放配额总量的设定、配额初始分配、碳排放监测、报告和核证等问题应当实现法律制度的互认；另一方面，就履约机制、抵消机制、存储与借贷机制等问题应当实现法律制度的同化。

最后，妥善处理碳排放权交易与其他制度之间的衔接问题。其一，碳税制度与碳排放权交易制度的衔接。碳税和碳排放权交易均是通过市场手段将碳排放行为的负外部性内部化，两者不可同时作用于同一种碳排放行为，否则构成重复管制。但是，碳排放权交易和碳税在碳减排目标的达成方面各有优劣。碳排放权交易适用于具备监测和报告条件的固定的、大的温室气体排放源，例如钢铁部门、电力部门；而碳税适用于移动的或监测和报告成本过高的温室气体排放源，例如交通部门。因此，碳排放权交易和碳税可以在不同领域发挥碳减排作用，二者并行不悖。其二，碳排放权交易制度与可再生能源配额制度、节能证书交易制度、合同能源管理制度、用能权交易制度等节能或可再生能源领域的制度存在衔接问题。碳排放权交易制度是从排放侧实现减排目标，而可再生能源配额制度、节能证书交易制度、合同能源管理制度、用能权交易制度等节能或可再生能源领域的制度是从供给侧实现节能或可再生能源目标。由于化石能源的消耗是重要的温室气体排放源，节能或可再生能源目标的实现也有助于温室气体减排目标的达成。故，碳排放权交易和节能或可再生能源制度是具有协同作用的。但是，碳排放权交易与节能或可再生能源配额制度往往针对相同的对象，即达到一定规模的碳排放企业。虽然碳排放权交易是排放侧手段，节能或可再生能源配额是供给侧手段，但两类手段针对的源头相同，即用能行为。由于能源消耗和温室气体排放之间具有天然的联系，同一家企业如果同时被纳入碳排放权交易体系和节能或可再生能源配额管理体系，该企业持有的碳排放配额、节能证书或可再生能源配额能否相互折抵或作为履约工具呢？笔者认为，节能具有减排的效应，减排也产生节能效应，两者的管制对象实质上相同，即用能行为。如果上述制度各自为政，那么无疑对于企业的同一个用能行为施加多重管制是显失公平的。政府应当设计一种衔接机制，促进上述制度的协同效应。就可再生能源配额和合同能源管理而言，可以结合自愿性碳排放交易，通过获取排放信用的方式实现制度衔接。就节能证书交易而言，由于我国的政策趋势是将节能量交易逐渐改革为用能权交易，故本书不再探讨节能证书交易与碳排放权交易的关系问题。就碳排放权交易与用能权交易的制度衔接而言，应当打通两种交易体系，即允许用能单位或履约主体在满足一定条件的情况下使用用能权指标、核定用能权、碳排放配额或核证减排量履约。在用能权指标和碳排放配额的初始分配方面，用能权指标的分配应以公平为原则免费分配；碳排放配额的分配应以公平和效率为原则进行有偿分配。在履约方面，应当设计联合履约机制以发挥两项制度的协同效应。①

---

① 刘明明：《论构建中国用能权交易体系的制度衔接之维》，《中国人口·资源与环境》2017 年第 10 期，第 217—224 页。

第二节　中国碳金融市场的微观规制

综合以上论述，将欧盟、美国等国家和地区的碳市场监管制度与我国七个碳排放权交易试点的管理办法作对比发现，我国将来在碳金融监管体制、科学确定管控范围、信息保障机制以及配额管理机制等四个方面需要进一步建立健全相关规定。

一、碳金融监管体制①

碳金融监管体制主要涉及碳金融活动的监督管理主体以及主体间的权力配置关系。其中，监督管理主体包括政府监管主体和社会监管主体。政府监管主体之间的权力配置关系具体包括不同部门间的横向关系和中央地方之间的纵向关系。碳金融作为气候变化背景下的金融创新，其监管体制的设计对于有效发挥市场机制在应对气候变化中的作用以及防范系统性金融风险具有重要的意义。碳金融监管体制的设计需要在传统金融监管模式的基础上，考虑碳金融的特点，并结合国外有关碳金融监管的经验和我国碳金融的实践，综合多方面因素而定。

（一）碳金融监管的模式：传统理论与欧美实践

纵观国内外有关金融监管的理论和实践，传统的金融监管模式有分业监管、功能监管、双峰监管等模式。分业监管是以金融机构的行业性质为标准进行分类监管的模式，也称为机构监管。分业监管模式下，政府根据监管对象的法律性质不同，分别设立银行业监管机构、证券业监管机构、保险业监管机构等专门监管机构。分业监管具有专业化水平和监管效率较高、风险防御能力较强的优势，但随着金融混业经营的不断深化，监管真空、信息不对称、监管成本过高等问题愈加明显。如果坚持分业监管模式，必然使原先的银行、保险、证券等监管部门都扩张为“全能型”的

① 部分内容发表于《中国政法大学学报》2021 年第 5 期《论中国碳金融监管体制的构建》一文。

监管部门，明显违背监管效率原则。[①] 功能监管是以金融活动的基本功能为标准设置监管机构的模式。功能监管模式下，监管主体关注的是金融机构的业务活动及其所能发挥的功能，而非金融机构本身。功能监管有利于避免过度监管、监管真空以及监管套利，确保同种功能的金融服务或产品受到同质监管，营造公平的市场竞争环境，但也存在一定的不足，如增加了金融机构的守法成本、监管不能覆盖系统性金融风险生成的整个链条等。[②] 双峰监管根据审慎性监管和保护消费者利益这两个目标分别设立两类监管机构：一类负责对所有金融机构进行审慎监管，控制金融业的系统性风险；另一类则负责对不同金融业务的经营进行监管，以提高金融服务质量，保护消费者利益。[③] 澳大利亚和荷兰是采用双峰监管模式的典型国家。

从欧美的实践来看，碳金融监管基本采取了功能监管的模式，即成立专门机构进行统一监管，其中，监管主体之间的权力配置关系具体包括中央与地方之间的纵向关系以及不同部门之间的横向关系。

从纵向来看，单一碳排放权交易体系管理主体往往由一个专门机构监管，如美国加州的碳排放权交易市场由加州空气资源委员会（Air Resource Board，ARB）统一监管。多个碳排放权交易体系的监管往往较为复杂，涉及多层面监管。例如，美国区域温室气体行动在区域层面设立区域组织和执行委员会，每个州派出两名代表作为执行委员会成员。在州层面，RGGI 各州设立专门的主管机构，按照 RGGI 备忘录和示范规则实施碳排放权交易管理。再如，欧盟碳排放权交易体系中，监管主体不仅有欧盟委员会，还有各成员国内设的专门监管机构。

从横向来看，碳金融涉及气候、证券、保险、银行等多个领域，因此，其除接受专门监管机构的监管外，还受到相关领域监管机构的监管，采取统一监管和协同监管相结合的模式。例如，欧盟委员会依据碳排放权交易指令（2003/87/EC）对碳排放权交易市场的运行情况进行监管，防止各类市场违规行为发生；同时，欧盟证券和市场管理局（European Securities and Markets Authority，ESMA）依据《金融工具市场指令Ⅱ》

① 张运书：《碳金融监管法律制度研究》，法律出版社 2015 年版，第 166 页。

② 张运书：《碳金融监管法律制度研究》，法律出版社 2015 年版，第 167—168 页。

③ 孟咸美：《金融监管法律制度研究》，经济日报出版社 2014 年版，第 7—8 页。

（Markets in Financial Instruments Directive Ⅱ）和《市场滥用指令》（Market Abuse Directive）对符合条件的碳金融活动进行监管。欧盟碳排放权交易市场采取欧盟委员会统一监管、证券和市场管理局协同监管的模式，在实现碳金融维护气候公益目的的同时有助于避免监管真空和系统性金融风险。为了保证安全高效的交易环境以及提升市场信心，欧盟委员会和欧盟议会于 2017 年修改了《金融工具市场指令》和《市场滥用指令》，修订后的指令自 2018 年 1 月起实施。《金融工具市场指令Ⅱ》强化了市场统一监管，将有组织交易设施（Organized Trading Facility，OTF）纳入监管范围。OTF 作为新型监管平台，是指非规范市场（Regulated Market，RM）和多边交易设施（Multilateral Trading Facility，MTF）的集合第三方买卖利益并达成交易的系统或设施。OTF 的交易产品包括债券、结构化金融产品、排放配额及其衍生品。《金融工具市场指令Ⅱ》正式将排放配额及其衍生品纳入证券和市场管理局的监管范围。此外，新修订的《市场滥用指令》在以下几方面保障碳市场秩序：高诚信标准适用于所有市场参与者以禁止通过散布虚假信息或谣言等方法垄断市场；纳入欧盟碳排放权交易体系的排放企业将不能通过内幕消息损害其他市场参与者而获利；所有市场参与者将能够获得更加便捷和透明的信息；反洗钱措施将适用于所有碳市场活动。①

（二）我国碳金融监管体制的设计

1. 采取专门监管与协同监管相结合的模式

对于我国碳排放权交易监管体制的建设，有的学者认为应当设置直接对国务院负责的中央综合管理部门专门对碳排放权交易进行监管，并在地方设置派出机构负责辖区内碳排放权交易的监管工作，发展改革部门作为能源监管部门，环境保护部门作为污染防治监管部门，中国人民银行、银监会、证监会等作为金融监管部门参与碳排放权交易监管，形成统一管理与分工负责相结合的监管组织体系；② 有的学者认为应当建立以发改委为

---

① “Ensuring the Integrity of the European Carbon Market, European Commission,” https://ec.europa.eu/clima/eu-action/eu-emissions-trading-system-eu-ets/ensuring-integrity-european-carbon-market_en，最后访问日期：2021 年 4 月 1 日。

② 李挚萍：《碳交易市场的监管机制研究》，《江苏大学学报》（社会科学版）2012 年第 1 期，第 56—62 页。

主管部门，同时以环境保护部门和金融监管部门等为协同部门的监管体制；[①] 有的学者认为将碳排放权交易纳入现有的股票市场，在股票交易平台上增加碳板交易，并由证监会统一监管全国碳排放权交易市场；[②] 有的学者认为我国碳金融市场的监管应采取统一模式，即将碳金融监管权作为一个整体赋予一个全国性碳金融监管主体，同时充分发挥行业自律监管和金融机构自我约束的有益补充作用；[③] 有的学者认为，我国应当建立由证监会、同业协会和交易所三级监管协调配合的碳金融监督管理体制，由证监会从宏观层面对碳排放期权市场进行监控，根据市场实际情况和各种变化完善有关的法律法规，并对同业协会和交易所的工作提出实时建议或指导，同业协会通过协会章程实施自我管理，交易所监管包括制定交易、结算、交割和违约处理等各环节的制度；[④] 有的学者认为我国应当借鉴斯堪的纳维亚国家的金融监管经验，采用双峰模式对碳金融活动进行监管，即针对金融监管框架中的审慎监管、商业行为（消费者保护）监管分别建立独立的监管机构，分别对信息不对称和市场不端行为的市场失灵问题进行专门的监管，配合中央银行对系统不稳定问题和单独机构反竞争行为的处理，以提高监管的效率和效果；[⑤] 有的研究机构认为，近期国务院应牵头制定碳金融市场的管理规则，明确国家发改委、证监会、银监会等部门在碳金融市场建设中的职责和协调机制，在“十三五”期间全国性碳市场逐步建立的基础上，设立中国碳交易监督管理委员会，并设立地方碳交易监管部门，碳监会将在国务院领导下统一监督管理全国碳交易市场，维护碳市场的合法、稳健运行。[⑥] 可见，当前对于碳金融监管体制的研究大致可以分为新设派和改革派两种观点。新设派又分为两种：一种认为应当建立全新的中央机构统一监管碳金融活动；另一种认为应当建立全新的中央机构主管碳金融活动，同时还需环保主管部门以及中国人民银行、证监会等金融主管部门协同监管。改革派也分为两种：一种认为应当将碳排放

---

① 陈惠珍：《中国碳排放权交易监管法律制度研究》，社会科学文献出版社 2017 年版，第 104—105 页。

② 谭冰霖：《碳交易管理的法律构造及制度完善——以我国七省市碳交易试点为样本》，《西南民族大学学报》（人文社会科学版）2017 年第 7 期，第 70—78 页。

③ 张运书：《碳金融监管法律制度研究》，法律出版社 2015 年版，第 104 页。

④ 蓝虹：《碳金融与业务创新》，中国金融出版社 2012 年版，第 159 页。

⑤ 许传华等：《碳金融：产品设计与创新研究》，中国金融出版社 2016 年版，第 170—171 页。

⑥ 气候组织、中央财经大学气候与能源金融研究中心：《中国气候融资管理体制机制研究：“完善其后融资政策、推动中国低碳增长”项目　报告一》，2012，第 31 页。

权及其衍生品交易统一纳入证券业主管部门监管；另一种认为应当建立由气候变化主管部门和证券主管部门分工负责的监管体制。

鉴于碳金融活动具有公益性、专业性、跨部门跨行业性以及国家干预性等特征，结合国外成熟碳金融市场的监管经验以及我国碳排放权交易试点的实践，我国碳金融监管体制的设计宜采取专门监管与协同监管相结合的模式。碳金融产品作为一种气候变化背景下产生的新型金融工具，之所以要对其采取专门监管和协同监管相结合的模式，原因有以下几方面。第一，碳金融活动的专业性要求设立专门机构负责碳排放配额总量的确定、配额初始分配、配额登记、配额价格调控、履约管理等事项。上述事项是碳金融活动所独有的，并且对上述事项进行专门和系统性的监管是保障碳金融体系正常运行和实现设计目标的要求。第二，碳金融活动的公益性要求设立专门机构维护和促进碳金融活动的公益属性。与一般金融活动相比，碳金融活动的目的不是营利，而是利用市场机制实现温室气体减排的目标。因此，传统金融活动的监管体制不适应具有公益性的碳金融活动监管，需要设立专门机构在配额管理、履约等方面进行监管以保证碳金融公益目的的实现。第三，碳金融市场的国家干预性要求设立专门机构以在市场创建和运行中发挥国家干预作用。碳金融市场以国家建立和运行的碳排放权交易体系为核心，国家干预在碳排放权的产权界定与分配、产权的性质和效力、产权调整、产权变更与消灭等方面具有决定性作用。可以说，在总量控制型碳排放权交易体系的创建和运行中，国家起着元治理的作用。因此，成立专门机构负责碳金融市场的国家干预事项具有必要性。第四，碳金融市场的跨部门跨行业特性要求除了专门机构监管外还需要银行、保险、证券等金融监管机构，碳排放权交易所以及碳金融服务机构发挥协同监管作用。如前所述，碳金融活动的专业性、公益性和国家干预性要求设立专门监管机构以保证碳金融活动实现其温室气体减排目标，但与此同时，碳排放配额等碳金融市场交易标的也具有金融工具的特性，银行、保险、证券等金融机构也可以参与碳金融市场并推出碳期货、碳基金、碳保险、碳证券等相关金融产品，这些金融产品的交易也具有普通证券、保险等金融产品的风险管理、竞争秩序等方面的监管需要，而传统的金融监管机构在金融风险防范、维护市场竞争秩序等方面具有天然的监管优势，因此，在涉及碳金融与传统金融活动相同的金融监管领域时，由传统金融监管机构在各自职责范围内实施监管更加可行。欧盟在2018年1月生效的《金融工具市场指令Ⅱ》中正式将排放配额及其衍生品纳入证券和市场管理局的监管范围。借鉴欧盟的经验，我国除了将配额总量控制、配额分配、价格调控、履约管理等专业性问题监管交给专门机构监管外，其他与一般金融活动相同的风险防范、竞争秩序等方面的监管可以由银行、保险、证券等金融监管机构协同实施。在碳排放权交易试点中，重庆和北京规定由金融监管部门承担部门碳排放权交易管理工作。例如，重庆规定由市金融办作为全市交易场所的监督管理部门，负责碳排放权交易的日常监管、统计监测及牵头处置风险等工作。《北京市碳排放配额场外交易实施细则（试行）》第5条规定由市金融局负责配额场外交易规则的监督管理。此外，碳排放权交易所、碳排放核查机构等碳金融服务机构可以发挥社会监管的作用，在各自领域内制定科学的管理规范以保障碳金融活动的透明度、数据的真实性和交易效率。

2. 构建纵横相融的多元共治体系

碳金融专门监管和协同监管相结合模式的构建主要涉及监管主体以及监管主体之间的纵向关系和横向关系问题。

如前所述，我国碳金融监管主体包括专门监管机构，银行、保险、证券等金融监管机构，碳排放权交易所以及碳金融服务机构。其中，专门监管机构应为生态环境部应对气候变化主管部门下设的碳金融市场监督管理处。2018年3月，第十三届全国人民代表大会第一次会议通过了《关于国务院机构改革方案的决定》，批准成立生态环境部。根据《关于国务院机构改革方案的决定》，生态环境部承担了国家发展和改革委员会的应对气候变化和减排职责。国务院机构改革前，全国碳排放权交易市场和碳排放权交易试点工作由国家发改委应对气候变化司主管，主要工作包括碳排放权交易政策法规的制定、碳排放注册系统的建立和维护、碳排放配额总量的确定、碳排放配额的初始分配、碳排放核查机构和碳排放权交易机构的审批和备案等。生态环境部成立后，我国碳金融市场的专门监管机构在中央层面应当为生态环境部应对气候变化主管部门下设的碳金融市场专门监管机构。另外，中央层面的协同监管机构包括银行、保险、证券等金融监管机构，即中国证券监督管理委员会和中国银行保险监督管理委员会。[1] 证券监督管理委员会和银行保险监督管理委员会将对碳债权、碳证券、碳保险、碳基金等金融产品交易实施监管。由此，我国碳金融市场监管主体包括生态环境主管部门下设的碳金融监管专门机构以及中国证券监督管理委员会、中国银行保险监督管理委员会、碳排放权交易所、碳金融服务机构等协同监管机构，可以说是融政府、市场和社会监管于一体的多元共治体系。

碳金融监管中的纵向关系指中央和省级碳金融专门监管部门之间的权责关系。中央碳金融市场专门监管机构负责全国碳排放配额总量的确定、碳排放权交易机构的审批、碳排放配额注册登记系统的建立和运行、碳排放核查机构和碳资产管理机构的备案，以及就碳排放许可、碳排放配额初始分配、碳排放配额管理、核证减排量的使用、履约管理、法律责任等方面制定规则。省级碳金融专门监管机构负责执行中央有关碳排放许可、碳排放配额初始分配以及碳排放配额管理等方面的规则，地方纳入碳排放权交易体系企业（单位）的碳排放监测、报告和核查，企业（单位）履约行为管理和处罚等事项。碳金融监管中的横向关系指中央碳金融专门监管机构与证券监督管理委员会和银行保险监督管理委员会在碳金融监管中的权责关系。碳金融市场专门机构的职责如同上述纵向关系中中央碳金融市场专门监管机构的职责内容，主要是为碳金融市场的创建和运行在产权界定与分配、市场准入、履约管理等方面做好规范基础。当碳排放配额作为一种金融产品进入市场后，在流通环节主要由证券监督管理委员会和银行保险监督管理委员会负责监管，对碳金融市场的不正当竞争行为和其他碳金融违法行为（如内幕交易、洗钱、盗窃等）加以规制，以及针对碳金融市场的透明度、金融风险防控等事项制定规则。

碳排放权交易所和碳金融服务机构参与碳金融监管的作用主要体现为保障碳排放权交易信息的可靠性和公开性，为碳金融市场的良性运转提供支撑。一方面，真实可靠的排放数据既是政府制定碳排放总量控制目标的基础，也是碳排放配额初始分配、配额管理和履约机制有效实施的保障。只有摸清碳排放家底，才能根据我国经济社会发展阶段、节能减排和国际气候谈判的形势确定碳排放总量控制目标。企业（单位）的历史排放数

[1] 第十三届全国人民代表大会第一次会议通过了《关于国务院机构改革方案的决定》，将中国银行业监督管理委员会和中国保险监督管理委员会的职责整合，组建中国银行保险监督管理委员会。

据直接决定了其免费取得的碳排放配额数量；如果企业（单位）出现碳排放重大减少或增加的情况，配额管理部门将根据排放情况进行配额调整；企业（单位）履约时，要提交与其实际碳排放量对等的碳排放配额或信用。另一方面，碳排放权交易信息包括每个交易日的行情、报价和成交明细等信息以及基于碳排放配额或排放信用产生的碳期货、期权、证券、保险、基金等金融衍生品的发行和交易信息。碳排放交易信息的公开是碳排放权交易市场主体判断市场行情和作出理性市场决策以及碳排放权交易主管部门维护公平竞争的市场秩序和防范金融风险的重要基础，在防范碳排放权交易风险、规制内幕交易、保障公平竞争、保障交易安全以及消费者利益等方面具有十分重要的作用。碳排放数据的可靠性主要通过第三方机构对企业报送的历史排放数据和履约年度排放数据的严格核查来保障。碳排放权交易所和银行、证券、保险等金融机构是碳排放配额及其金融衍生品发行、交易信息的来源主体，由此，碳排放权交易所和金融机构及时、全面、有效的信息披露是碳排放权交易信息公开性的保障。此外，政府与碳排放权交易所、碳金融服务机构等主体在碳金融监管中是相辅相成的关系。一方面，碳排放权交易所和碳金融服务机构等参与监管的主体有助于补足政府在信息、技术、人力资源等方面的短板，为政府科学决策提供依据。另一方面，政府应针对碳排放权交易所和碳金融服务机构等参与监管的主体制定相应规则，以保证第三方机构的科学性、公开性和可靠性。例如，为了确保第三方核查机构的专业性、独立性以及核查数据的真实性，政府应当对独立第三方核查机构从市场准入、选任机制、核查原则、核查行为、核查结果监督等方面进行监管。

二、科学确定管控范围①

确定合适的管控范围是碳排放权交易机制有效运行的关键，需要对碳排放权交易机制的建设目标、机制运行的外部环境以及潜在的管理对象进行综合分析，进而筛选出在不同时期适合本地区碳排放权交易机制的管理对象和管理规模，并根据实际情况予以调整。总体来看，在确定纳入碳排

① 部分内容发表于《湖北社会科学》2019 年第 6 期《财政管理视野下中国碳预算体系的构建》一文。

放权交易体系行业企业（单位）的范围时应当考虑以下因素。

第一，行业企业（单位）的碳排放数据收集成本及管理的可操作性。碳排放数据易收集、可监测和核查是企业参与碳排放权交易的基本条件。参加碳排放权交易体系的企业需要定期进行碳排放量的监测、报告和核查工作，对碳排放数据的收集、核算及监管成本等的要求较高，这就决定了管理对象必须是那些碳排放量相对容易计量的企业。对于终端产品种类繁多、技术多样化、工艺复杂的单位，或者排放源多且不集中的企业，由于碳排放数据的收集和管理成本较高，不建议将其纳入碳排放总量控制的覆盖范围。对于那些生产活动已经形成统一化和规范化的管理程序的企业，碳排放数据容易收集，可以降低前期数据收集和管理的成本，企业也更容易接受碳排放总量管理。

第二，行业整体的减排潜力大小。碳排放权交易体系以配额交易为主，这就要求在交易体系内有一定数量的卖者和买者，而企业的减排潜力大小决定了其在碳交易中的角色。减排潜力大的企业在价格信号的刺激下，可以通过积极的减排行动，使自身的碳排放量低于其所获得的碳排放权配额，成为碳市场的卖方；减排潜力小的企业由于自身减排成本高昂，则成为碳市场的买方。因此，一个行业内部各企业的技术条件差距较大，技术减排潜力和经济减排潜力存在明显差异时，适合被纳入碳排放总量控制的覆盖范围。从各碳排放权交易试点的实践来看，不同试点地区碳排放总量控制覆盖的行业范围有所不同，北京、上海将非工业部门纳入总量控制，是城市化、工业化较发达地区开展碳排放权交易的内在要求；天津、广东、湖北、重庆的总量控制聚焦工业部门，力求通过碳排放权交易推动产业结构调整、淘汰落后产能。我国将来建立全国碳排放权交易市场，在实行全国碳排放总量控制的前提下，可以将行业覆盖范围的决定权下放到省级碳排放权交易主管部门，使其根据当地情况灵活决策。

第三，行业产值占地区生产总值的比例。行业产值反映了各行业的发展情况及其经济效益，行业产值占全省生产总值的比例越大，说明该行业越为省内重点发展行业，未来碳排放量将持续增加，如果实施碳排放总量控制，将有利于完成地区减排目标。同时，需要考虑对这类企业实施碳排放总量控制后所造成的企业生产成本和竞争力的变化，可能会对地区经济发展造成一定的影响。因此，对于行业产值占地区生产总值比例较大的行业，应该在对其进行科学评估后，作出是否纳入或者暂不纳入碳排放总量控制覆盖范围的决策。[①]

第四，科学设定纳入管控范围企业或行业的排放门槛，即企业或行业碳排放量占地区碳排放总量的比例。推行碳排放权交易机制的一个主要目标是通过市场帮助企业以较低成本减少碳排放量，实现区域减排目标。将碳排放量大的企业纳入碳排放管理，可以有效地遏制区域碳排放总量，有利于实现碳排放权交易机制的建设目标。一般而言，碳排放总量大的企业，其经济活动水平高，属于行业中的龙头企业，对这些企业实行碳排放总量控制能够发挥示范效应，有利于对其他企业顺利实施碳排放管理。从各碳排放权交易试点的实践来看，纳入碳排放总量控制覆盖范围的标准有所不同，多数地区（天津、广东、深圳、重庆）为年排放 2 万吨二氧化碳当量，上海区分工业（2 万吨二氧化碳当量）和非工业（1 万吨二氧化碳当量），北京为 1 万吨二氧化碳当量，湖北则按照年综合能耗 6 万吨标准煤设定。我国将来建立全国碳排放权交易市场，应当根据企业的年度排放量以及碳减排的目标而设定纳入碳排放总量控制的门槛。

三、信息保障机制

碳金融市场作为气候资源配置的最优选择，其市场主体越多，资源配置的效率就越高。因此，碳排放权交易体系纳入主体的范围越大，其交易效率越高。根据信息的内容不同，我们可以将碳排放权交易信息分为碳排放权界定、分配和交易信息以及企业（单位）的碳排放信息。其中，碳排放权界定、分配和交易信息是碳排放权交易体系创建和运行的核心；企业（单位）碳排放信息是碳排放权界定和分配决策的数据基础。碳排放权界定、分配及交易信息是指有关碳排放配额总量的确定和初始分配、碳排放配额的转让、质押等交易信息，具体包括碳排放配额总量和构成、碳排放配额的分配方式、有资格通过初始分配获取碳排放配额的行业企业范围，企业（单位）获得的配额数量以及配额转让、质押等信息。[②] 所谓企业（单位）的碳排放信息，是指纳入碳排放权交易

---

① 中国科学院广州能源研究所碳交易研究课题组：《广东省碳排放权交易机制的设计与实践问答》，中国环境出版社 2014 年版，第 37—40 页。

② 王学栋、凌敏敏：《构建我国碳排放权交易信息公开制度的思考》，《环境保护》2013 年第 16 期，第 48—49 页。

体系的企业（单位）在基准期间（或基准年）以及履约期间的温室气体排放情况，具体包括：温室气体排放源，温室气体排放监测和报告计划，排放温室气体的名称、种类、浓度、数量等。[①] 如果采取无偿分配方式，政府只有在分配配额之前准确把握排放主体在基准期间或基准年的温室气体排放情况，才能依据企业（单位）的历史排放量公平地分配碳排放配额。如果采取有偿分配方式，政府则无须掌握排放主体在基准期间或基准年的温室气体排放情况，因为企业（单位）会根据自身的排放情况决定购买多少排放配额。无论采取有偿分配还是无偿分配，政府都需要掌握企业（单位）在履约期间的排放信息。因为，纳入碳排放权交易体系的企业（单位）要在履约期间届满时向政府提交与其在履约期间的实际温室气体排放量相等的碳排放配额数量，即履行配额清缴义务。

信息对称是碳金融市场能够良性运转的重要前提条件。正如前所述，欧盟碳排放权交易体系之所以在起步阶段出现过量分配和碳排放配额价格异常波动，一个重要的原因就是欧盟对纳入碳排放权交易体系企业（单位）的排放数据掌握不准确。除了碳排放数据对政府制定和分配碳预算具有重要作用外，碳金融活动（如配额分配和交易情况等）的信息公开在防范碳金融风险、规制内幕交易、保障公平竞争、保障交易安全以及消费者利益等方面也具有十分重要的作用。以欧盟为例，2006 年 5 月 15 日，欧盟宣布 2005 年分配的碳排放配额超过了实际的碳排放量，导致核证减排量的价格在几周时间内由每吨 31 欧元下跌到每吨 11 欧元，在 2007 年甚至跌到每吨 1 欧元以下。[②] “在这波急剧下跌行情中，很多大的机构投资者在欧盟正式公开此消息前提前获利离场。”[③] 可见，如果没有良好的信息公开措施，内幕交易可能大量存在于碳金融市场。根据国外碳金融市场建设和运行的经验，碳排放监测、报告和核查制度作为评价碳排放主体的排放行为及减排绩效的技术规范，能够为政府掌握准确的碳排放数据提供制度保障，是碳金融市场监管制度的核心内容；信息披露机制则是碳金融市场信息对称的另一重要保障，可以为碳金融市场主体作出最优决策提

① 王国飞：《论企业碳排放信息公开的法律限度》，《湖北经济学院学报》2014 年第 6 期，第 122—128 页。

② 张运书：《碳金融监管法律制度研究》，法律出版社 2015 年版，第 200 页。

③ 张运书：《碳金融监管法律制度研究》，法律出版社 2015 年版，第 200 页。

供真实、全面和及时有效的信息。我国应当建立健全碳排放监测、报告和核查制度以及信息披露制度。

（一）碳排放监测、报告和核查制度的完善

碳排放监测、报告和核查制度是确保碳排放权交易监管者在作出决策时能够获取全面、真实、可靠数据的关键，也是监管者科学决策的基础性制度。一方面，真实可靠的排放数据是政府制定碳排放总量控制目标的基础。只有摸清碳排放家底，才能根据我国经济社会发展阶段、节能减排和国际气候谈判形势确定碳排放总量控制目标。另一方面，企业（单位）碳排放数据是碳排放配额初始分配、配额管理和履约机制有效实施的基础。按照祖父分配法，企业（单位）的历史排放数据直接决定了其免费取得的碳排放配额数量。如果企业（单位）出现碳排放重大减少或增加的情况，配额管理部门将根据排放情况进行配额调整。企业（单位）履约时，要提交与其实际碳排放量对等的碳排放配额或信用。可见，碳排放数据对于碳排放权交易体系的运行至关重要。由此，确保碳排放权交易数据真实可靠的碳排放监测、报告和核查制度是碳金融监管的基础性制度。从七省市碳排放权交易试点来看，我国采取由排放企业（单位）自行监测和报告碳排放数据并由第三方核查机构对碳排放数据进行核查监督的模式。根据碳排放权交易体系确定的覆盖范围，各试点地区开发了分行业的监测和报告指南或地方标准，规范了监测和报告的方法和形式。如上海制定了包括9个行业的温室气体排放核算指南，重庆只开发了部分行业的核算通则。由于各地实际情况不同，不同地区的指南方法在行业定义、排放边界、检测计划、参数选取、数据测量方法、质量控制等技术方面的要求存在明显差异，也使得各地排放数据和排放配额等缺乏可比性和同质性。为了保证排放数据的科学性和准确性，各试点地区都要求对企业报送的历史排放数据和履约年度排放数据进行严格的第三方核查，从而提高碳排放权交易体系的可信度。此外，还对第三方核查机构制定准入标准，并进行严格的审批和监管。北京等地还实行了核查员备案制度，并对第三方核查机构出具的核查报告再进行独立评审，以确保核查效果和数据质量。但是，如前所述，当前的碳排放监测、报告和核查制度还存在监测标准不统一、监测计划和核证监管制度不健全等问题。例如，北京市针对6大行业制定了企业（单位）二氧化碳排放核算指南，但是缺少相应的监测计划来具体指导各报告单位的各项数据监测，而监测计划是企业核算以及第三方核查机构核查的重要基础。

综观国外典型碳排放权交易体系，碳排放监测、报告和核查制度大致可以分为三种类型：一是欧盟模式，即排放主体自行监测和报告，由独立的第三方核查机构开展核查；二是美国模式，即排放主体实行在线监测和强制性报告，由环境保护主管部门采用全面的电子核查与适当的现场审核相结合的方式开展核查；三是日本模式，日本将排放主体分为纳入碳排放权交易体系的排放主体和不参与碳排放权交易的排放主体，前者除了按规定进行碳排放监测和报告外，还需要独立第三方机构的核查，后者仅需要提交监测报告，无须独立第三方机构的核查。从我国《全国碳排放权交易市场建设方案（发电企业）》和各试点省市的规定及实践看，目前我国碳排放监测、报告和核查制度采取欧盟模式。笔者认为，我国碳排放权交易体系庞大，采取欧盟模式有利于降低监管成本、提高执法效率。同时，由于我国碳排放权交易体系处于起步阶段，纳入碳排放权交易体系的行业企业将更加广泛。可以借鉴日本模式，采取措施激励当前尚未纳入碳排放权交易体系的行业企业自愿按照法定的方法和方式进行碳排放监测和报告。对于尚未纳入碳排放权交易体系的行业企业，其碳排放监测与报告标准或要求与纳入碳排放权交易体系的行业企业相同，但无须进行独立第三方机构核查，这样既可以为将来碳排放权交易体系扩张奠定数据基础，又可以降低尚未纳入碳排放权交易体系的行业企业的成本。在借鉴欧盟和日本模式的基础上，我国碳排放监测、报告和核查制度的完善应当从排放主体和独立第三方核查机构两个层面完善监管制度，以保证碳排放数据的真实性。

第一，制定统一的监测计划和报告规则，加强对排放主体监测和报告行为的监管。一方面，要统一行业企业的碳排放核算方法，并进一步建立企业（单位）的监测计划并上报碳排放权交易主管部门备案，明确对碳排放数据来源的质量控制要求。另一方面，碳排放数据报告应当坚持完整性、一致性和客观性原则。完整性原则指碳排放报告须覆盖满足监测条件的所有排放设施，以及涉及所有温室气体排放的全部燃烧排放和工业过程排放。一致性原则是指报告中涉及的监测方法和数据设置应保证在不同时间段之间的可比性，并且须保持报告数据的准确性和一致性，即当存在能够提高温室气体排放监测准确性的方法时，排放报告应保持及时更新与调整。客观性原则是指碳排放报告不应该包含重大错误，在信息的选择和表达上要保持中立，排放报告结果能够真实地反映报告企业（单位）的实际情况。

第二，为了确保第三方核查机构的专业性、独立性以及核查数据的真实性，政府应当对独立第三方核查机构从市场准入、选任机制、核查原则、核查行为、核查结果监督等方面进行监管。其一，在市场准入方面，为确保第三方核查机构具备核查碳排放报告的专业能力，应当统一核查资质的认证门槛。核查资质的认证包括核查机构资质和核查员资质认证，同时对核查机构和核查员根据信用等级和业务能力实行分级管理，建立严格的核查资质分级标准。另外，政府建立第三方核查机构备案目录，凡是符合法定标准的第三方核查机构均可以根据其资质等级进入备案目录，避免因政府自由裁量而造成市场准入的不公。其二，核查机构选任机制。为了保证核查机构的中立性，建议采取选聘分离的机制，即由企业（单位）从政府备案的核查机构目录中随机选择核查机构，然后由政府与该核查机构签订核查协议并支付核查费用。选聘分离机制由政府付费，从而切断了企业（单位）与第三方核查机构的利益关系，可以有效避免第三方核查机构因偏向企业（单位）而出具虚假核查报告；同时，选聘分离机制由企业（单位）选择第三方核查机构，也有效避免了“红顶中介”或第三方核查机构为了承揽核查业务而俘获政府。其三，第三方机构核查应当遵循独立性、公正性和保密性原则。独立性原则是指第三方核查机构及其核查员应当独立于碳排放企业（单位）和政府监管部门，避免偏见以及利益冲突，在整个核查过程中保持中立和客观。公正性原则是指第三方核查机构应严格按照核查规范和核查对象经备案的监测计划进行核查，保证核查方式和核查过程以事实和碳排放相关法律法规为依据，保证出具的核查报告真实、准确。保密性原则是指核查机构和核查员在核查中应当对核查对象的商业秘密、有关知识产权的机密资料、技术和核查结果数据，以及国家或其他主管部门要求不便公开的信息采取保密措施。[①] 其四，在核查行为方面，第三方核查机构应当遵循基本的核查流程与核查要求。核查流程主要包括核查准备、核查实施和核查验收三个主要阶段。核查准备阶段包括核查申请和核查合同的审查及签署。核查实施阶段包括文件评审、制订核查计划、制订抽样计划、信息证据收集与验证、出具核查意见以及不

① 齐绍洲等：《低碳经济转型下的中国碳排放权交易体系》，经济科学出版社 2016 年版，第 296 页。

符合项整改。核查验收阶段包括核查机构组织技术评审和制订核查报告。其五，核查结果的监督包括内部监督和外部监督。内部监督是指从事核查活动的核查机构通过建立内部独立评审机制确保核查报告的真实性和独立性。借鉴欧盟的经验，核查机构可以聘请或指定独立评审员对核查报告草稿以及随后的修改稿进行评审。[①] 外部监督是指因核查对象提出核查异议或者政府部门主动抽查而启动的对核查结果的复查。如因核查对象提出异议而启动复查，则需核查对象向碳排放权交易主管部门提出复查申请，主管部门经审查后认为确有必要的，委托其他第三方核查机构具体实施复查。为了监督第三方核查机构的核查质量，碳排放权交易主管部门可以开展抽样复查，也可以在核查结果与企业（单位）碳排放报告存在较大偏差或者企业（单位）年度碳排放量与前一年度碳排放量存在较大变化时针对特定核查对象开展复查。复查结果对核查对象和第三方核查机构具有不同的影响。对于核查对象而言，复查结果会影响其年度排放量的认定，进而影响其配额清缴义务的履行。对于第三方核查机构而言，如其出具的核查报告存在虚假、重大错误等情形，要承担相应的民事、行政和刑事法律责任。如果核查对象或第三方核查机构对复查的结果不服，由碳排放权交易主管机关作出复查决定，对复查决定不服的，可以依法提起行政复议或行政诉讼。

（二）完善碳金融市场信息披露制度

信息披露制度是碳金融市场赖以建立和发展的基础，完善的信息披露制度有利于激发碳金融市场主体的积极性、提升市场效率、维护市场公平以及防范碳金融市场风险。当前，七省市碳排放权交易试点在交易信息和成交情况这两方面对信息披露作了一些规定，但尚未形成统一和健全的信息披露制度。信息披露的主要目的是防止知情者利用内部信息获得不公平的竞争优势进而获得额外的不正当超额利益和扰乱市场秩序。因此，完善信息披露制度首先要甄别哪些信息属于应当披露的信息，即确定信息披露的范围。在此基础上，判断哪些主体掌握披露范围的信息，进而确定最优的信息披露主体。在确定信息披露范围和信息披露主体后，再确定信息披露的形式及相关法律责任。由此，完善我国碳金融市场信息披露制度应当从信息披露范围、信息披露主体以及信息披露法律责任三方面加以完善。

---

① 陈惠珍：《中国碳排放权交易监管法律制度研究》，社会科学文献出版社 2017 年版，第 153 页。

信息披露的范围。碳金融市场充斥着各种各样的信息，如何确定信息披露的范围对于市场主体和监管者来讲具有重要的意义。一方面，信息披露范围过宽可能会侵犯经营主体的商业秘密、知识产权等利益；另一方面，信息披露范围过窄可能会因信息不对称产生内幕交易、竞争不公、系统性金融风险等问题。根据信息披露的约束力不同，信息披露可以分为强制性信息披露和自愿性信息披露。强制性信息披露是指基于防止内幕交易、维护市场竞争秩序、防范金融风险和保护金融消费者利益的目的，信息来源主体必须按照规定公开相关信息。自愿性信息披露是指信息来源主体、传递主体或利用主体自愿向市场参与者或监管者公开相关信息。自愿性信息披露的范围由信息主体自行决定，强制性信息披露的范围则必须法定。强制性信息披露体现出政府通过法律手段干预碳金融市场以解决信息不对称这一市场失灵问题。国家干预市场以必要性为限度，以有效性为目的。因此，碳金融市场强制性信息披露范围的确定应以满足防止内幕交易、维护市场竞争秩序、防范金融风险和保护金融消费者利益的目的为限。鉴于此，笔者认为碳金融市场强制性披露的信息包括碳排放信息、配额管理信息、碳排放权交易信息以及碳金融衍生品信息，理由如下。其一，碳排放信息指纳入碳排放权交易体系的企业（单位）在基准年的历史排放量或履约年度的实际碳排放量。碳排放信息是政府在碳排放配额初始分配、配额管理以及履约管理等环节的重要依据。在碳排放配额无偿分配模式下，企业（单位）的历史排放数据是政府公平分配配额的依据；在配额管理环节，企业（单位）申请调整配额以及配额最大持有量的额度都以碳排放量为依据；在履约环节，企业（单位）在履约年度的碳排放量是判断配额清缴数量的基准。以上情形下，及时充分的碳排放信息披露才能有效避免出现虚报碳排放量、暗箱操作、俘获政府等问题。其二，配额管理信息是指碳排放权交易主管部门发布的配额分配方法、配额分配数量、配额调整情况、配额储备数量、配额市场调节措施、配额抵消条件以及配额清缴情况等有关碳金融市场交易标的信息。碳排放配额分配方法和数量的公开有利于提高碳金融市场产品分配的透明度以及市场主体对政府分配行为的监督。配额调整情况、配额储备数量、配额市场调节措施、配额抵消条件以及配额清缴情况的公开有利于碳金融市场主体获取交易产品的供求信息、提高市场预期能力以及防范金融风险。其三，碳排放权交易信息是包括每个交易日的行情、报价和成交等信息。行情信息包括交易品种名称和代码、前日交易均价、当日最高价和最低价、当日累计成交数量和成交金额等。报价信息包括交易品种名称和代码、申报类型、买卖方向、数量、价格、报价联系人及其联系方式等。成交信息包括交易品种名称和代码、成交量和价格。碳排放交易信息的公开是碳金融市场主体判断市场行情、作出理性市场决策以及碳排放权交易主管部门维护公平竞争的市场秩序、防范金融风险的重要基础。其四，碳金融衍生品信息是指基于碳排放配额或排放信用产生的碳期货、期权、证券、保险、基金等金融衍生品的发行和交易信息。碳金融衍生品是碳排放配额或信用作为金融工具的进一步深化，与一般金融衍生品相比更容易隐藏风险。特别是碳资产支持证券产品的基础碳资产机构情况、基础碳资产信用情况和信用评级依据材料，碳期货产品的信用情况及交易信息，碳期货经纪机构的信用状况、经营状况、注册仓单数量、与上次发布的变化，大户持仓情况，碳期货和碳期权、碳掉期产品的基础资产信用产生及评价情况等信息的披露对于防范系统性金融风险尤为重要。①

信息披露的主体及其法律责任。碳金融市场的主体非常多元，包括纳入碳排放权交易体系的企业（单位）、自愿参与碳排放权交易体系的企业（单位）或个人、碳排放权交易主管机关、碳排放核查机构、碳资产管理机构、碳排放权交易经纪机构和咨询机构，以及银行、保险、证券等金融机构等。各类碳金融市场都在一定程度上掌握一定的信息，但按照其在信息产生、传递和利用中的作用又可以具体划分为信息来源主体、信息传递主体和信息利用主体。强制性信息披露要求真实、及时和权威，因此由信息来源主体披露更加有效。碳排放权交易主管部门是碳排放信息和配额管理信息的来源主体；碳排放权交易所是碳排放权交易信息的来源主体；银行、证券、保险等金融机构是金融衍生品发行和交易信息的来源主体。另外，碳排放配额持有者在其持有配额数量达到一定规模时要履行持仓大户报告义务。由此，碳金融市场强制性信息披露的主体为碳排放权交易主管部门、碳排放权交易所、碳排放配额持仓大户和金融机构。违反强制性信息披露义务或职责的表现主要为拒不披露信息、不及时披露信息以及信息披露不实或虚假。违反强制性信息披露义务或职责可能导致内幕交易、市场主体经济损失甚至引起系统性金融风险。法律责任是信息披露主体履行

① 张运书：《碳金融监管法律制度研究》，法律出版社 2015 年版，第 203—204 页。

强制性信息披露义务或职责的重要保障。违反强制性信息披露义务或职责的法律责任是综合责任，包括民事法律责任、行政法律责任和刑事法律责任。民事法律责任主要适用于碳金融市场主体因未及时获取信息或获取信息不实及虚假造成的利益损失。行政法律责任主要是信息披露主体未按照规定披露信息产生的罚款、配额收回等责任。刑事法律责任主要适用于违反信息披露规定、具有严重社会危害性的行为，如内幕交易罪、洗钱罪。

四、配额管理机制

结合前述我国在七省市碳排放权交易试点中遇到的问题，笔者认为，碳排放配额管理机制的完善应当坚持系统论，即从配额总量的确定到配额初始分配再到交易环节的价格干预，针对建设全国碳排放权交易市场的制度需求进行整体设计。

（一）碳预算机制[①]

碳预算（Carbon Budget）最早应用于生态学领域，指生态系统的一定区域在一定时期内累计的碳排放及碳汇的情况，具体而言，指该地区在一定时期内总的碳吸收能力；如果该地区的碳排放超过了碳汇的吸收能力，则称为“碳赤字”（Carbon Deficit）。[②] 后来，随着全球气候变化谈判的推进，碳预算开始作为一种气候变化治理的政策工具。最早将碳预算写入立法的是英国，英国于2008年制定《气候变化法》，该法要求国家设定具有法律约束力的碳预算，以控制温室气体排放。所谓碳预算是指国家根据实现温室气体减排目标的需要，确定负有温室气体减排义务的排放主体在每个预算周期（一般是5年）内温室气体排放的总量或排放配额总量。碳预算是对温室气体减排目标的分阶段实施，国家根据碳预算设立国家碳账户，并且保证碳账户的收支平衡。[③] 英国《气候变化法》第4条规定：“首相有义务在每个5年周期（预算周期，从2008年开始）为英国净碳账户设定一个数额（碳预算），并确保在预算周期内净碳账户不超过碳预

---

① 部分内容发表于《湖北社会科学》2019年第6期《财政管理视野下中国碳预算体系的构建》一文。

② 李伟、李航星：《英国碳预算：目标、模式及其影响》，《现代国际关系》2009年第8期，第18—23页。

③ 刘明明：《温室气体排放控制法律制度研究》，法律出版社2012年版，第123页。

算。”截至目前，英国已经制定了五份碳预算。其中，第一份碳预算的期间为2008—2012年，设定的最大温室气体净排放量为30.18亿吨二氧化碳当量，在1990年的基础上减少25%碳排放；第二份碳预算的期间为2013—2017年，设定的最大温室气体净排放量为27.82亿吨二氧化碳当量，在1990年的基础上降低30%；第三份碳预算的期间为2018—2022年，设定的最大温室气体净排放量为25.44亿吨二氧化碳当量，在1990年的基础上降低36%；第四份碳预算的期间为2023—2027年，设定的最大温室气体净排放量为19.50亿吨二氧化碳当量，在1990年的基础上降低51%；第五份碳预算的期间为2028—2032年，设定的最大温室气体净排放量为17.65亿吨二氧化碳当量，在1990年的基础上降低57%。[①] 可见，碳预算机制实际上是对一定时期内（预算期间）温室气体排放的总量控制，体现了有计划地利用有限的碳排放空间的理念，是总量控制制度在公共财政视域下的制度创新。

根据英国《气候变化法》的相关规定，英国碳预算机制的核心要素主要包括以下四个方面。第一，根据温室气体减排目标确定碳预算的水平，上述五份碳预算的排放额度就是根据碳预算周期温室气体减排目标和基准年（1990年）的碳排放水平确定的。以英国第五份碳预算为例，温室气体减排目标是在1990年的基础上减少51%碳排放，基准年1990年的碳排放水平为39.79亿吨，进而计算得出2023—2027年的碳预算额度为19.50亿吨二氧化碳当量。第二，预算比例的修正。如果应对气候变化的科学技术或者国际法律政策发生重大发展并使得修正预算比例具有正当性，国务卿可以发布修正预算比例的命令。修正预算比例应当综合考虑应对气候变化的科学知识和技术、经济环境、财政环境、社会环境以及能源政策等因素。[②] 例如，预算修正对市场竞争、税收和公共支出、低收入群体以及能源供应和碳强度等方面产生的影响。第三，碳预算跨期转移配额的权力。碳单位净数量在每个预算期间被计入英国碳账户，首相负责制定对碳单位净数量的限制规定。[③] 首相可以决定从将来的预算期间预支不超过1%的配额数量计入之前的预算周期，将来的预算周期数额将减少，而

---

① 伍浩松：《英国设定第五份碳预算》，《国外核新闻》2016年第7期，第10页。

② 刘明明：《温室气体排放控制法律制度研究》，法律出版社2012年版，第124页。

③ 所谓“碳单位净数量”，是指“一定时期内计入英国碳账户贷方的碳单位数量”减去“一定时期内计入英国碳账户借方的碳单位数量”的差。

之前的预算周期数额将相应增加。如果某一预算周期的碳预算额度大于净碳账户的数额，首相可以决定将全部或者部分超过的数额计入将来的预算周期。将来的预算周期的预算数额将相应增加。第四，超预算弥补政策的报告义务。如果净碳账户超过了碳预算，首相有义务向议会提出在以后的预算周期中弥补超预算排放的政策和措施。[①] 综合分析英国的碳预算机制，笔者认为，英国首创利用财政预算的方式管理碳账户，与简单的总量控制相比，碳预算这种方式既灵活又有计划性，有利于碳排放空间合理高效地利用。

市场失灵与国家干预理论是碳预算实施的理论基础。市场失灵或市场失败，从最一般的意义上讲，是人们在批评市场经济运行中出现了不尽如人意的（效率的或价值的）结果时所使用的一个概念。[②] 根据政府间气候变化工作小组的评估报告，人为温室气体排放已经对气候系统以及人类和非人类存在物的生存和福利造成了显著的有害影响，如极端天气事件、海平面上升、生物多样性损失、人类传染病的加剧等。然而，气候系统具有典型的非排他性和非竞争性，纯粹的市场机制对抑制私主体的温室气体排放活动是失灵的，从而导致气候领域内的公地悲剧——全球变暖。在全球变暖问题尚未产生之前，国家并不干预或管制人们消耗煤炭、石油等化石能源并排放温室气体的活动。但是，当人类肆无忌惮的温室气体排放活动超过了气候系统的承载能力时，气候系统失衡的后果——全球变暖及其带来的不利影响将对人类和非人类存在物的生存和发展带来现实的威胁。此时，需要政府作为气候系统的受托人，对气候系统容纳温室气体排放的能力即碳排放空间进行科学的管理。政府需发挥气候系统善良管理人的职能，摸清碳排放空间的家底，掌握其管辖范围内的温室气体排放量和碳汇能力，进而制定科学的碳预算，保障将其管辖范围内的负外部性行为——温室气体排放控制在防止气候系统受到危险的人为干扰的水平上。萨缪尔森、诺德豪斯认为，外部性造成市场非效率，几乎所有污染的外部效应均依靠政府的管制加以控制。[③] 植草益认为："包括经济性规制和社会性规制在内的直接规制，都是以市场失败为根据的，这是弥补市场失败的政

① 刘明明：《温室气体排放控制法律制度研究》，法律出版社 2012 年版，第 124 页。

② 程启智等：《政府社会性管制理论及其应用研究》，经济科学出版社 2008 年版，第 1 页。

③ ［美］萨缪尔森、诺德豪斯：《经济学》（第十六版），萧琛等译，华夏出版社 1999 年版，第 270 页。

策。没有这种政策，经济社会就不能顺利运行。”[①] 著名经济学家米德也认为政府针对环境污染采取干预与控制措施是必要的。[②] 日本学者金泽良雄认为：“一般所谓‘规制’，在最狭义上，可以理解为是由于对一定行为规定了一定的秩序，而起到限制的作用，广义上规制可以理解为‘国家的干预’这一用语。”[③] 国家在减缓全球变暖中发挥着元治理的作用。正如托马斯·思德纳所言，那些使市场运作的机制，都是必须由一个公共团体提供的公共产品。[④] 政府管制便是一种特殊的公共产品。[⑤] 碳预算实际上是气候变化背景下政府对碳排放空间的利用管制。政府通过科学制定碳预算并防范碳赤字来实现温室气体减排目标。

我国温室气体排放总量控制目标以及目标的落实可以借鉴英国碳预算机制，在确定长期温室气体排放总量控制目标后，通过制定和执行碳预算逐步实现控排目标。根据《巴黎协定》，我国于2016年6月向政府间气候变化专门委员会（IPCC）提交了中国国家自主决定贡献文件，明确了中国将努力在2030年左右达到二氧化碳排放峰值并争取尽早达峰。根据《中华人民共和国国民经济和社会发展第十三个五年规划纲要》，“十三五”期间我国要实现单位GDP能耗（能耗强度）年均累计下降15%以及单位GDP二氧化碳排放（碳强度）年均累计下降18%的目标。在我国二氧化碳排放达峰之前，二氧化碳排放总量仍然呈逐年上升趋势，这也是经济社会可持续发展的合理需求。因此，我国温室气体排放总量控制目标的确定应以达峰与否而有所不同。在二氧化碳排放达峰之前，我国温室气体排放总量控制目标的确定应结合能耗强度和碳强度的下降目标以及经济社会发展需求和行业产业调整政策等多种因素采取自下而上和自上而下相结合的方式加以确定：首先，通过自下而上的方式确定全国碳排放的基本情况即摸清控排行业和企业的排放家底；其次，根据我国自愿减排目标并结合经济和社会发展规划以及行业企业的减排潜力确定温室气体减排目标。

---

① ［日］植草益：《微观规制经济学》，朱绍文等译，中国发展出版社1992年版，第291页。

② ［英］詹姆士·E. 米德：《明智的激进派经济政策指南：混合经济》，欧晓理、罗青译，上海三联书店1989年版，第2—4页。

③ ［日］金泽良雄：《经济法概论》，满达人译，甘肃人民出版社1985年版，第45页。

④ ［瑞典］托马斯·思德纳：《环境与自然资源管理的政策工具》，张蔚文、黄祖辉译，上海三联书店、上海人民出版社2005年版，第26页。

⑤ 王俊豪：《政府管制经济学导论——基本理论及其在政府管制实践中的应用》，商务印书馆2001年版，第3页。

有学者和研究机构曾对2020年温室气体排放总量的确定进行研究，提出到2020年我国温室气体排放总量的最佳区间应为99亿—119亿吨二氧化碳当量。[①] 在二氧化碳排放达峰之后，我国温室气体排放总量应当逐年降低，开始实现绝对量的减排。笔者认为，达峰之后，我国应当采取自上而下的方式确定温室气体排放总量控制目标，即首先通过自上而下的方式确定全国温室气体排放总量控制目标，然后将控排目标分解到各省级碳排放权交易主管部门。在确定温室气体排放总量控制目标后，由国家统一确定全国碳排放配额，还是将温室气体排放总量控制目标分解到各省区市，然后由各省级碳排放权交易主管部门根据减排目标自行确定省级碳排放配额总量呢？笔者认为，借鉴欧盟碳排放权交易的教训，我国应当采取由全国统一确定碳排放配额，然后综合考虑经济社会发展、温室气体减排潜力等各种因素后将配额分配到各省的办法。欧盟在碳排放权交易第一阶段和第二阶段曾经采用过分散决策模式，即由欧盟设定统一的温室气体减排目标，各成员国根据减排目标制定《国家分配计划》以确定本国的碳排放配额总量及分配方案，然后提交欧盟委员会批准。分散决策模式赋予了成员国较大的自主权和灵活性，但此种模式会导致“囚徒困境”，即每个成员国都意识到设定严格的配额总量以达到欧盟减排最优目标的集体利益，但同时有最大限度地提高自身的配额总量的利益考量。[②] 在欧盟碳排放权交易第一阶段，25个提交《国家分配计划》的成员国中，有14个成员国的《国家分配计划》不符合《碳排放权交易指令》附件三第1项和第2项的分配标准，无法实现《京都议定书》的减排目标。[③] 可见，分散决策会导致不同政府之间产生“向下竞争”的激励作用，同时，政府之间碳排放配额总量控制松紧不同，也会导致碳泄漏的发生。

国家碳排放配额总量确定后，碳排放权交易主管部门要综合考虑经济社会发展情况、行业产业政策、行业竞争力影响、温室气体减排技术以及能源利用规划等因素制定并执行碳预算方案。碳预算方案的制定应当考虑以下因素。首先，碳预算以实现温室气体排放总量控制目标为最终目的，

---

① 齐绍洲：《低碳经济转型下的中国碳排放权交易体系》，经济科学出版社2016年版，第108页。

② 陈惠珍：《减排目标与总量设定：欧盟碳排放交易体系的经验及启示》，《江苏大学学报》（社会科学版）2013年第4期，第14—23页。

③ A. Denny Elleerman, Barbara K. Buchner, Carlo Carraro, “Allocation in the European Emissions Trading Scheme: Rights, Rents and Fairness,” *Cambridge University Press* (2007): 30.

这也是碳预算满足环境效益确定性的要求。其次，碳排放权交易主管部门可以通过多个碳预算将目标分解，以体现一定的灵活性。一方面，温室气体减排技术和减排设施的投资回报需要周期；另一方面，随着碳封存和碳捕捉技术的运用和发展、可再生能源的开发利用、低碳技术的研发利用以及环境友好产品的开发能力提高等，温室气体减排成本会越来越低，且效率越来越高。因此，赋予碳预算灵活性，允许碳排放权交易主管部门在总目标约束下对不同的碳预算周期进行灵活调节，有利于更加成本有效性地实现温室气体排放总量控制目标。鉴于此，笔者认为碳预算可以采取先宽后紧的思路进行设计。碳排放权交易主管部门可以根据产业发展政策、能源利用规划以及行业企业减排潜力等因素在各个碳预算之间相互调剂碳排放配额。最后，碳预算的制定和分解还要考虑行业产业的国际竞争力影响。一方面，对于因温室气体排放总量控制而严重削弱国际竞争力的出口型行业企业，只能渐进地推进减排目标，而不能激进地实施减排；另一方面，考虑与中国出口产品处于高度竞争状态的国家（如印度、巴西）是否采取了相同程度的减排措施，如果对方没有采取或采取的措施不够严厉，我们国家需要重新斟酌对相关行业企业的控排措施。

（二）碳排放配额初始分配机制①

碳排放配额的初始分配分为两个阶段，首先由国家碳排放权交易主管部门将碳排放配额分配给各省区市，然后再由各省级碳排放权交易主管部门将配额分配给行业企业。碳排放配额初始分配的全过程应当坚持公平、效率和效益原则。公平原则是环境正义在气候治理领域的具体化，也是考查碳排放配额初始分配的方法和分配数额是否符合环境伦理道德标准的准绳。效率原则是指碳排放配额的初始分配能够最大限度地发挥碳排放权交易市场的减排资源配置作用，激励控排企业以最具有成本有效性的方式实现减排目标。效益原则是指碳排放权交易主管部门要在保证国家温室气体排放控制目标能够实现的前提下采取灵活方式开展碳排放配额的初始分配。结合前文对于我国碳排放权交易试点配额分配机制的探索以及国外相关经验，我国在碳排放权交易体系建设之初主要采取无偿分配方式，并且无偿分配机制的完善重点应放在公平性上。公平原则在碳排放配额初始分配的适用主要体现在以下几个方面。

① 部分内容发表于《江淮论坛》2019 年第 4 期《中国碳排放配额初始分配的法律思考》一文。

其一，控排企业与非控排企业之间的公平。纳入碳排放权交易体系的企业为控排企业，尚未纳入碳排放权交易体系的企业为非控排企业。在碳排放权交易体系下，控排企业如果采取了积极减排措施，是可以出售其剩余的配额而获取减排收益的。非控排企业的额外减排措施得不到认可或不能参与碳市场交易，不仅不利于激励非控排企业主动采取超标准减排措施，还对采取了积极减排措施的企业显失公平。因此，非控排企业如果采取了超越正常排放情景（business-as-usual，BAU）的减排措施并产生了具有额外性的温室气体减排量，碳排放权交易主管部门应当对具有额外性的减排量进行认证并核发碳减排信用，允许非控排企业通过在碳市场出售碳减排信用而获取减排利益。

其二，控排区域之间的公平。我国各省区市在人口数量、人均收入、经济规模及其结构、能源消费总量及其构成、能源强度和碳强度等方面存在较大的差异，这导致各省区市完成温室气体减排任务的成本以及由此产生的社会经济影响也有所不同。因此，碳排放配额分配涉及区域间的公平问题。有的学者提出了区域碳排放权交易方案，根据区域的历史碳排放、人均碳排放额度和人口数量计算出该区域在全国碳排放配额总量分配中应得的配额，其中，经济发达地区、工业化和城市化发展速度较快的地区以及能源结构以煤炭为主的地区可能出现碳预算赤字，而经济欠发达地区和能源结构以清洁能源为主的地区可能出现碳预算盈余，进而提出通过区域间转移支付的方式由碳预算赤字地区向碳预算盈余地区购买碳排放配额的建议。[①] 但是这种方案也存在几个问题：一是我国尚未建立全国温室气体排放监测体系，历史排放数据难以收集，科学性和客观性欠缺；二是将人均累计碳排放的方法适用于国际碳排放空间的分配具有合理性，但适用于国内省级碳排放配额分配可能会因人口流动、企业管辖权、国家产业政策等出现不公平现象，例如“西电东送”工程中山西省大型煤电企业所发电供其他省市使用，但碳排放会记到山西省的账本上；三是区域间财政转移支付方式将碳减排的责任由排放企业转嫁到了政府头上，实际上是花了纳税人的钱为企业的碳排放埋单，如果为了避免这种现象而设计碳排放企业向政府购买配额等方式，无疑增加了碳排放权交易体系的交易成本。笔者认

① 都阳、陆旸：《实现减排与增长的双赢：区域间“碳预算”分析框架》，《中国社会科学院研究生院学报》2010 年第 4 期，第 34—48 页。

为，基于区域发展现实和区域公平的角度，我国碳排放配额在省际的分配应当充分考虑各区域之间经济社会发展水平、行业分布、可再生能源禀赋、减排潜力、能源强度和碳强度差距较大的事实，制定一套公平合理的省际碳排放配额分配方案。国家应当建立以行业为基础的碳排放配额分配机制。首先，由国家根据纳入碳排放权交易体系的行业的发展现状及规划、能源利用及规划、行业温室气体排放情况以及行业减排潜力等因素确定该行业的全国碳排放配额总量。然后，根据各省纳入碳排放权交易体系的行业规模、行业排放情况及减排潜力综合确定各省的碳排放配额总量。以钢铁行业为例，首先国家根据全国钢铁行业的排放情况及减排目标确定该行业企业的碳排放配额总量。然后，由省级碳排放权交易主管部门统计其管辖范围内的钢铁行业企业的排放规模，以该省钢铁行业企业总排放量占全国钢铁行业企业总排放量的比例取得该省钢铁行业碳排放配额数量。各省取得的碳排放配额总量则为该省各行业碳排放配额之和。以行业为基础的碳排放配额分配机制保证了在同一行业的企业之间取得配额数量以及分摊减排压力的公平性。但考虑到我国正处于工业化过程之中，东西部地区经济发展不均衡，企业承受减排压力的能力不同，而且地方财政收入主要来自地方税收，必然会出现一些高碳行业分布较为集中的省份经济比较落后并且生产效率及减排抗压能力较低的情形。如果让其承担较重的减排成本，则不符合公平原则。[①] 因此，建议国家在以行业为基础进行分配碳排放配额时，对经济欠发达且减排压力过大的地区适当作出倾斜，以满足这些地区可持续发展的需要。对于如何认定某地区为经济欠发达且减排压力过大的地区，应当综合考虑该地区的人均 GDP 和人均累计二氧化碳排放量，只有当某地区的人均 GDP 和人均累计二氧化碳排放量都低于全国平均水平时，才能被认定为可以给予倾斜性照顾的经济欠发达且减排压力过大的地区。因为人均 GDP 水平低于全国平均水平说明了一个地区的经济欠发达，同时人均累计二氧化碳排放量低于全国平均水平说明了一个地区的历史排放量低。然而，在我国化石能源占能源消费比重提升的现实情形下，限制碳排放无疑增加了经济发展成本或者限制了经济发展对碳排放的增长需求。经济欠发达地区的能源强度和碳强度双高，其在经济发展过程中对于碳排放配额的增量需求要远远大于经济基础较好、技术进步程度和能源效率较高的经济较发达地区。因此，在

① 王燕、张磊：《碳排放交易法律保障机制的本土化研究》，法律出版社 2016 年版，第 123 页。

全国碳排放权交易起步阶段，在碳排放配额初始分配方面对经济欠发达地区实行倾斜性配置，一方面是给经济欠发达地区一个逐步适应的缓冲期，另一方面更是对经济欠发达地区寻求与历史排放量高的经济较发达地区之间平等发展的机会的尊重。如何进行倾斜性配置，特别是计算倾斜性配置的额度离不开环境经济学、管理学等学科的交叉研究，本书作为法学研究，笔者仅提出倾斜性配置的目的和原则在于保障行业企业的公平竞争以及经济欠发达地区的公平获取可持续发展的机会。

其三，控排企业之间的公平主要表现在采取早期减排行动者的待遇问题、不同碳排放强度的控排企业之间的公平分配以及新进入者获取配额问题等三个方面。首先，对于在碳排放权交易体系开始之前就已经采取了早期减排行动的企业而言，如果其采取的减排行动超出了国家或地方对于碳排放标准的要求而产生了具有额外性的减排效益，在将其纳入碳排放权交易体系后应该将额外减排效益转化为排放配额，否则，在祖父分配法下将会出现采取早期减排行动的企业反而比没有采取早期行动的企业分得的配额少的情形，也就是出现“鞭打快牛”的不公问题。其次，不同碳排放强度的控排企业在碳排放配额初始分配时，如采取无偿分配方式，应当采取基于部门的基准分配法。如采取祖父分配法或者基于设备的基准分配法，历史排放量高或者碳排放强度高的企业反而要比历史排放量低或碳排放强度低的企业取得的排放配额多，也会出现“鞭打快牛”的不公问题。但是，基于部门的基准分配法取行业部门单位产品的平均碳排放为基准，对于不同碳排放强度的控排企业而言具有公平性，碳排放强度低于部门平均水平的可以因为其减排投入而产生配额盈余，碳排放强度高于部门平均水平的将因为其减排投入不足而出现配额赤字。最后，碳排放权交易体系运行后新进入者（新建企业）如何公平获取配额问题。在碳排放配额初始分配采取无偿分配模式的情景下，如果要求新进入者通过碳市场有偿取得配额，将会导致在市场准入方面对新进入者产生竞争不公问题。国家可以统一要求新进入者采取严格的碳排放强度标准，但应当在碳排放配额初始分配时预留一部分配额作为新进入者的储备配额，对于符合碳排放标准的新进入者可以按规定免费取得配额。当然，新进入者在免费取得配额的同时，也承担了与已有控排企业同样程度的碳减排义务。也就是说，新进入者取得的免费配额数量不足以满足其所有的生产排放，新进入者仍需根据国家温室气体排放控制目标来承担减排义务。

（三）碳排放配额的价格干预机制[①]

碳排放权交易的核心是一种价格机制，通过碳排放权价格影响企业的减排行为。碳排放价格根据碳市场供求关系合理波动，从而释放价格信号，反映碳减排成本，最终形成碳排放总量控制、价格变动、技术进步和减排成本降低之间的周期性良性循环。[②] 碳排放权的价格不同于一般商品，一般商品的价格通过市场供求关系的自发调节而形成，而碳排放权的供求关系在很大程度上受到政府界定和分配碳排放权行为的影响。也可以说，碳排放权的价格是由政府有形之手和市场无形之手共同决定的。[③] 总量控制型交易（cap-and-trade）的经验表明，价格波动现象非常严重。[④] 有研究者发现美国推行酸雨计划时，二氧化硫配额的价格波动幅度比 1995 年至 2006 年的股票价格波动幅度还要大。[⑤] 碳排放权价格的波动也非常严重，以欧盟为例，碳排放配额的价格在 2008 年曾一度攀升至近 30 欧元/吨，但在 2012 年 4 月 2 日已跌至约 6. 2 欧元/吨，2013 年 3 月更是跌至 3 欧元/吨，2015 年有小幅回升，维持在 7—9 欧元/吨，2016 年以来欧盟碳排放配额期货价格再次下跌并徘徊在 4 欧元/吨。[⑥] 有学者对中国碳排放权交易试点初期碳排放配额价格的波动幅度进行实证研究，认为各试点地区碳排放配额价格波动较大，特别是深圳、天津和上海。[⑦] 如 2013 年 10 月 17 日深圳市碳排放配额收盘价格高达 130. 9 元/吨，2015 年 7 月 8 日的收盘价仅为 23. 38 元/吨。有学者对中国试点地区碳交易价格的波动周期进行研究，发现碳交易价格波动具有高度的非线性特征，并在时序上

---

① 部分内容发表于《法学论坛》2019 年第 4 期《论碳排放权交易市场失灵的国家干预机制》一文。

② 孙永平主编《碳排放权交易概论》，社会科学文献出版社 2016 年版，第 186 页。

③ 蒋志雄、王宇露：《我国强制碳排放权交易市场的价格形成机制优化》，《价格理论与实践》2015 年第 4 期，第 56—58 页。

④ Peter R. Orszag, "Implications of a Cap-and-Trade Program for Carbon Dioxide Emissions," in Nelson E. Burney, *Carbon Tax and Cap-and-Trade Tools: Market-based Approaches for Controlling Greenhouse Gases* (Nova Science Publisheers. Inc. , 2009), pp. 92 - 93.

⑤ William D. Nordhaus, "To Tax or not to Tax: Alternative Approaches to Slowing Global Warming," *Review of Environmental Ecomonics and Policy* 2 (2007): 37 - 39.

⑥ 陈惠珍：《中国碳排放权交易监管法律制度研究》，社会科学文献出版社 2017 年版，第 191 页。

⑦ 吕勇斌、邵律博：《我国碳排放权价格波动特征研究——基于 GARCH 族模型的分析》，《价格理论与实践》2015 年第 12 期，第 62—64 页。

表现出明显的价格波动周期，随机性干扰因素明显。[①]

碳排放配额价格波动幅度过大将会对能源市场、能源密集型的产品和服务市场以及行业企业投资规划产生不利影响。例如，碳排放配额价格过度波动导致碳市场不能给企业长期减排提供明确的价格信号，从而令碳减排投资者望而却步，妨碍企业研发低碳产品和使用低碳工艺、设备、技术开展生产以节能减排，不利于企业作出长期减排的投资决策。此外，碳排放权价格过低说明碳排放配额总量控制过于松弛，减排效果堪忧；碳排放权价格过高则说明碳排放配额总量控制过于严格，容易导致碳泄漏。因而《京都议定书》附件一国家均针对碳排放价格出台了干预措施，以形成稳定、透明、合理的碳排放权价格，进而为企业提供稳定的预期和激励以及更好地实现碳排放权交易体系的设计目的。从国内外的碳排放权交易理论和实践来看，政府干预碳排放权价格的措施主要包括固定碳价格机制、价格上下限机制、碳排放配额的存储和借贷机制、碳排放配额的回购与投放机制。其中，固定碳价机制和价格上下限机制属于限价调整机制，碳排放配额的存储和借贷机制以及碳排放配额的回购与投放机制属于数量调整机制。限价调整机制是政府在特定条件下直接干预碳排放配额市场价格。数量调整机制是政府通过增加或减少市场供给的方式影响供求关系进而间接调整碳排放权价格。

固定碳价格机制是政府在碳排放配额初始分配环节，以固定价格向纳入碳排放权交易体系的主体分配配额。固定碳价格机制仅在碳排放配额初始分配环节发挥作用，其类似于碳税，有利于企业在实施前更好地预期可能的政策效应和减排成本。但是，固定价格的科学性和合理性如碳税税率一样难以把握，从而其减排效益的确定性堪忧。另外，固定价格在碳排放权交易二级市场没有作用，因此并不能有效应对碳排放权价格波动带来的不利影响。在现行的碳排放权交易体系中，尚未发现固定价格机制的实践。但其在碳排放权交易立法夭折的澳大利亚有所体现。为了给碳减排企业提供稳定的预期和激励，澳大利亚新南威尔士碳排放权交易体系则设计了碳价格固定机制，规定在碳排放权交易过渡期碳排放权价格固定，期初固定为每吨二氧化碳当量 20 澳元，其后每年以 4%

① 郑祖婷等：《我国碳交易价格波动风险预警研究——基于深圳市碳交易市场试点数据的实证检验》，《价格理论与实践》2018 年第 10 期，第 49—52 页。

加上物价上涨率增加。[①] 笔者认为，价格机制是碳排放权交易市场优化配置减排资源的重要指挥棒，碳排放权价格的形成应尊重市场规律，不宜由政府直接定价，而应由供求关系决定。政府干预价格的度应当仅限于市场失灵的范围，如因垄断、信息不对称、政策失误等引起价格异常波动时政府才可以依法介入，辅助市场机制良性运转。

结合前文所述中国碳排放配额价格干预机制存在的问题，借鉴国外经验，本书建议从以下两个方面健全中国碳排放权交易市场的价格干预机制。

1. 有机结合价格上下限机制与碳排放配额的回购与投放机制

价格上下限机制是对碳排放配额在二级市场上交易的最低价格或最高价格加以限定，或者限定交易的最低价和最高价区间，也称为“价格项圈”。当碳排放配额的价格高于最高价或者低于最低价时，碳排放交易无法实现。限制碳排放配额交易最低价格的目的在于保护企业减排投入的积极性。如果政府过度分配配额导致供过于求，碳排放配额的价格可能低于最低限价甚至为零。这可能导致积极从事减排投入的企业无法通过碳排放权交易市场获得减排回报，从而丧失减排的积极性。如果配额总量的设定过于严格，可能会导致严重的供不应求，从而使碳排放配额价格高于最高限价。这可能导致限排企业减排成本高涨或者引起碳泄漏。因此，为了保护企业减排投入的积极性和避免碳泄漏，价格上下限机制被广泛应用于碳排放权交易体系的设计中。例如，英国政府为了给碳排放权交易体系提供一个透明的、可预见的和公平的碳价格，进而给碳减排投资提供强有力的激励，设定碳价格下限。从 2013 年 4 月 1 日起，英国碳价格下限将适用于电力行业。碳价格下限将从 2013 年 4 月 1 日起执行每吨二氧化碳当量 15.7 英镑的标准，并且到 2020 年上升为每吨二氧化碳当量 30 英镑，2030 年上升为每吨二氧化碳当量 70 英镑。

与价格上下限机制相配合实施的制度是碳排放配额的回购与投放机制，即当碳排放配额价格低于最低限价时，由政府以最低限价回购碳排放配额从而缓解配额供大于求的问题，同时使得减排企业获得一定的收益；当碳排放配额价格高于最高限价时，由政府向碳市场投放一定比例的配额

① 王京明等：《国际碳券交易市场——运作制度与法规比较》，台湾普林斯顿国际有限公司 2008 年版，第 152 页。

从而缓解配额供不应求的局面，同时降低限排企业的减排成本进而降低碳泄漏的可能性。价格上下限机制以及配额的回购与投放机制是由碳排放权交易市场的特殊性决定的。一般商品或债券市场的供求关系及价格形成与波动都是由市场自发决定的，然而，碳排放权交易市场的交易对象——碳排放配额的供求关系在很大程度上受政府设定的碳排放配额总量及其分配机制影响。如果政府过度分配，则会导致配额价格一落千丈；如果政府过紧分配，则会导致配额价格暴涨。特别是在碳排放权交易初期，政府对碳排放数据的掌握以及碳排放权交易市场的调控能力还不够，容易出现配额分配过松或过紧的情况。因此，价格上下限机制和配额回购与投放机制虽然对价格由市场决定这一规律有所冲击，但也是碳排放权交易市场政府干预属性的体现。

中国早就关注碳排放权价格的下限问题，这也是受形势发展所迫。全球碳排放权交易的配额市场和项目市场逐步形成并出现增长态势。2011年全球碳市场总额达1760亿美元，欧盟占84%，达到1480亿美元，我国占全球CDM已注册项目和已签发减排量的50%以上，而交易额却仅占全球碳市场的1%左右。这是因为中国处在整个碳交易产业链的最低端，中国创造的CERs被发达国家以低廉的价格购买后，通过金融机构的包装，开发成为更高的金融产品、衍生产品及担保产品进行交易。国家发改委为了避免中国的CDM项目在国际市场上被贱卖，对中国的CDM项目制定了最低限价标准。[①] 将来我国碳排放权交易体系不仅包括清洁发展机制项目，还包括基于配额的碳排放权交易、自愿减排交易等多种形式。我国七省市碳排放权交易试点有的对碳排放权价格下限以及配额回收和投放作了原则性规定，但操作性不强。在全国碳排放权交易体系建设初期，应当借鉴国外经验，完善碳排放权价格国家干预机制，通过设定碳排放权价格下限为碳减排企业和投资者提供稳定的激励；通过设定价格上限避免减排压力超越社会经济发展阶段以及避免碳泄漏。同时，还应当结合价格上下限机制，完善配额回购与投放机制，就配额回购与投放的条件、对象、比例、价格等事项作出详细规定。

① 赵捧莲：《国际碳交易定价机制及中国碳排放权价格研究》，博士学位论文，华东师范大学，2012，第68页。

2. 建立配额存储与借贷机制

存储与借贷机制也是调控碳排放配额价格的重要手段。存储是指纳入碳排放权交易体系的企业（单位）将一个履约期间内富余的碳排放配额存入碳账户（Carbon Account），或者持有碳排放信用的企业（单位）将基于碳减排项目产生的排放信用存入碳账户。借贷是指纳入碳排放权交易体系的企业（单位）在一个履约期间内实际排放的温室气体量超过了其所持有的配额数量，而从下一个履约期的碳账户中借入碳排放配额履行清缴义务，并在下一个履约期偿还其所借用的排放配额及利息的行为。存储和借贷机制为企业（单位）参与碳排放权交易体系提供了一定的灵活性，有利于企业（单位）防范碳市场风险和降低减排成本。存储承认碳排放配额可以跨越履约期使用，从而鼓励企业积极采取碳减排行动以产生配额盈余并将富余配额存入碳账户，存储的配额可以供其在将来的履约期使用或者在碳排放配额价格处于高点时出售以获取更多的减排利益。借贷则允许纳入碳排放权交易体系的企业（单位）提前透支其在下一个履约期的碳排放配额，可以在履约期碳排放配额价格畸高时降低企业（单位）的减排成本。此外，存储和借贷机制有助于纳入碳排放权交易体系的企业（单位）应对碳排放权价格异常波动导致的风险。例如，企业（单位）可以在碳排放配额价格畸低时选择存储配额以伺碳排放配额价高时出售；企业（单位）可以在碳排放配额价格畸高时选择借贷配额，以便在碳排放配额价格低或者减排成本低时购买配额或加强减排以偿还所借配额及其利息。有学者认为，存储和借贷可以使企业跨期分配其排放，从而用最低的成本实现其减排目标。① 理论上讲，存储和借贷所提供的暂时灵活性可以提高碳排放权交易的成本效益性，并降低碳排放权价格的不稳定性带来的风险。②

反对存储的观点认为，存储将额外的碳排放配额转移到将来，从而可能造成将来温室气体排放浓度的高度增长，并且可能会使通过温室气体减

① ［法］朱利恩·谢瓦利尔：《碳市场计量经济学分析：欧盟碳排放权交易体系与清洁发展机制》，程思等译，东北财经大学出版社 2016 年版，第 8 页。

② T. H. Tietenberg, *Emissions Trading: Principles and Practice* (Washington DC: Resources for the Future, 2006), p. 85.

排实现环境总目标的进程变得缓慢。[①] 认为存储会使将来的温室气体排放过于集中的观点有些过于夸张且不符合温室气体生命周期长的自然属性。其实，通过存储机制可以激励纳入碳排放权交易体系的企业（单位）更早地采取减排措施，有利于提前完成温室气体减排义务，从而超出温室气体排放总量控制的要求并产生更多的减排。[②] 此外，企业（单位）存储形成的碳排放配额库存为纳入碳排放权交易体系的企业（单位）应对碳市场的不稳定和冲击起到了缓冲作用。反对借贷的观点认为借贷允许纳入碳排放权交易体系的企业（单位）超过其所持有的碳排放配额数量排放温室气体，降低了减排措施的效果并且会增加将来企业（单位）不履行配额清缴义务的风险，[③] 从而导致温室气体排放超过总量控制。但是，这些担心可以通过普遍接受的统计原则和温室气体排放监测来应对，在审核借贷时可以结合企业（单位）的碳排放情况及减排潜力对该企业（单位）的偿还能力作出科学的评价。特别是可以要求借贷附加利息，即要求企业除了偿还所借的碳排放配额外还要按借贷配额的一定比例交纳利息，从而使将来的减排量不仅足以抵消之前的超额排放，而且能够产生更多的减排。[④] 如果借贷企业不能还本付息，还可以设计从下一履约期分配的配额中扣除本息和滞纳金性质的配额等惩罚机制。另外，如果技术进步落后于减排要求的水平，借贷可以为短期内迅速实现减排技术转变或者能源结构转变的企业提供一个过渡期。同时，借贷也为纳入碳排放权交易体系的企业（单位）提供了除了在碳市场购买配额或信用的另外一条履行义务的途径，可以有效地避免碳排放权价格异常波动带来的风险。我国的七省市碳排放权交易试点尚未对碳排放配额的存储和借贷作出规定。笔者认为，我国建立全国碳排放权交易市场初期，碳排放权交易监管者、纳入碳排放权交易体系的企业（单位）、交易机构等各方主体在碳排放配额总量设定、配额分配、交易等方面还需要一定的过渡期，建议设计配额的存储和借贷机制以为碳排放权交易体系的稳定运行及风险防范提供更大的灵活性和保障。

---

① Toni E. Moyes, *Greenhouse Gases Emissions Trading in New Zealand*: *Trailblazing Comprehensive Cap and Trade* (Ecology Law Quarterly, 2008), pp. 911 -965.

② 刘明明：《论碳排放权交易制度的核心要素》，《企业经济》2012 年第 8 期，第 10—14 页。

③ Toni E. Moyes, *Greenhouse Gases Emissions Trading in New Zealand*: *Trailblazing Comprehensive Cap and Trade* (Ecology Law Quarterly, 2008), pp. 911 -965.

④ 刘明明：《论碳排放权交易制度的核心要素》，《企业经济》2012 年第 8 期，第 10—14 页。

第三节　中国碳金融市场的宏观调控

一、碳泄漏的法律应对

《京都议定书》对碳泄漏的界定为“发达国家为了履行《京都议定书》的强制性限制而削减的温室气体排放可能会在其他不受约束的国家中重新出现”。例如，跨国公司可能会为了逃避排放限制而将工厂从发达国家转移至发展中国家。据统计，2011 年欧盟仅基本金属和金属制品两个产业对中国的碳泄漏量高达 766 万吨二氧化碳当量，占当年对中国碳泄漏总量的 17%。[①] 美国联邦环保局指出碳泄漏是在排放控制和监管导致经济活动出现转移的情况下发生的，结果是在一个地区由于排放控制所取得的排放治理被其他非控制地点增加的排放所抵消。《京都议定书》对碳泄漏的定义指向的是国家之间因为碳排放经济活动的转移而产生的结果。美国联邦环保局对碳泄漏的定义更加抽象和具有普适性，不仅指发生在国家之间的碳泄漏，还指发生在一个国家内部的不同区域之间的碳泄漏。例如，《加利福尼亚健康和安全法》中就指出“州内温室气体减排量因州外温室气体排放的增加而抵消，这时就发生了碳泄漏”。造成碳泄漏的区域碳减排制度，虽然减少了其内部排放量的产生，但增加了周边无监管地区的排放量。有学者对中国省域间碳排放转移进行了研究，认为省域间碳排放的空间转移非常显著，主要是从京津地区、东部沿海和南部沿海地区向其他地区转移；[②] 区际贸易隐含碳排放转移是区际碳泄漏问题的重要原因；[③] 经

① 邸玉娜：《中国碳密集型产业的出口战略研究——基于欧盟碳泄漏的视角》，《软科学》2016 年第 11 期，第 29—33 页。

② 王文治：《中国省域间碳排放的转移测度与责任分担》，《环境经济研究》2018 年第 1 期，第 19—36 页。

③ 李富佳：《区际贸易隐含碳排放转移研究进展与展望》，《地理科学进展》2018 年第 10 期，第 1303—1313 页。

济发达区域与欠发达区域间持续存在一定程度的“碳泄漏”现象。[①] 我国正在进行碳排放权交易试点，这明显是一种区域碳减排管制的试点，必然出现碳泄漏现象，然而从各试点地区的碳排放权交易管理办法来看，均没有涉及对碳泄漏问题的监管。由于中国区域间经济发展和碳减排压力的不平衡，碳泄漏问题将更加突出，国家在进行全国碳排放权交易体系的顶层设计时应当对该问题作出科学的制度安排。碳泄漏问题的解决不仅可以保护碳排放管制区域内企业的经济竞争力，还能降低全球性碳减排制度之外的国家或地区因碳排放转移而造成的将来承担减排义务时的减排压力。下文将考察美国和欧盟应对碳泄漏的经验，并结合我国国情，就我国碳泄漏应对法律机制的构建提出合理性建议。

（一）安全阀机制和早期减排信用机制：RGGI 的经验

美国东部地区实行区域温室气体行动时注意到了碳泄漏问题，并进行了颇有成效的探索，其经验可资借鉴。以下将结合 RGGI 控制碳泄漏的措施，分析将来我国碳排放权交易制度构建中如何设计制度以控制国内监管区域与非监管区域之间发生的碳泄漏。碳泄漏产生的原因在于碳排放管制区域内企业的生产经营成本高于管制区域外同类企业的生产经营成本，从而造成碳减排成本高的高碳排放企业转移到监管区域之外。因此，通过削减碳减排制度给企业带来的附加成本来寻求碳泄漏的解决之道是可行的。RGGI 采用的主要成本控制措施是安全阀机制和早期减排信用机制。

1. 安全阀机制

安全阀机制是一种减缓机制，如果履行碳减排义务的成本令人难以接受或者超过了预先确定的阈值，那么就将规定的某些成本降到最低。基于酸雨计划的构想，RGGI 最初设计了安全阀机制，即如果碳排放配额的价格超过一个特定的阈值，那么就向碳市场投放储备的配额。酸雨计划中实行的安全阀机制存在一个问题，即如果安全阀没有进行合理的设置，就会形成配额的价格上限（Price Cap）。安全阀越有效，就越有可能形成这样一个价格上限并确保成本控制在价格阈值或成本上限以下。虽然这在控制成本方面十分有效，价格上限也能够保持履行碳减排成本足够低，但这样往往会阻碍对减排技术的投资。最后，RGGI 否决了某种程度上会形成强

① 邓荣荣、杨国华：《区域间贸易是否引致区域间碳排放转移？——基于 2002—2012 年区域间投入产出表的实证分析》，《南京财经大学学报》2018 年第 3 期，第 1—11 页。

有力价格上限的安全阀的适用，而采取了与酸雨计划略有不同的方法为碳排放权交易制度设计安全阀机制。

在重新设计的安全阀机制下，当配额的价格超过一定触发水平（Trigger Level）时，RGGI 各州采取的措施不是增加可用配额的数量，而是建立一个增加补偿可用量的安全阀。RGGI 没有在配额价格过高时预留可以投入市场的配额，相反地，如果被监管企业实现 RGGI 减排目标的成本过于高昂，即超过预先确定的配额触发价格，被称为补偿触发事件（Offset Trigger Event）和安全阀触发事件的话，企业可以决定购买市场上的配额或者在减排成本可能更低的区域补偿他们的排放。补偿措施有助于控制需求，并进而控制配额的价格保持在较低的水平上。由于 RGGI 基于触发价格水平限制企业只能使用其总配额量的 5%—10% 作为补偿，所以没有造成与酸雨计划类似的配额价格上限问题。

鉴于配额市场的潜在变动性，只有当价格超过触发水平时，RGGI 的安全阀机制才会启动。当配额的价格连续 12 个月超过最高价格触发水平时，企业履行碳减排义务的期限可以延长 1 年，但最长为 4 年。安全阀的规定一旦触发后，RGGI 会在下一个为期 3 年的义务期间初期重新设置履约要求和补偿限制。总的来说，RGGI 的补偿安全阀机制由于设置了一个相当低的触发价格，所以能够将潜在的碳泄漏问题最小化。

2. 早期减排信用机制

RGGI 也通过在履约期间（履行减排义务或实现减排目标期间）开始之前给予受监管企业获得额外配额的机会来减少被监管企业的履约成本。自从 RGGI 将 2009 年作为将来减排比较的基准年，RGGI 各州就意识到，这一计划可能会导致一种反向的激励，即导致某个州可能会在 2009 年过度污染，从而人为地提高排放基准。这种抬高基准的方法可以防止 RGGI 市场上出现配额短缺的状况——实质上造成 2009 年之后廉价配额的过剩——这能够使受监管企业以较低成本实现他们的碳减排目标。为了解决这个问题，RGGI 在 2009 年之前并且在允许企业在其所在州加入 RGGI 谅解备忘录之后，使企业能够采取措施获取“早期减排信用”，从而减少碳排放。通过产生额外的配额而不是在现存预算中划分配额，RGGI 有效地增加了配额的供应，并有助于在市场建立阶段和计划的开始阶段减少投机活动。这种方法有助于减少价格波动并降低配额价格，从而减少潜在的泄漏。

（二）边境碳调节措施和碳泄漏补偿机制：欧盟的经验

美国的安全阀机制和早期信用减排机制更多地关注国内碳排放管制区域与非管制区域的企业竞争力保护问题。在国际贸易背景下，排放密集和贸易外向型产业（Emissions-Intensive Trade Exposed Sectors，EITE Sectors）容易因为国际竞争力受减排政策影响而产生碳泄漏。为了保护纳入碳排放权交易体系的国际竞争力，欧盟采取了边境碳调节措施（Boarder Carbon Adjustment，BCA）和碳泄漏补偿机制。

1. 边境碳调节措施

边境碳调节措施有碳关税和增值税减免两种。所谓碳关税，是由推行碳排放权交易的国家对其进口产品征收的二氧化碳排放特别关税。碳关税的征收对象有三种类型：一是没有实行碳排放权交易或碳税等碳减排管制措施的国家出口的产品；二是产品出口国虽然实施了碳排放权交易或碳税等碳减排管制措施，但碳减排措施的严厉程度与征收关税国家不相当，即出口产品生产企业的碳减排成本低于征收关税国家内相同类型或构成竞争关系的企业承担的碳减排成本；三是产品出口国虽然实施了碳排放权交易或碳税等碳减排管制措施，但出口产品生产企业并未纳入碳排放企业或并未作为征收碳税对象，即出口产品生产企业并没有承担碳减排成本。可见，征收碳关税的目的是增加进口产品的碳排放成本，从而使进口产品的生产企业与征收关税国家内相同类型或构成竞争关系的企业承担的碳减排成本保持一致。所谓增值税减免，是指推行碳排放权交易的国家对其出口产品实行增值税减排，以降低碳排放管制措施对产品生产企业国际竞争力的不利影响。享受增值税减免的产品一般源自排放密集型和贸易外向型产业，这些产业容易因碳减排管制而损害其国际竞争力，也是容易产生碳泄漏的产业。与碳关税相比，增值税减免是从国内层面采取措施以保护企业的国际竞争力。

2. 碳泄漏补偿机制

碳泄漏补偿机制是指政府在碳排放配额分配环节对排放密集型和贸易外向型产业企业以补偿配额的方式降低该类行业产业的碳泄漏效应。碳泄漏的原因在于特定产业企业由于碳减排管制竞争力下降而向未进行管制或者管制较松的国家或地区转移碳排放。因此，根据产品的贸易外向程度和生产成本增加幅度进行碳排放配额补偿可以减轻碳泄漏倾向性企业的碳减排成本进而保护其贸易竞争力，有利于从根本上应对碳泄漏问题。根据

2009 年欧盟碳排放权交易体系发布的无偿分配碳排放配额清单，纳入碳排放权交易体系的企业在满足下列情形之一时可以获得碳排放配额补偿：一是加入碳排放权交易体系导致其产品直接和间接生产成本增加超过 5%，且与第三国进出口贸易达到 10% 以上；二是加入碳排放权交易体系导致其产品直接和间接成本增加达 30%；三是企业产品与第三国贸易强度达到 30% 以上。可见，碳泄漏补偿的对象主要是因纳入碳排放权交易体系而影响产品竞争力的产业企业。对于补偿多少的问题，要在产业企业的竞争力保护与碳减排效益之间权衡。碳泄漏补偿机制的最终目的不是保护产业企业的竞争力，而是避免因为竞争力损害产生碳泄漏。也就是说，碳泄漏补偿以碳减排效益的实现或者碳减排效益不因碳泄漏而抵消为最终目的。因此，碳泄漏补偿的额度要小于碳泄漏的程度。同时，具有碳泄漏倾向的产业企业如果向碳排放权交易体系覆盖范围之外的国家或地区转移碳排放，也需要付出搬迁、营业、销售等成本。由此，在设计碳泄漏补偿机制时要因地制宜，综合考虑碳排放权交易给产业企业增加的成本、贸易外向程度、碳泄漏程度，以及碳排放转移成本对于碳泄漏的抑制作用等多种因素。

综上，欧美碳排放权交易体系应对碳泄漏的措施主要包括安全阀机制、早期减排信用机制、边境碳调节措施以及碳泄漏补偿机制。其中，安全阀机制和早期减排信用机制是以市场为基础的碳泄漏应对措施，即由政府设定安全阀和授予早期减排信用，最终还是通过碳排放配额交易或信用交易应对碳泄漏；边境碳调节措施、碳泄漏补偿机制则属于以政府为主导的碳泄漏应对措施，即依靠政府采取征收碳关税、减免增值税或补偿配额等单方面措施应对碳泄漏。我国建立总量控制型碳排放权交易体系的目的是通过市场机制实现温室气体减排目标，而温室气体减排目标的实现要通过企业发展低碳经济，而非将高碳排放经济活动转移到不实行碳排放总量控制的地区。因此，在建立全国碳排放权交易体系时要设计合理的机制应对碳泄漏问题。

碳泄漏从本质上讲是碳排放这一负外部性活动的转移，也可以说是碳排放权交易市场机制失灵的一种表现。此种市场失灵的矫正需要政府的适度干预，即政府干预应尽量避免行政命令式的过度干预，首选以市场的方法引导企业避免碳排放的转移。碳泄漏问题的应对思路是降低纳入碳排放权交易体系且具有碳泄漏倾向的能源密集型和贸易外向型产业企业的碳减排成本，从而保护该类产业企业的竞争力不因碳排放权交易而受损。价格是碳排放权交易市场的指挥棒，也是决定企业碳减排成本的关键因素。碳泄漏的应对可以是采取措施使配额的价格控制在一个合理的范围，这个范围可以使企业积极地采取减排措施而又不会将高碳经济活动转移到非碳排放管制区域。这个范围的设定可以借鉴 RGGI 的安全阀机制，设定一个最高配额价格，一旦达到这个价格就启动安全阀机制，允许减排成本高的企业购买配额或者在减排成本低的区域创造排放信用（这类似于清洁发展机制）或者延长履约期间。另外，RGGI 的早期减排信用机制对中国有非常重要的指导意义。早期减排信用的重要作用在于正式开始总量控制型碳排放权交易之前，激励企业先行开展碳减排。企业在开始实行碳排放权交易之前的减排量以排放信用的方式获得政府的认可，这不仅提升了企业早期碳减排的积极性，还能够通过将早期排放信用投放到碳市场中降低将来企业的减排成本，从而有效地减少碳泄漏。因此，中国碳排放权交易制度的设计也应当包含一种既能激励企业开展早期减排又能有效减少碳泄漏的早期减排信用机制，即中国碳泄漏的应对首选以市场为基础的安全阀机制和早期减排信用机制，碳关税、增值税减免和碳泄漏补偿机制可以作为备选方案，在安全阀机制和早期减排信用机制不能有效减少碳泄漏时再适时启用。考虑到碳关税涉及国际贸易、国际关系等复杂因素，往往因其他国家的质疑和反对而难以推行；增值税减免会减少国家财政收入，也易引发税收公平问题，因此，在碳关税、增值税减免和碳泄漏补偿机制的选择上，应首选碳泄漏补偿机制。①

二、中国碳排放权交易体系的连接机制

从 2014 年年底国家发改委出台的《碳排放权交易管理暂行办法》到 2020 年年底生态环境部颁布的《碳排放权交易管理办法（试行）》，我国为全国的碳排放权交易提供了切实可行的法律保障。虽然我国的碳排放权交易试点地区分别出台了具有不同法律效力的碳交易地方性法规、政府规章或部门规范性文件，但是各试点地区的具体交易规则不尽相同。在全国碳交易市场运行初期，配额以免费分配为主，而省级区域之间不同的免费

① 部分内容发表于《法学论坛》2019 年第 4 期《论碳排放权交易市场失灵的国家干预机制》一文。

分配方法将会对跨省的碳交易造成各种障碍，同时《“十三五”控制温室气体排放工作方案》对我国不同省份提出不同的碳强度降低目标，在不同的减碳目标和不同的配额分配情况下国内省际子体系之间的碳排放权交易的连接，亟须建立相应的协调机制。

（一）中国碳排放权交易体系连接的必要性分析

第一，不同碳排放权交易体系进行连接不仅能扩大碳市场还能降低碳减排成本。从国内现行试点地区来看，各试点的发展阶段不同，经济水平不一样，在减排目标、减排潜力和减排成本上存在差异，在全国统一的碳市场建立之后，全国各省份之间也存在同样的差异，为了更好地利用低成本的减排，国内碳交易市场有必要进行省际子体系之间的连接。

第二，从市场流动性和定价的角度来看，有必要进行碳交易市场间的连接。在碳交易市场中，除了政府制定碳排放总量控制外，更重要的是企业间的碳交易活动。碳市场的流动性越大、市场越活跃才能形成真实的价格，而企业排放配额的跨省分配和交易，是碳市场试点中的一个关键环节，只有实现跨省交易才能有助于市场的流动性，进而实现真实的碳价格，有利于我国在国际碳交易市场上争取一定的碳定价权。

第三，国内省际子体系之间只有建立无缝隙、无障碍的交易连接才能避免在全国范围内的“碳泄漏”①。在国内省与省之间，高排放的企业为了降低履约成本，有可能会往碳价较低、监管薄弱的省份转移碳排放，减排目标不一致的不同省份也许都会减排达标，但是整体的全国减排效果将会受到影响，不利于碳排放输入省份提高当地企业的碳减排质量。

第四，国内省际子体系之间的连接还可以降低碳市场的运营风险，完善并壮大我国的碳交易市场。现阶段的试点交易以现货为主，市场规模小、交易不活跃，为防止过度投机，避免价格暴涨暴跌，有必要进行连接。对国内碳交易子体系进行连接，可以使我国的碳交易市场更快地发展、成熟起来，有利于将来与发展成熟且经验丰富的欧盟、美国等国际碳交易市场进行连接，进而不断活跃我国碳交易二级市场，丰富碳金融衍生品，不断提高我国在全球碳交易市场中的地位。

第五，不同的交易标的之间有必要进行连接。在碳排放权交易中交易

① 庞韬等：《中国碳排放权交易试点体系的连接可行性分析》，《中国人口·资源与环境》2014 年第 9 期，第 6—12 页。

的标的是温室气体排放单位，主要是指排放配额、信用、国家核证自愿减排量。[①] 而对于不同的交易标的之间如何进行匹配，分别由省主管部门给予规定，同时各省对于具体的信用、国家核证自愿减排量在整个清缴配额中占的比例规定得不一样，这就需要在省际交易时必须建立连接，由一个统一的标准进行指导。

虽然在省际子体系间连接有其可行性，但是在具体连接时仍然会遇到障碍，比如，在互相连接的省份之间，省份 A 的履约企业可以通过连接购买省份 B 的配额来完成其履约义务，如果只考核计算各个省份的实际排放量，而不考虑通过碳交易转入或转出的排放指标，则会影响考核的准确性，不利于省内的碳排放强度控制目标的完成。对于连接后的碳排放指标的潜在输入省份，虽然企业可以使用购买的外省的指标完成当地政府的任务，但当地政府无法使用这些指标完成国家的目标，因此会缺少跨区购买指标的意愿，缺乏进行连接的基本动力。[②]

（二）中国碳排放权交易体系连接的建议

我国省际子体系之间交易连接机制的建立，既要借鉴国际体系间连接的成功经验，还要结合我国特定的行政体系、市场经济条件，以及从中央到地方的节能减排任务的分解、评价和考核方式。虽然在碳排放权交易体系中履约企业是交易的主体，但是我国各级政府除了承担政策制定和监管职责以外，更会直接地推动碳市场的交易。在建立全国统一的碳排放权交易市场的过程中，非试点地区会以试点地区为样板，所以在全国范围内探讨省际子体系之间的碳交易连接，应当以现行的七省市试点的具体运行现状特别是涉及连接的重点要素为基础。从各试点的交易情况来看，大多数的配额交易都发生在试点的行政辖区内，碳交易也成为当地政府完成本省节能减排目标的灵活手段之一。[③] 省际碳市场的连接需要打破行政壁垒，并在统一法律框架下就碳排放权交易的连接要素形成共识。[④]

1. 法律机制的构建

首先，国家层面，在我国统一的碳排放权交易市场建立前期，《碳排

---

① 曹明德等：《中国碳排放交易法律制度研究》，中国政法大学出版社 2016 年版，第 341 页。

② 庞韬等：《中国碳排放权交易试点体系的连接可行性分析》，《中国人口·资源与环境》2014 年第 9 期，第 6—12 页。

③ 王海芹、李佐军：《中国碳排放权交易机制》，《中国经济时报》2016 年 10 月 21 日，第 15 版。

④ 部分内容发表于《环境保护》2019 年第 8 期《论中国碳排放权交易体系的链接机制》一文。

放权交易管理暂行条例（征求意见稿）》进入立法环节。碳排放权交易市场统一以后，对于省际子体系之间的碳交易连接，国家应该出台相应的法律规章，从顶层对碳交易的连接给予法律的支持保障。如 RGGI 建立之初发布的《示范规则》，分别从不同的连接要素上进行了框架式的要求，各个参与州根据该规则制定符合本州自身的连接规章。其次，地方政府层面，各省也要根据上级要求和需要连接的具体实际制定相应的规章制度，出台相应的实施细则，保证在进行连接、签订连接合约时有法可依。

2. 多向直接连接：连接模式的选择

单向连接只适用于短期内有连接意向的交易体系，或者作为双向连接的一个过渡过程，在两个体系间不会长期使用单向连接。双向连接中的间接连接一般是通过具体的减排项目或者第三方连接系统来完成。现在国际上针对发展中国家的间接连接主要是通过建立 CDM 项目完成，但是随着《巴黎协定》的签署，各国通过自主贡献减排方式进行减排，我国应减少通过 CDM 项目出售减排额，这样会在一定程度上缩小我国的减排空间，通过 CDM 的间接连接也无法长期使用。只有在双向直接连接中，配额可以在两个系统之间自由贸易，每个系统的配额或信用抵消对于两个系统的履约同样有效，双方才能实现真正的交易畅通，将碳价格收敛于一个实际价格，在连接范围内实现减排的成本有效性，也不会因为地区间的差异性导致各地碳价格不均，进而有效避免碳价格不均造成的碳泄漏。就我国而言，现已启动发电行业全国碳排放权交易市场，将来会有更多的行业企业开展全国碳排放权交易，因此，建立省际碳排放交易体系的多向直接连接机制既是建设全国碳市场的要求，也有利于实现碳减排资源在全国范围内的最优配置。

3. 互认与同化：碳排放权交易体系连接的制度架构

碳排放权交易体系的连接要求连接各方的交易标的具有同质性，这也是不同交易体系的碳排放配额或排放信用具有可交易性的前提。由于碳排放权交易市场是政府通过立法拟制的市场，因而，交易标的同质性需要连接各方法律制度的互认与同化来达成。所谓连接各方法律制度的互认，是指连接各方相互认同各方就某一问题的法律规定。所谓连接各方法律制度的同化，是指连接各方就某一问题的法律规制由不同到完全相同的过程。其中，碳排放权交易体系的上限、配额分配方法，以及碳排放监测、报告、核查问题属于相互认同的问题；履约机制、抵消机制以及存储与借贷问题属于法律制度同化的问题，下文将对此详细阐述。

（1）法律制度的互认

其一，碳排放总量控制制度的互认。根据《“十三五”控制温室气体排放工作方案》，到2020年，单位国内生产总值二氧化碳排放比2015年下降18%，碳排放总量得到有效控制。碳达峰碳中和背景下，我国对碳排放总量和碳排放强度实行“双控”。首先，国家综合考量碳达峰碳中和目标以及经济、社会、碳排放情况等因素，确定省级碳排放总量控制和碳排放强度控制的目标；其次，各省根据减排目标以及经济、社会、碳排放情况制定自身的碳排放总量分解方案。碳排放配额的同质性是碳排放权交易体系连接的关键，而碳排放总量控制的严格程度相当是碳排放配额具有同质性的基础条件。因此，各省份对行业企业碳排放总量分解方案的互认是彼此碳排放权交易体系实现连接的前提。

其二，配额初始分配制度的互认。配额的初始分配有无偿分配和有偿分配两种方式。其中，无偿分配又分为基于历史排放量的分配和基于排放基准线的分配；有偿分配包括拍卖、固定价格分配等方法。配额初始分配的方式对配额的同质性有决定性影响。在碳排放总量控制严格程度相当的情况下，不同省份实现碳排放权交易体系连接往往要求碳排放配额初始分配的方式具有相似性或可比性，如均采取无偿分配方式或者有偿分配的比例相近等。以欧盟碳排放权交易体系的连接为例，欧盟虽没有强制要求各成员国统一分配方法，但由欧盟确定统一的配额拍卖比例上限。我国在碳排放权交易体系建设初期，配额初始分配以无偿分配为主，在各省份碳排放权交易体系连接时，应审慎考虑连接各方对于无偿分配方法以及拍卖比例上限的互认，以避免管制较为宽松的地区与较为严格的地区进行连接而导致的碳泄漏问题。

其三，碳排放监测、报告和核查制度的互认。碳排放数据的真实性和可靠性是各省份在碳排放权交易体系连接过程中判断彼此间碳排放总量控制的严格程度、可交易配额的真实性等连接要素的关键。碳排放监测、报告和核查制度则是保障碳排放数据真实性和可靠性的基石。省际碳排放权交易体系的连接虽然不要求由统一的机构实施碳排放的监测、报告和核查，但MRV机构的资质以及温室气体排放监测、报告和核查的方法须获得连接省份的认可，以便保证碳排放权跨区域交易的安全性和气候效益。随着碳排放权交易试点的成熟以及发电行业全国碳排放权交易市场的运行，我国各行业 MRV 的规则体系日渐完备，备案的 MRV 机构也日益增多，这将有助于碳排放权交易体系连接的顺利开展。

（2）连接各方法律制度的同化

其一，履约机制。履约机制是评估履约企业是否在规定的履约期内履行配额清缴义务以及未及时履行义务应承担何种惩罚的机制。首先，连接的参与方要保证履约期一致。在先行试点的 7 个交易市场，各地的履约期基本都是 1 年。试点之后开始建立碳交易市场的省份也应尽量将履约期定为 1 年，这样在建立连接时，针对同一时期内的配额，可以更有利于履约企业及时地履行其义务，以及违约责任的追究。其次，违约法律责任要彼此一致。对于未尽履约义务所要承担的法律责任，连接的参与方既可以在连接时进行协商约定，也可以在连接中专门成立一个机构，规定参与连接的交易方未按时履约时应承担的责任，由一个独立的机构依据参与方共同认可的连接协议进行相应的处罚，或者承担相应的法律责任。在我国的 7 个试点中，按照《碳排放权交易管理办法（试行）》的规定，企业未按时履行配额清缴义务时，由各地的生态环境主管部门责令限期改正。但是在省与省之间建立连接时若仍由各地方履行追责的职责，则参与连接的各交易方会因各自的利益寻求免责，不利于连接的进行。惩罚强度大的省份中的履约企业会怠于履行配额清缴义务，而选择惩罚强度小的连接省份去接受惩罚，不利于原省份的减排目标的实现，也不利于整个碳交易市场的运行。

其二，抵消机制。抵消机制是负有履约义务的企业可以购买经审核批准的减排项目产生的减排指标，来抵消相应的清缴配额、完成义务的机制。第一，要确定抵消机制中的抵消额的来源。RGGI 发布了共同的《示范规则》，规定了 5 种不同类别项目的减排额度可以作为抵消额的来源。目前我国的各个试点都允许使用中国核证减排量进行配额的抵消，具体的抵消配额为 1 吨二氧化碳当量的经审定的碳减排量可抵消 1 吨二氧化碳排放量。天津和重庆规定 CCER 抵消的比例不得超过年总清缴额度的 10%，其余试点省市的比例要求不超过 5%。但是北京、天津、上海都对允许抵消的 CCER 的产生时间予以规定，要求是 2013 年之后项目产生的，同时广东的抵消机制要求最为严格，虽然没有时间要求，但是只允许来源于 CO_2、CH_4 的减排项目进行抵消，不允许使用水电、使用化石能源发电及供热和余热利用的 CCER 项目以及第三类项目（CDM）产生的 CCER 用于配额抵消。在之后进行连接时，应该由连接后区域间的连接主管机构对抵消项目的类别及种类进行界定，只有连接参与方都能接受彼此的抵消项目才能进行连接。第二，要有统一的抵消额度的标准。RGGI 由 RGGI COATS 对抵消项目进行审核、批准，要求所有成员州的抵消额不超过其减排目标的 3.3%。在国内子体系间建立连接时，在连接的规章协议中必须对碳抵消额度予以明确规定。若建立连接的子体系间有不同标准的抵消额度，不同的履约企业进行交易时，抵消额度低的企业会降低连接交易的积极性。

其三，存储与借贷。存储是指履约企业将一个履约期内未用完的配额存入碳账户用于将来履约期履约。借贷是履约企业可以提前借用下一个履约期内的配额来完成本期的履约义务。存储与借贷是一种灵活履约机制，欧盟的第一阶段允许进行存储，美国《清洁能源与安全法案》允许借贷。我国碳交易试点在试运行期间都允许存储。在我国子体系连接建立的初期可以允许存储，这样有利于激励企业积极减排，提前完成减排任务，从而会比温室气体总量控制的要求产生更多的减排。不鼓励履约企业的借贷，配额的借贷不利于稳定碳价格，若借贷收取利息，由此带来的投机行为，不利于我国刚刚建立的碳交易市场的平稳运行，更不利于最终的温室气体减排目标的完成。若在建立连接时，连接的子体系中有一方允许借贷或者不允许借贷都不可能建立稳定合理的连接交易，基于试点允许借贷，为了保证我国新运行的交易体系能顺利地进行连接交易，在免费分配为主的初期阶段，应该不允许借贷，等到碳交易市场成熟运作之后，初始分配以拍卖为主时，可引入借贷以丰富连接交易，并能保证连接的子体系之间同时进行这个机制。

党的十九大报告在总结过去五年的工作和历史性变革时，提出中国“引导应对气候变化国际合作，成为全球生态文明建设的重要参与者、贡献者、引领者”。政府间气候变化专门委员会第四次评估报告明确指出“一个有效的碳价格信号能在所有行业实现显著的减缓潜力”，并在第五次评估报告中也确认了碳交易机制是减缓气候变化的动力。[①] 作为 2020 年后国际气候治理的指引，《巴黎协定》也肯定了碳排放权交易机制的作

① 曾文革、党庶枫：《〈巴黎协定〉国家自主贡献下的新市场机制探析》，《中国人口·资源与环境》2017 年第 9 期，第 112—119 页。

用，并创新性地设计了部门基线和信用机制（Sector-based Baseline and Credit）。上文探讨了我国省际碳排放权交易体系的连接问题，以期对全国碳排放权交易体系的建设有所裨益。全国碳排放权交易体系建成之后，中国与欧盟、日本、韩国等国家和地区的国际碳排放权交易体系的连接将成为重要课题。例如，中国碳排放交易市场是基于碳强度目标的总量控制，与欧盟等基于绝对减排目标的总量控制在减排力度、配额的稀缺性等方面有很大的不同，但这并不说明中国的碳排放交易体系不能与国外碳市场相连接，只是连接涉及的因素更加复杂，需要在碳排放配额所代表的碳排放量、合作双方之间碳市场政策法律的互认、碳排放的核算和透明度，以及碳市场的连接类型（直接连接或间接连接）等关键问题上做好准备。

三、中国碳排放权交易与用能权交易的制度衔接[①]

2015 年 9 月，中共中央、国务院印发的《生态文明体制改革总体方案》提出要“推行用能权和碳排放权交易制度。结合重点用能单位节能行动和新建项目能评审查，开展项目节能量交易，并逐步改为基于能源消费总量管理下的用能权交易。建立用能权交易系统、测量与核准体系”，这是中央文件首次提出“用能权”这一概念。2015 年 10 月，党的十八届五中全会通过了《中共中央关于制定国民经济和社会发展第十三个五年规划的建议》，该建议再次提出要“建立健全用能权、用水权、排污权、碳排放权初始分配制度，创新有偿使用、预算管理、投融资机制，培育和发展交易市场”。2016 年 9 月 21 日，国家发改委发布《用能权有偿使用和交易制度试点方案》，该方案指出要在浙江省、福建省、河南省和四川省开展用能权有偿使用和交易试点，并就初始用能权分配、交易体系、交易系统、履约机制等核心问题作了总体部署。用能权交易是供给侧结构性改革背景下的制度创新，与碳排放权交易在制度功能、履约主体、调控手段等方面存在重叠交叉问题，本书拟从制度衔接的视角探讨碳排放权交易制度与用能权交易的冲突与协调，以最大程度降低企业履约成本和政府管制成本、发挥制度的协同效应。

① 部分内容发表于《中国人口·资源与环境》2017 年第 10 期《论构建中国用能权交易体系的制度衔接之维》一文。

（一）用能权交易：碳排放权交易的并行制度

1. 用能权交易的内涵

在国家发改委发布《用能权有偿使用和交易制度试点方案》之前，浙江省就已经开始探索用能权交易工作。2015 年 5 月，浙江省经信委发布了《关于推进我省用能权有偿使用和交易试点工作的指导意见》，之后桐乡市、平湖市、衢州市等地区就用能权有偿使用和交易颁布了地方立法。以下将结合现行地方立法对用能权以及用能权交易的内涵加以规范分析和学理分析。

（1）用能权的内涵

目前，我国仅浙江省及其所辖市区的地方立法对用能权的内涵加以界定，国家层面尚未出台相关政策和法律法规。综合考察当前地方立法，对用能权内涵的界定主要存在两种方式。一种是将用能权界定为企业在一定时间周期内直接或间接使用各类能源的权利，如衢州市、海宁市、绍兴市南湖区的做法；另一种是将用能权界定为用能单位经核定或交易取得的、允许其使用和投入生产的年度能源消费总量指标，如浙江省经信委、乐清市的做法。

用能权作为新生事物，目前相关新闻报道居多，就现有文献而言，实务界在 2012 年曾有人提出“用能权”一词，认为“企业在用能总量指标内节约的能源（实际上是用能权）可以进行交易”[①]，但没有对其内涵加以界定。杨枝煌和易昌良在《中国能源新常态新格局的建构研究》一文中对用能权的内涵作过界定，他们认为“用能权是指在能源消费总量控制的背景下，用能单位包括个人经核定或交易取得的允许其使用和投入生产的年度能源消费总量指标”[②]，该界定与实践中浙江省经信委和乐清市的观点相同。《用能权有偿使用和交易制度试点方案》中将能源消费总量指标称为“用能权指标”，下文也将能源消费总量指标统称为“用能权指标”。

用能权是在能源消费总量控制的背景下，用能单位经政府分配或二级市场交易取得的以用能权指标的使用为核心内容的权利。用能权的客体是用能权指标，用能权指标即经政府用能权交易主管部门审核分配的消耗能

① 赵旭东：《关于建立节能工作长效机制的思考》，《中国能源》2012 年第 6 期，第 40—42 页。

② 杨枝煌、易昌良：《中国能源新常态新格局的建构研究》，《中国市场》2015 年第 48 期，第 3—7 页。

源的额度，一个用能权指标代表一吨标准煤的消费额度；用能权的主体是通过政府分配或二级市场交易取得用能权指标的用能单位；用能权的权利内容是用能权指标的占有、使用、收益与处分。用能权既不是“使用各类能源的权利”，也不是“能源消费总量的指标”。一方面，用能权不是“使用各类能源的权利”，而是“使用用能权指标的权利”，也就是说，用能单位取得用能权只是取得了消耗一定数量能源的资格，而非对一定数量能源的使用权；另一方面，用能权也不是用能权指标，用能权指标仅仅是用能权的权利客体。对于纳入用能权交易体系的用能单位而言，取得用能权意味着对其能源消耗行为的解禁，其可以在用能权指标额度内消耗能源。从本质上讲，用能权其实是一种因国家实行能源消费总量控制而生成的一种权利，国家通过分配用能权指标的方式许可用能行为，也可以说，用能权是一种基于行政许可而产生的权利或利益。[①]

（2）用能权交易的内涵

用能权交易是指纳入用能权交易体系的用能单位从用能权一级市场和二级市场取得、使用和买卖用能权指标的行为。

首先，用能权交易的主体是纳入用能权交易体系的用能单位。纳入用能权交易体系的用能单位分为重点耗能单位和自愿节能单位。其中，重点耗能单位具有在履约期间届满时向用能权交易主管部门提交与其实际耗能量相当的用能权指标数量的义务，也就是说，重点耗能单位在取得用能权指标的同时，也承担了不得超过用能权指标消耗能源的义务。为行文方便，本书将此类纳入用能权交易体系的用能单位简称为“受控用能单位”。自愿节能单位是指自愿加入用能权交易体系的用能单位，其本身不承担节能义务，但因积极采取节能行动并且产生了具有额外性的节能量而获得政府奖励的用能权指标。所谓额外性，是指自愿节能单位采取了超越现行法律政策要求的节能行动，产生了超过其正常运营状态（Business as Usual）下的节能量。

其次，用能权交易的前提是政府实行区域用能总量控制制度。所谓区域用能总量控制，是指以行政区域为单位，该行政区域内纳入用能权交易体系的受控用能单位在一个用能权交易履约期的用能总量确定。区域用能总量的确定以该区域节能目标为主要依据，并呈现逐年递减的趋势。因

① 高富平：《浅议行政许可的财产属性》，《法学》2000 年第 8 期，第 23—24 页。

而，区域用能权指标总量一经确定即具有稀缺性。用能权指标的稀缺性是用能权交易市场得以确立的根本。

最后，用能权交易市场分为一级市场和二级市场。用能权一级市场是指政府通过法定方式初始分配用能权指标的市场。用能权交易一级市场的供给方是政府，需求方是受控用能单位。用能权二级市场是指用能权主体之间相互交易用能权指标的市场。用能权二级市场的供给方是有富余用能权指标的用能单位，需求方则是用能权指标不足的用能单位。

2. 碳排放权交易与用能权交易的关系

碳排放权交易是指，碳排放权交易主管部门根据温室气体减排目标设定碳排放配额总量并通过法定方式分配给履约单位一定数量的碳排放配额，要求履约单位在履约期间届满时向碳排放权交易主管部门提交与该履约单位的实际温室气体排放量相等的配额或核证减排量。由于温室气体减排成本在履约单位之间有差异，为了实现减排资源的最优化配置，政府允许碳排放配额或核证减排量在履约单位之间交易，减排成本高于碳排放配额或核证减排量市场价格的履约单位可以选择购买碳排放配额或核证减排量，持有富余配额的履约单位或持有核证减排量的自愿减排主体可以通过出售配额或核证减排量获得减排效益，由此通过碳市场实现减排资源的有效配置，以最低成本实现温室气体减排目标。①

碳排放权交易的主体具有多元性，不仅包括承担履约义务的排放单位，还包括自愿减排主体以及其他自愿参与碳排放权交易的组织和个人。② 其中，承担履约义务的排放单位是被强制纳入碳排放权交易体系的，其必须在履约期间届满时提交与其实际温室气体排放量相等的碳排放配额或核证减排量。自愿减排主体是自愿加入碳排放权交易体系的排放单位，其虽然不承担强制性温室气体减排义务，但实施了超出法律政策所要求的温室气体减排努力和行动，其减排量具有额外性，经核证后可以取得在碳排放权交易市场交易的核证减排量。其他自愿参与碳排放权交易的组织和个人，包括环保 NGO、碳排放权交易服务机构、投资机构、投资个人等。

---

① 刘明明：《温室气体排放控制法律制度研究》，法律出版社 2012 年版，第 126—127 页。

② 王志华：《我国碳排放交易市场构建的法律困境与对策》，《山东大学学报》（哲学社会科学版）2012 年第 4 期，第 120—127 页。

碳排放权交易的标的包括碳排放配额（Allowances）和核证减排量两种。[①] 碳排放配额是碳排放权交易主管部门在碳排放总量控制背景下分配给承担温室气体减排义务的排放单位的履约工具。核证减排量是碳排放权交易主管部门核发给自愿减排主体的排放信用（Credits）。[②] 从国内外碳排放权交易实践来看，核证减排量可以在一定条件下用于履约，即承担温室气体减排义务的排放单位可以使用核证减排量替代碳排放配额以抵消其超额碳排放。[③]

用能权交易和碳排放权交易作为促进绿色发展的市场制度，[④] 前者旨在从用能侧实现能耗总量和强度的“双控”目标，后者旨在通过市场机制减少温室气体排放。由于化石能源消费是重要的温室气体排放源，碳排放权交易体系与用能权交易体系所覆盖的用能主体范围基本相同。例如，从我国碳排放权交易试点和浙江省关于用能权指标交易的规定来看，年综合耗能量3000 吨标准煤以上的企业都包含在碳排放权交易和用能权交易的覆盖范围之内。此外，节约能源、提高能效本身就是温室气体减排的重要手段，因此，碳排放权交易制度具有实现控制能源消费的功能，同时用能权交易制度也具有温室气体减排的效果。

（二）衔接不畅：碳排放权交易与用能权交易在制度运行中存在的问题

用能权交易制度的目标是控制能耗，控制能耗的一个效果就是减少温室气体排放。碳排放权交易的目标是减少温室气体排放，而减少温室气体排放的一个重要途径是降低能耗。由此看来，用能权交易和碳排放权交易的设计目的虽然不同，但是在实施效果方面具有协同共赢效应。

工信部发布的《工业节能监察管理办法（征求意见稿）》中规定，“科学确立用能权、碳排放权初始分配，开展用能权、碳排放权交易试点相关工作”。用能权交易制度侧重于从供给侧减少化石能源消费，同时有利于减少温室气体排放；碳排放权交易制度则侧重于排放末端的治理，同

---

① 崔金星：《中国碳交易法律促导机制研究》，《中国人口·资源与环境》2012 年第 8 期，第 33—40 页。

② Martijn Wilder, “Nature of an Allowance,” in David Freestone eds. , *Legal Aspects of Carbon Trading*, (Oxford University Press, 2009), p. 93.

③ 赵子健等：《中国排放权交易的机制选择与制约因素》，《上海交通大学学报》（哲学社会科学版）2016 年第 1 期，第 50—59 页。

④ 李佐军：《“十三五”我国绿色发展的途径与制度保障》，《环境保护》2016 年第 11 期，第 20—23 页。

时也有激励用能单位减少化石能源消费的效果。因此，用能权交易和碳排放权交易制度可以相互并存、相得益彰。尽管如此，用能权交易和碳排放权交易均系对用能单位的用能行为加以规制，也就是说，同一个用能单位如果既被纳入用能权交易体系又被纳入碳排放权交易体系，则该用能单位的同一个用能行为会受到用能权指标和碳排放指标的双重约束。举例而言，在双重约束下，一个钢铁厂要为其燃烧1吨标准煤的行为购买1个用能权指标（1个用能权指标代表可以消费1吨标准煤的资格），同时还要为燃烧1吨标准煤所排放的二氧化碳购买2.54个碳排放配额（1个碳排放配额相当于1吨二氧化碳当量）。用能权交易和碳排放权交易均是通过市场机制激励用能单位节能减排，前者的目的在于降低能耗，后者的目的在于温室气体减排，然而，降低能耗与温室气体减排之间存在直接的关联，加之两项制度均不以增加财政收入为目的，那么对用能单位同一个用能行为的双重约束必然产生两项制度的衔接问题，即用能单位有偿取得的用能权指标或者碳排放配额有富余时，能否以富余的用能权指标履行碳减排义务或者以富余的碳排放配额履行节能义务？从目前的用能权交易或碳排放权交易实践来看，该问题尚未引起政府部门或用能单位的关注。如果不能妥善处理该制度衔接问题，可能导致用能单位负担过重，特别是在经济下行的条件下，[①] 将会对实体经济造成不利影响。

（三）碳排放权交易与用能权交易的衔接建议

在用能权交易和碳排放权交易的制度衔接层面，建议打通用能权交易体系和碳排放权交易体系，建立联合履约机制，即允许用能单位或排放单位在满足一定条件的情况下使用用能权指标、核定用能权、碳排放配额或核证减排量履约。此处的“履约”，既包括用能单位履行提交与其耗能量相当的用能权指标的义务，也包括排放单位履行提交与其温室气体排放量相当的碳排放配额的义务。联合履约机制的设计从以下两个方面展开。

1. 用能权指标与碳排放配额在履约方面的衔接机制

用能权交易和碳排放权交易都是针对用能行为实施的规制，只是作用的方向不同，用能权交易的着力点在于供给侧，而碳排放权交易的着力点在于排放侧。鉴于能源消费和温室气体排放的直接关联性，降低能耗和温室气体减排是相辅相成的，进而，用能权交易和碳排放权交易制度的设计

① 魏加宁、杨坤：《有关当前经济下行成因的综合分析》，《经济学家》2016年第9期，第5—14页。

目的是正相关的，即节能目标的实现与温室气体减排目标的实现具有互通性。由此，用能权交易和碳排放权交易两者统一于节能减排目标的达成。用能权指标和碳排放配额作为节能和碳减排的规制工具，也因为用能权交易和碳排放权交易的共通性而具备可替代性，即用能权指标在一定条件下可以用于抵消碳排放，碳排放配额在一定条件下也可以用于抵消能耗限额。

然而，用能权交易和碳排放权交易制度之所以能够对履约主体产生节能减排的激励，是因为用能权指标和碳排放配额的有偿性和稀缺性。因此，具备可替代性的用能权指标和碳排放配额必须是有偿取得的。用能单位可以在一级市场和二级市场取得用能权指标和碳排放配额。其中，一级市场是国家对用能权指标和碳排放配额进行的初始分配，初始分配有无偿分配、有偿分配以及无偿与有偿相结合三种方式。[①] 二级市场是用能权指标或碳排放配额需求方向供给方购买用能权指标或碳排放配额。由此，用能权指标与碳排放配额在履约方面的衔接机制重点在于一级市场（用能权指标或碳排放配额初始分配）的对接。

能源是每个企事业单位生存和发展的必需品，在市场化条件下用能单位付出对价后就可以利用其购买的能源。但是，由于能源结构调整、节约能源等公共目的的需要，国家通过用能权指标对用能单位的耗能加以限制，即重点用能单位有钱也不能任意耗能。用能权交易制度的设计包含两个层面：一是用能约束机制，即通过用能权初始分配为重点用能单位公平地设定节能义务；二是激励机制，即持有富余用能权指标或者核定用能权的单位可以通过在用能权交易市场出售用能权指标或核定用能权的方式，获取节能收益。笔者认为，用能权的初始分配仅仅是为重点用能单位设定节能义务的过程，应当以公平为原则，并且采取免费分配的方式。这是因为用能权交易制度的设立是为了控制能源消耗行为而非增加财政收入，用能单位只要将能源消耗控制在用能权指标范围内即完全履行了节能义务，无须在用能权指标初始分配中支付用能权价格。此观点也体现在了《用能权有偿使用和交易制度试点方案》中，该方案指出“配额内的用能权以免费为主，超限额用能有偿使用”。也就是说，政府初始分配给用能单位的配额以免费为主，如果用能单位的能耗超过了分配限额，则需要有偿

① 张才琴：《中国碳排放权交易权分配模式比较》，《求索》2015 年第 2 期，第 24—27 页。

取得用能权指标。有学者也提出“定量用能权无偿由国家分配，超额用能权则通过交易平台有偿获得”。[①] 相对于用能权交易制度，碳排放权交易制度则是为了控制排放单位对碳排放空间这一资源的过度利用。因此，在碳排放配额初始分配环节，政府应当通过有偿分配的方式实现国家对碳排放空间这一稀缺资源的所有者权益，即通过有偿分配使碳排放单位为其碳排放负外部性行为埋单。[②]

有偿取得的用能权指标和碳排放配额之间如何实现履约衔接呢？笔者认为，节能义务或者碳减排义务都针对的是用能行为，只不过节能义务针对的是用能行为的首端（燃料消耗），而碳减排义务针对的是用能行为的末端（碳排放）。并且燃料消耗量和碳排放量之间可以相互换算，即燃烧1吨标准煤释放2.54吨二氧化碳当量。[③] 由此，用能权指标和碳排放配额的换算比例为1∶2.54，即1个用能权指标相当于2.54个碳排放配额。持有富余用能权指标的用能单位，可以不在用能权交易市场上出售其用能权指标，而是将用能权指标用于履行碳排放配额清缴义务；同样地，持有富余碳排放配额的排放单位，也可以不在碳排放权交易市场上出售其碳排放配额，而将碳排放配额用于履行节能义务，1个配额相当于0.39个用能权指标。

2. 核定用能权与核证减排量在履约方面的衔接机制

核定用能权和核证减排量机制旨在鼓励自愿节能减排行为。如前文所述，能源节约和温室气体减排相辅相成，故核定用能权机制在激励节能的同时也具有温室气体减排的效果，核证减排量机制在激励温室气体减排的同时也具有降低能耗的作用。由此，建议建立核定用能权和核证减排量的联合履约机制，即允许用能单位购买核证减排量抵消其超额耗能，也允许排放单位购买核定用能权以抵消其超额排放。建立核定用能权和核证减排量的联合履约机制可以有效促进用能权和碳排放权交易市场的流动性，更

① 杨枝煌、易昌良：《中国能源新常态新格局的建构研究》，《中国市场》2015年第48期，第3—7页。

② 考察我国碳排放权交易试点的实践，各试点省市有的全部采取无偿分配（如北京、上海、重庆、湖北），有的采取无偿分配与有偿分配相结合的方式（如天津、深圳、广东）。无偿分配是在碳排放权交易体系建设初期为了提高企业参与积极性和政治可行性采取的过渡措施，待交易体系成熟后初始分配应当采取有偿分配。笔者曾撰文专门探讨碳排放配额初始分配问题，限于篇幅，本书中不予赘述，参见刘明明《论温室气体排放配额的初始分配》，《国际贸易问题》2012年第8期，第121—127页。

③ 涂华、刘翠杰：《标准煤二氧化碳排放的计算》，《煤质技术》2014年第2期，第57—60页。

加有利于激励自愿节能减排行动。

从国内外碳排放权交易的实践来看，各碳排放权交易体系均允许碳减排义务主体使用核证减排量抵消其超额排放。但是，为了避免因过度使用核证减排量造成温室气体排放总量控制制度失灵，国内外碳排放权交易体系均对碳减排义务主体使用核证减排量抵消超额排放的比例进行了限定。例如，深圳碳排放权交易试点规定管控企业使用 CCER 抵消碳排放的比例不得超过初始配额的 10%。由此，建立核定用能权和核证减排量的联合履约机制需要考虑两个比例问题，一是核定用能权与核证减排量的换算比例，二是核定用能权和核证减排量的抵消比例。对于核定用能权与核证减排量的换算比例，建议使用上述用能权指标和碳排放配额的换算比例，即 1 个核定用能权相当于 2.54 个核证减排量。对于核定用能权和核证减排量的抵消比例，建议用能单位使用核定用能权和核证减排量抵消其超额能耗的比例不得超过其通过初始分配取得的用能权指标的 10%，排放单位使用核定用能权和核证减排量抵消其超额排放的比例不得超过其通过初始分配取得的碳排放配额的 10%。[①]

① 我国 7 个碳排放权交易试点中，除北京、天津规定使用核证减排量抵消排放的比例不超过初始配额的 5% 外，其他 5 个试点均规定为 10%，结合国外相关实践，本书建议抵消比例上限为 10%。

参考文献

一、中文著作

[1] 蔡守秋主编《欧盟环境政策法律研究》，武汉大学出版社 2002 年版。
[2] 曹明德等：《中国碳排放交易法律制度研究》，中国政法大学出版社 2016 年版。
[3] 常纪文：《生态文明的前沿政策和法律问题——一个改革参与者的亲历与思索》，中国政法大学出版社 2016 年版。
[4] Walter Meyer、常纪文：《中瑞气候变化法律论坛论文选编》，中国环境科学出版社 2010 年版。
[5] 陈波：《碳排放权交易市场的设计原理与实战研究》，中国经济出版社 2014 年版。
[6] 陈慈阳：《环境法总论》，中国政法大学出版社 2003 年版。
[7] 陈惠珍：《中国碳排放权交易监管法律制度研究》，社会科学文献出版社 2017 年版。
[8] 崔建远：《准物权研究》，法律出版社 2003 年版。
[9] 戴彦德等：《碳交易制度研究》，中国发展出版社 2014 年版。
[10] 单飞跃等：《需要国家干预：经济法视域的解读》，法律出版社 2005 年版。
[11] 邓海峰：《排污权：一种基于私法语境下的解读》，北京大学出版社 2008 年版。
[12] [法] 朱利恩·谢瓦利尔：《碳市场计量经济学分析：欧盟碳排放权交易体系与清洁发展机制》，程思等译，东北财经大学出版社 2016 年版。
[13] 范英主编《温室气体减排的成本、路径与政策研究》，科学出版社

2011 年版。
[14] 郭日生、彭斯震主编《碳市场》，科学出版社 2010 年版。
[15] 韩良：《国际温室气体排放权交易法律问题研究》，中国法制出版社 2009 年版。
[16] 郝海清：《欧美碳排放权交易法律制度研究》，中国海洋大学出版社 2014 年版。
[17] [荷] 迈克尔·福尔、麦金·皮特斯主编《气候变化与欧洲排放交易理论与实践》，鞠美庭等译，化学工业出版社 2011 年版。
[18] 胡炜：《法哲学视角下的碳排放权交易制度》，人民出版社 2013 年版。
[19] 黄小喜：《国际碳交易法律问题研究》，知识产权出版社 2013 年版。
[20] 蓝文艺：《环境行政管理学》，中国环境科学出版社 2004 年版。
[21] 李昌麒主编《经济法学》，中国政法大学出版社 2002 年版。
[22] 李艳芳等：《新能源与可再生能源法律与政策研究》，经济科学出版社 2015 年版。
[23] 李佐军等：《中国碳交易市场机制建设》，中共中央党校出版社 2014 年版。
[24] 吕学都、刘德顺主编《清洁发展机制在中国：采取积极和可持续的方式》，清华大学出版社 2005 年版。
[25] 吕忠梅主编《超越与保守：可持续发展视野下的环境法创新》，法律出版社 2003 年版。
[26] [罗马] 查士丁尼：《法学总论——法学阶梯》，张企泰译，商务印书馆 1993 年版。
[27] 马怀德：《行政许可》，中国政法大学出版社 1994 年版。
[28] 毛应淮主编《排污收费概论》，中国环境科学出版社 2004 年版。
[29] [美] 保罗·R. 伯特尼、罗伯特·N. 史蒂文斯：《环境保护的公共政策》，穆贤清等译，上海三联书店、上海人民出版社 2004 年版。
[30] [美] 保罗·霍肯等：《自然资本论》，王乃粒等译，上海科学普及出版社 2000 年版。
[31] [美] 保罗·A. 萨缪尔森、威廉·D. 诺德豪斯：《经济学》（第 12 版），高鸿业等译，中国发展出版社 1992 年版。
[32] [美] E. 博登海默：《法理学：法律哲学和法律方法》，邓正来译，中国政法大学出版社 2004 年版。

[33] [美] 戴维·奥斯本、特德·盖布勒：《改革政府：企业精神如何改革着公营部门》，上海市政协编译组、东方编译所编译，上海译文出版社1996年版。
[34] [美] 道格拉斯·C. 诺斯：《经济史中的结构与变迁》，陈郁等译，上海人民出版社1994年版。
[35] [美] 弗兰克.G. 戈布尔：《第三思潮——马斯洛心理学》，上海译文出版社1999年版。
[36] [美] 罗尔斯：《正义论》，何怀宏等译，中国社会科学出版社2006年版。
[37] [美] 萨缪尔森、诺德豪斯：《微观经济学》（第16版），萧琛等译，华夏出版社1999年版。
[38] 孟咸美：《金融监管法律制度研究》，经济日报出版社2014年版。
[39] 莫大喜等主编《碳金融市场与政策》，清华大学出版社2013年版。
[40] 彭江波：《排放权交易作用机制与应用研究》，中国市场出版社2011年版。
[41] 齐绍洲等：《低碳经济转型下的中国碳排放权交易体系》，经济科学出版社2016年版。
[42] [日] 金泽良雄：《经济法概论》，满达人译，甘肃人民出版社1985年版。
[43] [瑞典] 托马斯·思德纳：《环境与自然资源管理的政策工具》，张蔚文、黄祖辉译，上海三联书店、上海人民出版社2005年版。
[44] 上海联合产权交易所、上海环境能源交易所编著《全国碳排放权交易市场建设探索和实践研究》，上海财经大学出版社2021年版。
[45] 施正文：《税收程序法论——监管征税权运行的法理与立法研究》，北京大学出版社2003年版。
[46] 史学瀛等：《碳排放交易市场与制度设计》，南开大学出版社2015年版。
[47] 宋国君：《排污权交易》，化学工业出版社2004年版。
[48] 孙永平主编《碳排放权交易概论》，社会科学文献出版社2016年版。
[49] 孙悦：《碳排放权交易价格机制：欧盟对中国的启示》，社会科学文献出版社2020年版。
[50] 谭琼：《中国区域间碳排放权初始分配研究》，中国金融出版社2020

年版。
[51] 唐方方主编《气候变化与碳交易》，北京大学出版社 2012 年版。
[52] 王金南、庄国泰主编《生态补偿机制与政策设计》，中国环境科学出版社 2006 年版。
[53] 王京明等：《国际碳券交易市场——运作制度与法规比较》，普林斯顿国际有限公司 2001 年版。
[54] 王树义：《俄罗斯生态法》，武汉大学出版社 2001 年版。
[55] 王树义主编《环境法系列专题研究》（第 1 辑），科学出版社 2005 年版。
[56] 王曦编著《国际环境法》，法律出版社 1998 年版。
[57] 王燕、张磊：《碳排放交易法律保障机制的本土化研究》，法律出版社 2016 年版。
[58] 王遥：《碳金融：全球视野与中国布局》，中国经济出版社 2010 年版。
[59] 王毅刚等：《碳排放权交易制度的中国道路——国际实践与中国应用》，经济管理出版社 2011 年版。
[60] 魏一鸣等：《碳金融与碳市场——方法与实证》，科学出版社 2010 年版。
[61] 魏一鸣等：《中国能源报告（2008）：碳排放研究》，科学出版社 2008 年版。
[62] 吴健：《排污权交易——环境容量管理制度创新》，中国人民大学出版社 2005 年版。
[63] 肖志明：《碳排放权交易机制研究——欧盟经验和中国抉择》，吉林大学出版社 2020 年版。
[64] 徐孟洲等：《金融监管法研究》，中国法制出版社 2008 年版。
[65] 杨星等编著《碳金融市场》，华南理工大学出版社 2015 年版。
[66] [英] 彼得·斯坦、约翰·香德：《西方社会的法律价值》，王献平译，中国人民公安大学出版社 1990 年版。
[67] [英] A. C. 庇古：《福利经济学》（上卷），朱泱等译，商务印书馆 2006 年版。
[68] [英] 布莱恩·巴利：《社会正义论》，曹海军译，江苏人民出版社 2008 年版。
[69] 于文轩：《中国能源法制导论：以应对气候变化为背景》，中国政法大

学出版社 2016 年版。
[70] 袁杜娟、朱伟国：《碳金融：法律理论与实践》，法律出版社 2012 年版。
[71] 张晨：《碳金融市场价格与风险研究：理论·方法·政策》，科学出版社 2018 年版。
[72] 张文显：《法哲学范畴研究》，中国政法大学出版社 2001 年版。
[73] 张运书：《碳金融监管法律制度研究》，法律出版社 2015 年版。
[74] 赵文会：《排污权交易市场理论与实践》，中国电力出版社 2010 年版。
[75] 郑宇花：《碳金融市场的定价与价格运行机制研究》，经济科学出版社 2019 年版。
[76] 中共中央马克思恩格斯列宁斯大林著作编译局编译《马克思恩格斯全集》第十九卷，人民出版社 1963 年版。
[77] 中国科学院广州能源研究所碳交易研究课题组编《广东省碳排放权交易机制的设计与实践问答》，中国环境出版社 2014 年版。
[78] 中国清洁发展机制基金管理中心、大连商品交易所：《碳配额管理与交易》，经济科学出版社 2010 年版。
[79] 中国 21 世纪议程管理中心、清华大学编著《清洁发展机制方法学指南》，社会科学文献出版社 2005 年版。
[80] 中国 21 世纪议程管理中心：《清洁发展机制方法学指南》，社会科学文献出版社 2005 年版。
[81] 周珂主编《环境法学研究》，中国人民大学出版社 2008 年版。
[82] 周亚成、周旋编著《碳减排交易法律问题和风险防范》，中国环境科学出版社 2011 年版。
[83] 朱家贤：《环境金融法研究》，法律出版社 2009 年版。
[84] 竺效：《环境责任保险的立法研究》，法律出版社 2014 年版。

二、中文期刊

[1] 蔡守秋：《环境正义与环境安全——二论环境资源法学的基本理念》，《河海大学学报》（哲学社会科学版）2005 年第 2 期。
[2] 曹明德：《排污权交易制度探析》，《法律科学》（西北政法学院学报）

2004 年第 4 期。

[3] 曹明德：《生态法的理论基础》，《法学研究》2002 年第 5 期。

[4] 曹明德：《中国参与国际气候治理的法律立场和策略：以气候正义为视角》，《中国法学》2016 年第 1 期。

[5] 曹明德：《中国碳排放交易面临的法律问题和立法建议》，《法商研究》2021 年第 5 期。

[6] 长青：《生态平衡的概念》，《学习与探索》1979 年第 4 期。

[7] 陈波：《碳交易市场的机制失灵理论与结构性改革研究》，《经济学家》2014 年第 1 期。

[8] 陈仲新、张新时：《中国生态系统效益的价值》，《科学通报》2000 年第 1 期。

[9] 崔金星：《构建我国碳减排评价机制的法律思考》，《环境保护》2012 年第 20 期。

[10] 崔金星：《中国碳交易法律促导机制研究》，《中国人口·资源与环境》2012 年第 8 期。

[11] 崔连标等：《碳排放交易对实现我国“十二五”减排目标的成本节约效应研究》，《中国管理科学》2013 年第 1 期。

[12] 邓海峰：《环境容量的准物权化及其权利构成》，《中国法学》2005 年第 4 期。

[13] 邓荣荣、杨国华：《区域间贸易是否引致区域间碳排放转移？——基于 2002—2012 年区域间投入产出表的实证分析》，《南京财经大学学报》2018 年第 3 期。

[14] 邸玉娜：《中国碳密集型产业的出口战略研究——基于欧盟碳泄漏的视角》，《软科学》2016 年第 11 期。

[15] 丁丁：《开展国内自愿减排交易的理论与实践研究》，《中国能源》2011 年第 2 期。

[16] 丁丁、潘方方：《论碳排放权的法律属性》，《法学杂志》2012 年第 9 期。

[17] 丁浩等：《自愿减排对构建国内碳排放交易市场的作用和对策》，《科技进步与对策》2010 年第 22 期。

[18] 杜莉等：《中国区域碳金融交易价格及市场风险分析》，《武汉大学学报》（哲学社会科学版）2015 年第 2 期。

[19] 段茂盛、刘德顺：《清洁发展机制中的额外性问题探讨》，《上海环境科学》2003 年第 4 期。
[20] 高富平：《浅议行政许可的财产属性》，《法学》2000 年第 8 期。
[21] 高利红、余耀军：《论排污权的法律性质》，《郑州大学学报》（哲学社会科学版）2003 年第 3 期。
[22] 高秦伟：《政府福利、新财产权与行政法的保护》，《浙江学刊》2007 年第 6 期。
[23] 关阳：《追踪美国“酸雨计划”》，《环境保护》2011 年第 9 期。
[24] 郭道辉：《对行政许可是“赋权”行为的质疑——关于享有与行使权利的一点法理思考》，《法学》1997 年第 11 期。
[25] 郭炎兴：《关山初度路正长——北京环境交易所总经理梅德文谈中国碳市场发展》，《中国金融家》2010 年第 7 期。
[26] 郭英：《试论保持“生态平衡”》，《北京师范大学学报》（自然科学版）1985 年第 2 期。
[27] 韩良：《论国际温室气体减排信息公开制度的构建》《南京大学学报》（哲学·人文科学·社会科学）2010 年第 6 期。
[28] 何鑫：《碳：商品、金融工具、还是货币？——欧盟建议将排放权现货纳入金融工具监管体系的思考》，《环境经济》2012 年第 4 期。
[29] 何延军、李霞：《论排污权的法律属性》，《西安交通大学学报》（社会科学版）2003 年第 3 期。
[30] 胡卫星：《论法律效率》，《中国法学》1992 年第 3 期。
[31] 黄锡生、曹飞：《中国环境监管模式的反思与重构》，《环境保护》2009 年第 4 期。
[32] 纪玉山、赵洪亮：《维护中国发展权视角下的国际碳博弈——兼议经济增长与气候变化问题之争》，《社会科学辑刊》2011 年第 6 期。
[33] 金慧华：《预防原则在国际法中的演进和地位》，《华东政法学院学报》2005 年第 6 期。
[34] 靳云汇等：《及早参与——中国加入 CDM 与实现可持续发展》，《国际贸易》2000 年第 6 期。
[35] 君南：《美国的 SO_2 排放权交易》，《环境经济》2007 年第 4 期。
[36] 蓝虹：《中国清洁发展机制的发展、面临问题及解决对策》，《经济问题探索》2012 年第 4 期。

[37] 雷鹏飞、孟科学：《碳金融市场发展的概念界定与影响因素研究》，《江西社会科学》2019 年第 11 期。

[38] 冷罗生：《构建中国碳排放权交易机制的法律政策思考》，《中国地质大学学报》（社会科学版）2010 年第 2 期。

[39] 冷罗生：《CDM 项目值得注意的几个法律问题》，《中国地质大学学报》（社会科学版）2009 年第 4 期。

[40] 李布：《借鉴欧盟碳排放交易经验　构建中国碳排放交易体系》，《中国发展观察》2010 年第 1 期。

[41] 李富佳：《区际贸易隐含碳排放转移研究进展与展望》，《地理科学进展》2018 年第 10 期。

[42] 李家才：《美国氮氧化物排放交易经验及启示》，《环境科学导刊》2011 年第 4 期。

[43] 李婷等：《国际碳交易市场发展现状及我国碳交易市场展望》，《经济纵横》2010 年第 7 期。

[44] 李维维：《梅德文：聚焦碳金融　把握新商机》，《低碳世界》2011 年第 6 期。

[45] 李艳芳：《“促进型立法”研究》，《法学评论》2005 年第 3 期。

[46] 李艳芳：《各国应对气候变化立法比较及其对中国的启示》，《中国人民大学学报》2010 年第 4 期。

[47] 李挚萍：《碳交易市场的监管机制研究》，《江苏大学学报》（社会科学版）2012 年第 1 期。

[48] 李佐军：《“十三五”我国绿色发展的途径与制度保障》，《环境保护》2016 年第 11 期。

[49] 林道海：《法的正义价值：形式、要素与原则》，《宁夏大学学报》（人文社会科学版）2007 年第 6 期。

[50] 林而达等：《气候变化国家评估报告（Ⅱ）：气候变化的影响与适应》，《气候变化研究与进展》2006 年第 2 期。

[51] 刘明明：《全球气候变化背景下碳排放空间的公平分配——以德班会议〈公平获取可持续发展〉的基本政治立场为分析进路》，《法学评论》2012 年第 4 期。

[52] 刘晔：《山西清洁发展机制项目实施现状分析》，《中国能源》2009 年第 7 期。

[53] 马秋卓等：《碳配额交易体系下企业低碳产品定价及最优碳排放策略》，《管理工程学报》2014 年第 2 期。
[54] 梅德文：《全国碳市场构想》，《中国投资》2013 年第 2 期。
[55] 孟新祺：《国际碳排放权交易体系对我国碳市场建立的启示》，《学术交流》2014 年第 1 期。
[56] 潘家华等：《低碳经济的概念辨识及核心要素分析》，《国际经济评论》2010 年第 4 期。
[57] 潘攀：《清洁发展机制下的减排量交易及其法律问题》，《中国能源》2005 年第 10 期。
[58] 彭本利、李挚萍：《碳交易主体法律制度研究》，《中国政法大学学报》2012 年第 2 期。
[59] 彭峰、邵诗洋：《欧盟碳排放交易制度：最新动向及对中国之镜鉴》，《中国地质大学学报》（社会科学版）2012 年第 5 期。
[60] 饶蕾等：《欧盟碳排放交易配额分配方式对我国的启示》，《环境保护》2009 年第 9 期。
[61] 沈满洪、何灵巧：《外部性的分类及外部性理论的演化》，《浙江大学学报》（社会科学版）2002 年第 1 期。
[62] 沈娅莉：《后京都时代我国清洁发展机制的现状及对策研究》，《甘肃理论学刊》2012 年第 4 期。
[63] 沈娅莉：《云南省清洁发展机制项目发展现状、存在问题及对策研究》，《生态经济》2011 年第 9 期。
[64] 石敏俊等：《碳减排政策：碳税、碳交易还是两者兼之?》，《管理科学学报》2013 年第 9 期。
[65] 宋海云、蔡涛：《碳交易：市场现状、国外经验及中国借鉴》，《生态经济》2013 年第 1 期。
[66] 谭冰霖：《碳交易管理的法律构造及制度完善——以我国七省市碳交易试点为样本》，《西南民族大学学报》（人文社会科学版）2017 年第 7 期。
[67] 唐方方等：《中国的节能量交易机制设计》，《节能与环保》2010 年第 12 期。
[68] 陶小马、杜增华：《欧盟可交易节能证书制度的运行机理及其经验借鉴》，《欧洲研究》2008 年第 5 期。

[69] 涂华、刘翠杰：《标准煤二氧化碳排放的计算》，《煤质技术》2014 年第 2 期。

[70] 涂毅：《国际温室气体（碳）排放权市场的发展及其启示》，《江西财经大学学报》2008 年第 2 期。

[71] 涂永前：《碳金融的法律再造》，《中国社会科学》2012 年第 3 期。

[72] 汪斌：《环境法的效率价值》，《当代法学》2002 年第 3 期。

[73] 王帆、张龙平：《碳排放审计评价制度研究：演进与启示》，《中国注册会计师》2014 年第 3 期。

[74] 王慧、曹明德：《气候变化的应对：排污权交易抑或碳税》，《法学论坛》2011 年第 1 期。

[75] 王际杰：《〈巴黎协定〉下国际碳排放权交易机制建设进展与挑战及对我国的启示》，《环境保护》2021 年第 13 期。

[76] 王明远：《论碳排放权的准物权和发展权属性》，《中国法学》2010 年第 6 期。

[77] 王社坤：《环境容量利用：法律属性与权利构造》，《中国人口·资源与环境》2011 年第 3 期。

[78] 王伟男：《欧盟排放交易机制及其成效评析》，《世界经济研究》2009 年第 7 期。

[79] 王文军、庄贵阳：《碳排放权分配与国际气候谈判中的气候公平诉求》，《外交评论》（外交学院学报）2012 年第 1 期。

[80] 王文治：《中国省域间碳排放的转移测度与责任分担》，《环境经济研究》2018 年第 1 期。

[81] 王先甲等：《排污权交易市场中具有激励相容性的双边拍卖机制》，《中国环境科学》2010 年第 6 期。

[82] 王心悦：《我国碳金融市场发展问题与对策》，《中国林业经济》2021 年第 1 期。

[83] 王毅刚等：《双特碳交易试点如何做?》，《环境经济》2011 年第 5 期。

[84] 王正平：《深生态学：一种新的环境价值理念》，《上海师范大学学报》（社会科学版）2000 年第 4 期。

[85] 王志华：《我国碳排放交易市场构建的法律困境与对策》，《山东大学学报》（哲学社会科学版）2012 年第 4 期。

[86] 魏加宁、杨坤：《有关当前经济下行成因的综合分析》，《经济学家》

2016 年第 9 期。
[87] 魏庆坡：《碳交易与碳税兼容性分析——兼论中国减排路径选择》，《中国人口·资源与环境》2015 年第 5 期。
[88] 信佳：《内蒙古清洁发展机制（CDM）项目现状分析及对策》，《北方环境》2011 年第 Z1 期。
[89] 熊志、李茜：《“十二五”规划背景下的国内自愿碳减排市场探究》，《中国高新技术企业》2012 年第 32 期。
[90] 徐祎等：《江苏清洁发展机制项目清洁技术引进的现状与对策》，《生态经济》2011 年第 11 期。
[91] 羊志洪等：《清洁发展机制与中国碳排放交易市场的构建》，《中国人口·资源与环境》2011 年第 8 期。
[92] 杨博文：《后巴黎时代气候融资视角下碳金融监管的法律路径》，《国际商务研究》2019 年第 6 期。
[93] 杨健儿等：《排污权交易：实现控制 SO_2 污染的有效途径》，《中国人口·资源与环境》2010 年第 S1 期。
[94] 杨锦琦：《江西省碳交易市场的现状及对策探讨》，《企业经济》2012 年第 10 期。
[95] 杨筱玲：《论环境法的效率观——树立新的环境效率价值》，《江西社会科学》2003 年第 7 期。
[96] 杨兴：《气候变化的国际法之秩序价值初探》，《河北法学》2004 年第 5 期。
[97] 杨枝煌：《建立中国特色碳配额许可交易体系的战略思考》，《中国井冈山干部学院学报》2012 年第 2 期。
[98] 杨枝煌、易昌良：《中国能源新常态新格局的建构研究》，《中国市场》2015 年第 48 期。
[99] 杨志等：《碳排放权交易机制的经济学分析》，《学习与探索》2011 年第 1 期。
[100] 杨志、郭兆晖：《碳交易市场的现状发展与中国的对策》，《中国经济报告》2009 年第 4 期。
[101] 杨志、盛普：《低碳经济背景下中国商业银行面临的机遇与挑战》，《社会科学辑刊》2010 年第 3 期。
[102] 易霞仔、王震：《碳金融内涵、属性及其市场影响因素分析》，《未来

与发展》2012 年第 4 期。

[103] 于定勇：《构建中国碳排放交易体制的若干法律问题探讨》，《经济研究导刊》2011 年第 1 期。

[104] 曾刚等：《碳金融交易面临新发展机遇》，《金融博览》2009 年第 10 期。

[105] 曾刚、万志宏：《国际碳金融市场：现状、问题与前景》，《国际金融研究》2009 年第 10 期。

[106] 曾文革、党庶枫：《〈巴黎协定〉国家自主贡献下的新市场机制探析》，《中国人口·资源与环境》2017 年第 9 期。

[107] 占红沣：《哪种权利，何来正当性——对当代中国排污权交易的法理学分析》，《中国地质大学学报》（社会科学版）2010 年第 1 期。

[108] 张才琴：《中国碳排放交易权分配模式比较》，《求索》2015 年第 2 期。

[109] 张辉、冯子航：《碳交易制度中碳排放权的行政管控性》，《环境保护》2021 年第 16 期。

[110] 张嘉昕、郝作奇：《构建我国节能量交易机制的路径探讨》，《环境保护》2014 年第 1 期。

[111] 张懋麒、陆根法：《碳交易市场机制分析》，《环境保护》2009 年第 2 期。

[112] 张敏思等：《欧盟碳市场的进展分析及其对我国的借鉴》，《环境保护》2014 年第 8 期。

[113] 张志强等：《温室气体排放评价指标及其定量分析》，《地理学报》2008 年第 7 期。

[114] 张梓太：《中国气候变化应对法框架体系初探》，《南京大学学报》（哲学·人文科学·社会版）2010 年第 5 期。

[115] 赵惊涛：《生态安全与法律秩序》，《当代法学》2004 年第 3 期。

[116] 赵骏、孟令浩：《我国碳排放权交易规则体系的构建与完善——基于国际法治与国内法治互动的视野》，《湖北大学学报》（哲学社会科学版）2021 年第 5 期。

[117] 赵旭东：《关于建立节能工作长效机制的思考》，《中国能源》2012 年第 6 期。

[118] 赵子健等：《中国排放权交易的机制选择与制约因素》，《上海交通大

学学报》（哲学社会科学版）2016 年第 1 期。

[119] 郑守忠：《用能权交易与碳排放权交易的协同与应用》，《中国电力企业管理》2020 年第 16 期。

[120] 郑爽、李瑾：《发达国家碳排放贸易政策对比分析》，《中国能源》2012 年第 2 期。

[121] 郑扬扬：《我国发展碳金融的路径选择》，《金融理论与实践》2012 年第 6 期。

[122] 郑祖婷等：《我国碳交易价格波动风险预警研究——基于深圳市碳交易市场试点数据的实证检验》，《价格理论与实践》2018 年第 10 期。

[123] 周旺生：《论法律的秩序价值》，《法学家》2003 年第 5 期。

[124] 朱江玲等：《1850—2008 年中国及世界主要国家的碳排放——碳排放与社会发展》，《北京大学学报》（自然科学版）2010 年第 4 期。

[125] 朱晓慧、郝海青：《中国碳排放权交易法律制度的完善》，《齐齐哈尔大学学报》（哲学社会科学版）2020 年第 1 期。

[126] 庄贵阳：《从公平与效率原则看清洁发展机制及其实施前景》，《世界经济与政治》2001 年第 2 期。

[127] 庄彦等：《美国区域温室气体减排行动的运作机制及其对电力市场的影响》，《能源技术经济》2010 年第 8 期。

[128] 卓泽渊：《论法的价值》，《中国法学》2000 年第 6 期。

[129] 邹伟进等：《碳交易定价问题研究进展》，《理论月刊》2014 年第 3 期。

三、英文著作

[1] Bernd Hansjurgens, *Emissions Trading for Climate Policy: US and European Perspectives* (Cambridge University Press, 2005).

[2] Danny Cullenward, G. David Victor, *Making Climate Policy Work* (Polity, 2020).

[3] David Freestone, Charlotte Streck, *Legal Aspects of Carbon Trading*: Kyoto, Copenhagen, and beyond (Oxford University Press, 2009).

[4] David Freestone, Charlotte Streck, *Legal Aspects of Implementing the Kyoto*

Protocol Mechanisms: *Making Kyoto Work*, (Oxford University Press, 2005).

[5] Declan Kuch, *The Rise and Fall of Carbon Emissions Trading* (Palgrave Macmillan, 2015).

[6] Denny Ellerman et al., *Markets for Clean Air* (Cambridge University Press, 2000).

[7] Gbenga Ibikunle, Andros Gregoriou, *Carbon Markets*: *Microstructure*, *Pricing and Policy* (Palgrave Macmillan, 2018).

[8] Gordon L. Brady, *Gert Tinggaard Svendsen*, *Public Choice and Environmental Regulation*: *Tradable Permit Systems in the United States and CO_2 Taxation in Europe* (Edward Elgar, 1998).

[9] Jos Delbeke, Peter Vis, *Towards a Climate-Neutral Europe*, Curbing the Frend, (Routledge, 2019).

[10] Karsten Neuhoff, *Climate Policy after Copenhagen*: *The Role of Carbon Pricing* (Cambridge University Press, 2011).

[11] L. Raymond, *Private Rights in Public Resources*: *Equity and Property Allocation in Market-Based Environmental Policy* (Routledge, 2003).

[12] Martijn Wilder, "Nature of an Allowance," in David Freestone eds., *Legal Aspects of Carbon Trading* (Oxford University Press, 2009).

[13] Michal Faure, Marjan Peeters, *Climate Change and European Emissions Trading*: *Lessons for Theory and Practice* (Edward Elgar Publishing, 2008).

[14] Paul Q. Watchman, *Climate Change—A Guide to Carbon Law and Practice* (Glibe Business Publishing Ltd, 2008).

[15] Peter Barnes, *Who Owns the Sky*? (Island Press, 2001).

[16] Scott D. Deatherage, *Carbon Trading Law and Practice* (Oxford University Press, 2013).

[17] Sonia Labatt, Rodney R. White, *Carbon Finance*: *The Financial Implications of Climate Change* (Hoboken, New Jersey: John Wiley & Sons, Inc., 2007).

[18] Steve Sorrell, Jim Skea, *Pollution for Sale*: *Emissions Trading and Joint Implementation* (Edward Elgar, 1999).

[19] T. H. Tietenberg, *Emissions Trading: Principles and Practice (Second Edition) Resources for the Future*, 2006).

四、英文期刊

[1] Bram Delvaux, K. U. Leuven, "The EU Greenhouse Gas Emission Allowance Trading Directive," *Environmental Law Review* 7 (2005).

[2] Bruce Yandle, "From Local to Global Commons: Private Property, Common Property, and Hybrid Property Regimes: Grasping For The Heavens: 3 – D Property Rights and The Global Commons," *Duke Environmental Law & Policy Forum* (1999).

[3] Carol M. Rose, "From Local to Global Commons: Comparing New Tradable Allowance Schemes to Old-Fashioned Common Property Regimes," *Duke Environmental Law & Policy Forum* 45 (1999).

[4] Carol M. Rose, "Hot Spots in the Legislative Climate Change Proposals," *Northwestern University Law Review Colloquy* 4 (2008).

[5] Carol M. Rose, "Rethinking Environmental Controls: Management Strategies for Common Resources," *Duke Law Journal* 9 (1991).

[6] Carol M. Rose, "The Comedy of the Commons: Custom, Commerce, and Inherently Public Property," *University of Cincinnati Law Review* 53 (1986).

[7] Carol M. Rose, "The Several Futures of Property: Of Cyberspace and Folk Tales, Emission Trades and Ecosystems," *Minnesota Law Review* 83 (1998).

[8] Cinnamon Carlarne, "Risky Business: The Ups and Downs of Mixing Economics, Security and Climate Change," *Melbourne Journal of International Law* 10 (2009).

[9] Daniel H. Cole, "Clearing The Air: Four Proposition About Property Rights and Environmental Protection," *Duke Environmental Law & Policy Forum* 10 (1999).

[10] David M. Driesen, "Free Lunch or Cheap Fix?: The Emissions Trading Idea and the Climate Change Convention," *Boston College Environmental Affairs Law Review* 26 (1998).

[11] David M. Driesen, "Is Emissions Trading an Economic Incentive Program?: Replacing the Command and Control/Economic Incentive Dichotomy," *Washington and Lee Law Review* 55 (1998).

[12] David M. Driesen, " Sustainable Development and Market Liberalism's Shotgun Wedding: Emissions Trading Under the Kyoto Protocol," *Indiana Law Journal* 83 (2007).

[13] David M. Driesen, "The Economic Dynamics of Environmental Law: Cost-Benefit Analysis, Emissions Trading, and Priority-Setting," *Boston College Environmental Affairs Law Review* 31 (2004).

[14] Dr. Bruno Zeller, " Systems for Carbon Trading," *Touro Law Review* 25 (2009).

[15] Gerald Torres, "Seventh Who Owns the Sky? Annual Lloyd K. Garrison Lecture On Environmental Law ," *Pace Environmental Law Review* 18 (2001).

[16] Jason A. Robison, " Shaping Oregon Climate Policy in Light of the Kyoto Protocol," *Journal of Environmental Law and Litigation* 21 (2006).

[17] Jillian Button, " Carbon: Commodity or Currency? The Case for an International Carbon Market Based on the Currency Model," *Harvard Environmental Law Review* 32 (2008).

[18] James E. Krier, "Marketable Pollution Allowances (Great Lakes Symposium)," *University of Michigan Law School* 25 (1994).

[19] J. H. Dales, " Land, Water and Ownership," *The Canadian Journal of Economic* 1 (1968).

[20] James J. Winebrake et al. , "The Clean Air Act's Sulfur Dioxide Emissions Market: Estimating the Costs of Regulatory and Legislative Intervention," *Resource and Energy Economics* 17 (1995).

[21] John Schakenbach et al. , " Fundamentals of Successful Monitoring, Reporting, and Verification under a Cap-and-Trade Program," *Journal of the Air & Waste Management Association* 56 (2006).

[22] Jan-Tjeerd Boom, Bouwe R. Dijkstra, "Permit Trading and Credit Trading: A Comparison of Cap-Based and Rate-Based Emissions Trading Under Perfect and Imperfect Competition," *Environmental Resource Economics* 44 (2009).

[23] Joseph L. Sax, "The Public Trust Doctrine in Natural Resource Law: Effective Judicial Intervention," *Michigan Law Review* 68 (1970).

[24] J. Sijm, K. Neuhoff, and Y. Chen, "CO_2 Cost Pass-through and Windfall Profits in the Power Sector," *Climate Policy* 6 (2006).

[25] Li Junfeng, Chai Qimin, "China's Climate Policy and Carbon Market Outlook in the Post-Paris Era," *China International Studies* 57 (2016).

[26] Mark A. Drumbl, "Northern Economic Obligation, Southern Moral Entitlement and International Environmental Governance," *Columbia Journal of Environmental Law* 27 (2002).

[27] Markus Ahman, Lars Zetterberg, "Options for Emission Allowance Allocation under the EU Emissions Trading Directive," *Mitigation and Adaptation Strategies for Global Change* 10 (2005).

[28] Michael A. Mehling et al., "Linking Heterogeneous Climate Policies (Consistent with the Paris Agreement)," *Environmental Law* 4 (2019).

[29] Michael C. Blumm, "The Fallacies of Free Market Environmentalism," *Harvard Journal of Law & Public Policy* 15 (1992).

[30] Magaret R. Taylor et al., "Regulation as the Mother of Innovation: The Case of SO_2 Control," *Wiley-Blackwell: Law & Policy* 27 (2005).

[31] Peter S. Menell, "Institutional Fantasylands: From Scientific Management to Free Market Environmentalism," *Harvard Journal of Law & Public Policy* 15 (1992).

[32] Robert Costanza et al., "The Value of The World's Ecosystem Services and Natural Capital," *Nature* 387 (1997).

[33] Robert N. Stavins, "A Meaningful U. S. Cap-and-Trade System to Address Climate Change," *Harvard Environmental Law Review* 82 (2008).

[34] Richard Toshiyuki Drury et al., "Pollution Trading and Environmental Injustice: Los Angeles' Failed Experiment in Air Quality Policy," *Duke Environmental Law &Policy Forum* 9 (1999).

[35] Samantha Hepburn, "Carbon Rights as New Property: The Benefits of Statutory Verification," *Sydney Law Review* 10 (2009).

[36] Stefan Weishaar, "CO_2 Emission Allowance Allocation Mechanisms, Allocative Efficiency and the Environment: A Static and Dynamic

Perspective," *European Journal of Law and Economics* 24 (2007).

[37] Stephanie La Hoz Theuer, Lambert Schneider, and Derik Broekhoffc, "When Less is More: Limits to International Transfers under Article 6 of the Paris Agreement," *Climate Policy* 19 (2019).

[38] Stephen M. Johnson, "Economics v. Equity: Do Market-Based Environmental Reforms Exacerbate Environmental Injustice?," *Washington and Lee Law Review* 56 (1999).

[39] Stewart Elgie, "Carbon Offset Trading: A Leaky Sieve or Smart Step?," *Environmental Law and Practice* 17 (2007).

[40] T. L. Anderson, J. Bishop Grewell, "Property Rights Solutions for the Global Commons: Bottom-up or Top-down?," *Duke Environmental Law & Policy Forum* 73 (1999).

[41] Toni E. Moyes, "Greenhouse Gas Emissions Trading in New Zealand: Trailblazing Comprehensive Cap and Trade," *Ecology Law Quarterly* 35 (2008).

五、网络文献

[1] A. Denny Ellerman & Paul L. Joskow, The European Union's Emissions Trading System in Perspective, Prepared for the Pew Center on Global Climate Change, https://www.c2es.org/document/the-european-unions-emissions-trading-system-in-perspective/，最后访问日期：2021年12月1日。

[2] Alexandre Kossoy, Pierre Guigon "State & Trends of the Carbon Market Report 2012", https://openknowledge.worldbank.org/bitstream/handle/10986/13336/76837.pdf?sequence=1&isAllowed=y，最后访问日期：2022年4月22日。

[3] Carbon Finance - Assist, https://web.worldbank.org/archive/website00530/WEB/OTHER/KEYTH-26.HTM，最后访问日期：2022年4月26日。

[4] ClimateBiz Staff, Emissions in 2008 Well Below RGGI Cap: Report,

https：//www. greenbiz. com/article/emissions – 2008 – well – below – rggi – cap – report，最后访问日期：2022 年 1 月 6 日。

[5] Garcia，Bryan and Roberts，Eric，Carbon Finance：Environmental Market Solutions to Climate Change，Yale School of the Environment Publications Series. 37，https：//elischolar. library. yale. edu/fes – pubs/37，最后访问日期：2022 年 4 月 20 日。

[6] Leveraging Carbon Finance for Sustainable Development UNDP's Approach，https：//unfccc. int/files/meetings/sb26/side _ events _ and _ exhibits/application/pdf/070514 _ nf _ undp. pdf，最后访问日期：2022 年 4 月 25 日。

[7] Nordic Environment Finance Corporation（NEFCO）Carbon Finance and Funds，https：//forest – finance. un. org/content/nordic – environment – finance – corporation – nefco – carbon – finance – and – funds，最后访问日期：2022 年 4 月 21 日。

[8] South Korea Launches National Emissions Trading System，https：//ictsd. iisd. org/bridges – news/biores/news/south – korea – launches – national – emissions – trading – system，最后访问日期：2022 年 4 月 23 日。

[9] The National Archives，Climate Change Act 2008，http：//www. legislation. gov. uk/ukpga/2008/27/contents，最后访问日期：2019 年 9 月 26 日。

[10] The World Bank，Climate Finance and Initiatives，https：//www. world bank. org/en/topic/climatechange/brief/world – bank – carbon – funds – facilities，最后访问日期：2022 年 4 月 21 日。

[11] The World Bank，Climate Finance，http：//www. worldbank. org/en/topic/climatefinance，最后访问日期：2014 年 5 月 26 日。

[12] UNEP's Carbon Finance Initiative Proceeds，https：//sdg. iisd. org/news/unep% E2% 80% 99s – carbon – finance – initiative – proceeds/，最后访问日期：2022 年 4 月 25 日。

[13] 北京环境交易所、北京绿色金融协会：《北京碳市场年度报告 2017》，http：//files. cbex. com. cn/cbeex/201802/20180211162427630. pdf，最后访问日期：2018 年 10 月 13 日。

[14]《首个碳市场履约期结束，114 个交易日成交 76 亿元》，“澎湃新闻”百家号，https：//baijiahao. baidu. com/s？id = 1720751062945941246&wfr =

spider&for = pc，最后访问日期:2022 年 1 月 5 日。

[15]《天津排放权交易所 2021 年 1—10 月 CCER 交易量全国第一!》，天津经济开发区管理委员会政务服务平台网站，https：//www. teda. gov. cn/contents/3951/148553. html，最后访问日期：2021 年 12 月 31 日。

[16] 张昕等：《中国温室气体自愿减排交易体系建设》，中国社会科学网，http：//www. cssn. cn/jjx/xk/jjx _ yyjjx/csqyhjjjx/201802/t20180206 _ 3842575. shtml，最后访问日期：2022 年 4 月 25 日。

索　引

后记：生活消费纳入碳排放权交易体系的七个关键问题

《中共中央　国务院关于完整准确全面贯彻新发展理念做好碳达峰碳中和工作的意见》以及《2030年前碳达峰行动方案》均强调推动绿色低碳生活方式对于实现碳达峰、碳中和目标的重要性。研究发现，中国消费领域的碳排放正在快速上升，其快速增长趋势很可能会抵消我国在其他领域的减排努力。而且，消费领域的碳排放具有一定的碳锁定效应，一旦人们形成一种高碳排放的生活方式，将大大增加未来的减排难度。[①] 由此，引导生活消费领域的碳减排行动对于我国实现碳达峰碳中和“3060”目标具有重要意义。

当前碳达峰、碳中和的相关政策主要集中于生产领域，生活消费方面的碳减排政策几近空白。节能补贴、新能源汽车补贴和水电气阶梯收费等政策并非直接针对碳排放控制，而且减排效果难以量化和对标碳达峰碳中和的要求。《中共中央　国务院关于完整准确全面贯彻新发展理念做好碳达峰碳中和工作的意见》指出要“加快建设完善全国碳排放权交易市场，逐步扩大市场覆盖范围，丰富交易品种和交易方式”。国内有些地方已经通过碳普惠机制将碳普惠核证减排量（PHCER）作为碳排放权交易的对象。例如，广东省将省级PHCER作为碳排放权交易市场的有效补充机制，碳普惠试点地区的个人通过碳减排行动产生的PHCER原则上等同于本省产生的国家温室气体核证自愿减排量（CCER），可用于抵消纳入碳市场范围控排企业的实际碳排放。再如，2022年2月上海市生态环境局发布的《上海市碳普惠机制建设工作方案（征求意见稿）》指出，要设立

① 陈红敏：《个人碳排放交易研究进展与展望》，《中国人口·资源与环境》2014年第9期，第30—36页。

区域性个人碳账户以带动碳普惠减排量进入上海市碳排放权交易市场。

目前，国家层面尚未将生活消费纳入碳排放权交易体系，建议将生活消费纳入碳排放权交易体系，通过市场机制为绿色低碳生活方式提供持续稳定的激励。笔者认为，将生活消费纳入碳排放权交易体系需要解决以下七个关键问题。

第一，审慎选择生活消费纳入碳排放权交易的模式。

基于配额的总量控制型交易模式下，要求对纳入碳排放权交易体系的主体设定强制减排义务，即政府为控排主体分配配额，控排主体在履约期届满时要提交与其实际碳排放量相等的配额数量。鉴于生活消费碳排放涉及面广，具有分散性、生存性、个体间差异大等特点，对居民生活实行碳排放配额管理在可操作性、政治可接受性、执法成本等方面均不可行。建议将生活消费纳入基于项目的自愿减排交易体系，当个人或家庭实施的绿色低碳消费项目产生了额外性减排效益时，政府将赋予其可以在碳市场交易的核证减排量。

第二，科学确定纳入碳排放权交易体系的生活消费范围。

碳排放权交易体系覆盖范围的确定需要考虑纳入对象碳排放核算的可能性和管理成本。生活消费往往涉及衣、食、住、行、用等方方面面，对于难以进行碳排放监测、报告和核查以及管理成本过高的消费行为（如日常饮食和穿衣），不宜纳入碳排放权交易体系；对于容易进行碳排放核算和额外性认证的家庭用能行为（如水、电、气、热等）及交通出行行为，建议纳入碳排放权交易体系。

第三，充分论证和统一规定生活消费领域获取核证减排量的条件。

对于生活消费核证减排量的获取需要满足哪些条件，目前尚没有统一规定。这主要涉及碳排放的监测、报告和核查计划，以及确定减排基准线和认证额外性的方法学等事项。其中，额外性认证是生活消费领域碳减排项目获取核证减排量的关键和前提性条件。就家庭用能而言，具备额外性的减排行为应当符合家庭人均用能碳排放低于所在地区平均排放水平的要求；就交通出行而言，具备额外性的减排行为应当是利用公交车、地铁等公共交通、自行车或者使用绿色电力的新能源汽车出行。

第四，明确生活消费核证减排量的法律属性。

碳排放配额和核证减排量同为碳排放权的载体，但两者因来源不同而在权利属性和内容方面有所差异。碳排放权配额是政府基于总量控制分配的排放额度，其公法属性要强于私法属性，以配额为载体的碳排放权附有配额清缴义务，国家因气候公益调整配额总量时可以依法定程序对配额持有者采取管制措施。核证减排量是温室气体自愿减排活动经核证后被赋予的权利，是国家对温室气体自愿减排量投资的认可与保护，其私法属性强于公法属性，以核证减排量为载体的碳排放权是单纯的可交易的权利。明确生活消费核证减排量的财产权属性，有利于为减排行为提供稳定的激励。

第五，“双碳”目标下统筹协调好生活消费自愿减排交易和总量控制型交易的关系，防范碳泄漏。

允许生活消费核证减排量进入碳排放权交易市场，意味着控排主体可以使用生活消费核证减排量抵消其超额排放。监管部门要采取措施防止因过量使用而发生碳泄漏（生活消费领域碳排放减少了，但控排企业因为购买核证减排量而增加了排放），进而导致碳排放总量控制的目的落空。一方面，建议对控排企业使用生活消费核证减排量抵消碳排放的比例加以限制；另一方面，建议碳排放配额的总量构成中设定预留配额，根据控排企业使用生活消费核证减排量抵消碳排放的数量适时调整预留配额的发放数量。

第六，控制奢侈性生活消费碳排放，为生活消费核证减排量的价值实现提供多元渠道。

生活消费的碳排放可以分为生存性碳排放和奢侈性碳排放。生存性碳排放是基于基本生活需要的碳排放，是每个自然人的权利，不应受到限制；奢侈性碳排放是高消费与高碳排放并存的碳排放，如高消费高碳排放的家用设备、大型营利性演唱会等。建议制定高消费高碳排放的“双高”生活消费目录，并针对纳入目录的消费行为设定碳中和义务。“双高”消费主体可以通过购买生活消费核证减排量的方式实现其消费行为的碳中和，在实现碳减排的同时为生活消费核证减排量价值的实现提供了渠道，也有利于激励生活消费领域的碳减排行动。

第七，妥善处理生活消费核证减排量交易与其他制度的衔接问题。

一方面，生活消费核证减排量交易不能覆盖的消费行为，可以通过碳税或者其他碳普惠激励措施引导和约束个人形成绿色低碳消费的生活方式。例如，可以通过碳税约束大排量高碳排放家用小汽车的使用。再如，可以通过多元化的溢价激励，如免费停车、获取优惠券、返利补贴等手段，加强对绿色低碳消费行为的引导。另一方面，应建立个人碳账本和减排场景申报评估机制，推进生活消费核证减排量认证方法学的开发和备案，为全国自愿减排交易体系的建设做好能力建设方面的准备。

本书是在作者主持的国家社科基金青年项目（13CFX097）的阶段性成果和结项报告的基础上完成的。碳达峰碳中和“3060”目标既是我国对世界做出的庄严承诺，也是新时代我国经济社会高质量发展的内在要求。碳金融市场是实现“双碳”目标的重要工具，国家正在建立健全相关政策和制度体系。鉴于此，作者在结项后对碳金融市场法律制度进行了跟踪研究，其中，受到中央高校基本科研业务费专项资金项目（2021TC033）的资助，在此特别感谢中国农业大学对后续研究的大力支持！本书能够入选中国社会科学博士后文库，实乃一大幸事，在此特别感谢全国博士后管理委员会和中国社会科学院的大力支持！在本书的出版过程中，作者在每个环节均能感受到编辑老师们的用心和专业，在此由衷地感谢社会科学文献出版社易卉编辑和王楠楠编辑的辛苦付出！

第十批《中国社会科学博士后文库》专家推荐表 1

《中国社会科学博士后文库》由中国社会科学院与全国博士后管理委员会共同设立，旨在集中推出选题立意高、成果质量高、真正反映当前我国哲学社会科学领域博士后研究最高学术水准的创新成果，充分发挥哲学社会科学优秀博士后科研成果和优秀博士后人才的引领示范作用，让《文库》著作真正成为时代的符号、学术的示范。

推荐专家姓名	曹明德	电　话	
专业技术职务	教授	研究专长	环境法、气候法
工作单位	中国政法大学民商经济法学院	行政职务	
推荐成果名称	碳金融市场的国家干预法律机制研究		
成果作者姓名	刘明明		

（对书稿的学术创新、理论价值、现实意义、政治理论倾向及是否具有出版价值等方面做出全面评价，并指出其不足之处）

碳金融这一概念是舶来品，其是在全球应对气候变化的背景下产生的，旨在利用新兴金融工具和金融市场实现温室气体减排的成本有效性。碳金融的产生离不开政府的引导、培育、调控和监管。在碳金融市场的建设阶段，国家的引导和培育作用尤为重要；在碳金融市场的运行阶段，国家的调控和监管则成为重点。《碳金融市场的国家干预法律机制研究》一书将政府在碳金融市场的创建和运行中的作用机制作为研究对象，视角新颖，富有创新。该著作的创新点有二：一方面，碳金融是碳排放权交易的拓展和延伸，作者将碳金融市场作为研究对象，研究内容更具包容性、开拓性和科学性；另一方面，作者将政府定位于碳金融市场的元治理角色，进而研究其创建和运行机制，符合气候金融的本质特征和发展要求。不足之处在于作者对碳税等关联制度未作对比研究，建议后续研究中关注碳税与碳排放权交易的协调机制。该著作的逻辑结构合理、研究内容新颖且丰富，对现有研究有重要突破，研究方法注重多学科交叉研究、比较研究和实证研究，具有科学性和可行性，对我国气候变化立法具有指导意义，同意推荐。

签字：曹明德

2021 年 3 月 2 日

说明：该推荐表须由具有正高级专业技术职务的同行专家填写，并由推荐人亲自签字，一旦推荐，须承担个人信誉责任。如推荐书稿入选《文库》，推荐专家姓名及推荐意见将印入著作。

第十批《中国社会科学博士后文库》专家推荐表 2

《中国社会科学博士后文库》由中国社会科学院与全国博士后管理委员会共同设立，旨在集中推出选题立意高、成果质量高、真正反映当前我国哲学社会科学领域博士后研究最高学术水准的创新成果，充分发挥哲学社会科学优秀博士后科研成果和优秀博士后人才的引领示范作用，让《文库》著作真正成为时代的符号、学术的示范。

推荐专家姓名	冷罗生	电　　话	
专业技术职务	教授/博士生导师	研究专长	环境法
工作单位	北京师范大学	行政职务	
推荐成果名称	碳金融市场的国家干预法律机制研究		
成果作者姓名	刘明明		

（对书稿的学术创新、理论价值、现实意义、政治理论倾向及是否具有出版价值等方面做出全面评价，并指出其不足之处）

碳金融市场是因应全球气候变化而生的新兴市场，其以碳排放权及其衍生品交易为核心。国外碳金融市场起步较早，比较典型的国家和地区有欧盟和美国。我国碳金融市场刚刚起步，主要表现为以北京、上海、天津、重庆、湖北、广东、深圳等七个碳排放权交易试点为中心建立的地方性碳排放权交易市场。除碳排放权交易市场之外，碳证券、碳银行等碳金融工具在我国尚未开展相关实践。国内法学界对碳金融问题的系统研究还比较欠缺。刘明明博士以碳金融市场建立和运行中的国家干预问题为核心开展研究，选题十分契合我国建立全国性碳排放权交易市场的政策和法律需求，具有很强的理论价值和实践应用价值。该著作的特色在于将研究视角定位于政府在碳金融市场创建和运作过程中的作用。政府的引导与规范是碳金融市场创建和运行的关键。不足之处在于，虽然刘博士较好地把握了碳排放权交易的研究前沿，但对金融实践相对较少的碳证券、碳银行等问题关注不多，建议今后跟进相关实践并开展法学领域的研究，通过碳金融创新引导资金流向碳市场，吸引大量社会资本入市，为市场提供流动性，为企业提供减排资金。

总之，《碳金融市场的国家干预法律机制研究》从微观规制和宏观调控两个层面展开研究，内容导向正确，与党的十九大会议精神高度吻合，而且内容设计合理、研究目标明确可行、资料丰富引证规范、思路清晰表达流畅，极具出版价值。

签字：冷罗生

2021 年 3 月 5 日

说明：该推荐表须由具有正高级专业技术职务的同行专家填写，并由推荐人亲自签字，一旦推荐，须承担个人信誉责任。如推荐书稿入选《文库》，推荐专家姓名及推荐意见将印入著作。